CAMPAGNE ET BULLETINS

DE LA

GRANDE ARMÉE

D'ITALIE

COMMANDÉE PAR CHARLES VIII

1494-1495

D'APRÈS DES DOCUMENTS RARES OU INÉDITS, EXTRAITS, EN GRANDE PARTIE, DE LA BIBLIOTHÈQUE DE NANTES

PAR J. DE LA PILORGERIE.

NANTES	PARIS
V. FOREST ET É. GRIMAUD	LIBRAIRIE ACADÉMIQUE
Imprimeurs-éditeurs	DIDIER ET Cie
	libraires-éditeurs
4, PLACE DU COMMERCE, 4.	35, QUAI DES GRANDS-AUGUSTINS.

1866.

CAMPAGNE ET BULLETINS

DE LA

GRANDE ARMÉE D'ITALIE

CAMPAGNE ET BULLETINS

DE LA

GRANDE ARMÉE

D'ITALIE

COMMANDÉE PAR CHARLES VIII

1494-1495

D'APRÈS DES DOCUMENTS RARES OU INÉDITS, EXTRAITS, EN GRANDE PARTIE,
DE LA BIBLIOTHÈQUE DE NANTES

PAR J. DE LA PILORGERIE

NANTES	PARIS
V. FOREST ET É. GRIMAUD	LIBRAIRIE ACADÉMIQUE
imprimeurs-éditeurs	DIDIER ET Cie
	libraires-éditeurs
4, PLACE DU COMMERCE, 4.	35, QUAI DES GRANDS-AUGUSTINS.

1866.

INTRODUCTION.

L E seul but que je me sois proposé en publiant ce volume est d'arracher aux chances de destruction qui les ont menacés jusqu'ici un certain nombre de documents historiques soit uniques et manuscrits, soit imprimés dans le xve siècle, mais réduits à un, ou tout au plus, pour quelques-uns, à deux exemplaires, et par conséquent aussi rares et aussi précieux que de véritables manuscrits. Ces pièces m'ont semblé dignes d'un double intérêt, de celui d'abord qui s'attache à des documents anciens contenant sur des faits importants des détails curieux et inconnus, et aussi de l'intérêt que comportent des témoignages nouveaux et de nature à faire mieux

b

connaître et apprécier des princes et des hommes d'État qui ont occupé une grande place dans notre histoire.

La plupart de ces documents se sont trouvés, par le plus grand hasard, déposés dans la Bibliothèque de la ville de Nantes.

Enrichie des dépouilles des couvents supprimés à l'époque de la Révolution, dans l'évêché de Nantes, cette Bibliothèque possède, entre autres livres précieux, un exemplaire des poésies de Jehan Meschinot, imprimées en caractères gothiques, vers la fin du XVe siècle. On sait que « le banni de liesse, » c'est le surnom que s'était donné le poète breton, attaché en qualité de maître d'hôtel aux derniers ducs de Bretagne, puis à la duchesse Anne, devenue reine de France, princesse éminemment lettrée, avait donné au recueil de ses vers le titre assez bizarre de « Lunettes des Princes[1]. » Le poète lauréat croyait-il que, comme les lunettes, dont l'usage encore récent accroissait la portée de la vue humaine,

---

[1] Jehan Meschinot, sieur des Mortiers, était né vers 1440. Il fut maître d'hôtel de Jean V, de François I, de Pierre II, de François II et d'Anne de Bretagne. Les uns le font mourir en 1491 et d'autres en 1509 seulement.

ses vers augmenteraient la clairvoyance des princes et serviraient à les guider plus sûrement dans les voies obscures de la politique?

Quoi qu'il en soit, l'exemplaire de ces poésies, aujourd'hui à peu près oubliées, qui, pour d'autres causes que son mérite intrinsèque, a beaucoup de prix à nos yeux, a dû reposer paisiblement pendant des siècles sur les rayons de la bibliothèque de quelque maison conventuelle où la poésie était moins goûtée que les dissertations théologiques. Malgré sa conservation parfaite, le prix n'en serait cependant pas très-élevé, si le bibliothécaire du couvent n'avait, par un heureux hasard et probablement par économie de reliure, réuni aux poésies de Meschinot un assez grand nombre de pièces détachées, imprimées vers la même époque, en caractères gothiques aussi, mais sans date, sans indication de lieu, et sans nom d'imprimeur. Ces pièces, sorties des presses de Paris, et quelques-unes, croyons-nous, des imprimeries naissantes d'Orléans, de Tours et peut-être de Rouen, constituent, à nos yeux, les premiers documents publiés par le gouvernement français pour défendre sa politique et pour diriger l'opinion publique dans le sens où il désirait la conduire. A ce titre, on pourrait les considérer comme les premières feuilles du *Moniteur officiel* et s'étonner qu'elles n'aient pas été suivies d'une publication périodique de ce genre dont elles étaient un véritable essai.

Disons, tout de suite, que ces feuilles, si heureusement échappées aux chances de destruction qui ont anéanti tout le reste de l'édition, ne sont autres qu'une série de bulletins de l'armée française durant la brillante et romanesque expédition de Charles VIII en Italie, à la fin du xve siècle. Destinées à satisfaire la curiosité publique, si vivement excitée par cette lointaine expédition, qui dura plus d'une année, ces feuilles volantes, grossièrement imprimées, vendues sur la voie publique et passant dans mille mains, ne pouvaient que difficilement survivre à l'active circulation à laquelle elles étaient destinées. Aussi, telle est leur rareté que les trois quarts des pièces reliées à la suite des poésies de Jehan Meschinot et dont nous devons, comme je le crois, la conservation à l'indifférence de quelques moines bretons, étrangers aux préoccupations du siècle, sont uniques [1]. Elles le seraient à peu près toutes, si la bibliothèque du riche amateur Héber n'avait recueilli des doubles de quelques-unes de ces feuilles, lesquels doubles, réunis à deux ou trois publications de la même époque et sur le même sujet man-

[1] Ce volume précieux porte l'estampille de la bibliothèque de l'Oratoire de Nantes. Sa reliure est moderne, mais l'excellente conservation du livre indique que cette reliure en a remplacé une plus ancienne.
Ce ne fut qu'en 1617 que les prêtres de l'Oratoire s'établirent à Nantes dans le collège de Saint-Clément. Le prieuré de Toutejoie y fut réuni en 1629. La ville confia sa bibliothèque à l'Oratoire, peu de temps après la création du collège. L'origine de la Bibliothèque communale remonte à 1588, époque où la ville acheta pour douze cents écus d'or les livres du cardinal de Vendôme, frère du duc de Mercœur. Mais on ne possède aucun inventaire, aucun ancien catalogue, qui permette de suivre la formation successive de la Bibliothèque de Nantes. On a même prétendu, ce qui à la vérité est contesté, que presque tous les livres provenant de l'achat fait au cardinal de Vendôme, qui lui-même les avait acquis de Pierre Legalle, archidiacre de la Cathédrale, avaient été perdus et détruits avant l'établissement de l'Oratoire.
L'origine du volume dont nous parlons et des pièces qui s'y trouvent annexées, semble donc impossible à établir d'une manière incontestable.
M. Chotard, professeur d'histoire, dans un discours prononcé à la rentrée de l'École préparatoire des Sciences et des Lettres, le 3 novembre 1864, à Nantes, a justement apprécié l'importance de ces documents.

quant à l'exemplaire de Nantes, sont heureusement devenus, il y a peu d'années, la propriété de la Bibliothèque Impériale [1].

---

[1] Le recueil provenant de la bibliothèque Héber, devenu la propriété de la Bibliothèque Impériale, contient les pièces suivantes :

Le traité d'Étaples entre Charles VIII et Henry VII, roi d'Angleterre. — Le traité avec le roi des Romains. Ces deux traités se trouvent dans tous nos grands recueils. — La proposition faite au pape de par le roy en latin (*Datum Florentiæ die xxii novembris 1494*), pièce unique qui ne se trouve pas à Nantes. — L'entrée du roy nostre sire à Romme. — L'appointement de Romme avec les lettres du roy envoyées à M. de Bourbon. — La prinse et réduction de Napples, etc... — S'ensuyt l'entrée et couronnement du roy nostre sire en sa ville de Napples, faicte le xxiime jour de febvrier 1494. — Les lettres nouvelles envoyées de Napples de par le roy nostre sire à Mgr de Bourbon et datées du ixme jour de may. — La bataille qui a esté faicte à Napples. — Les nouvelles du roy depuis son partement de Napples envoyées à M. l'abbé de Saint-Ouen, etc.

Les trois pièces de ce recueil qui ne se trouvent pas à la Bibliothèque de Nantes sont : 1° La proposition faite au pape de par le roy, publiée en latin à Florence, le 22 novembre 1494; 2° L'entrée et le couronnement du roy nostre sire en sa ville de Napples; 3° Les nouvelles du roy depuis son partement de son royaume de Napples, etc.

Si l'on excepte la pièce intitulée : La prinse et reduction de Napples, etc., dont un exemplaire se trouve à la Bibliothèque de l'Arsenal, à Paris, je ne connais aucun dépôt qui possède d'autres exemplaires de ces anciennes publications. Cette re-

A côté de ces précieux documents est venue dernièrement prendre place dans les armoires de la Bibliothèque de Nantes une collection de pièces manuscrites et complètement inédites qui avait appartenu à M. Bizeul, de Blain, connu par ses recherches sur les antiquités de la Bretagne et principalement sur la direction des voies romaines dans l'Armorique, collection dont les héritiers de cet archéologue ont, je crois, fait don à la ville de Nantes.

Dans un portefeuille extrêmement riche, pro-

marque suffit pour prouver combien elles sont précieuses. Il y a beaucoup de pièces manuscrites et inédites concernant notre histoire dont il existe dans nos grands dépôts de plus nombreuses copies.

Le recueil de pièces appartenant à la Bibliothèque Impériale faisait partie de celle de Richard Héber. Il est porté dans son catalogue sous le N° 1,362, T. 2. Sept pièces sur onze y sont seulement indiquées. Ce volume, richement relié, a été vendu 2,099 fr. à la vente de M. Coste, le 17 avril 1854, et acheté par la Bibliothèque Impériale, où il figure sous le N° 34,540 du catalogue.

Beaucoup de ces pièces, qui toutes sont imprimées en caractères gothiques, sans lieu ni date ou nom d'imprimeurs, sont, comme celles de la Bibliothèque de Nantes, ornées de gravures sur bois qui, le plus souvent, n'ont aucun rapport avec le sujet et semblent avoir été empruntées aux romans de chevalerie édités en grand nombre par les imprimeurs de cette époque.

venant de ce don, se trouve une suite de pièces évidemment extraites des archives du château de Blain, appartenant à la maison de Rohan ; à côté de quatorze lettres autographes et inédites de Henri IV, adressées avant qu'il montât sur le trône à son oncle de Rohan, concernant les affaires de la religion, et parmi d'autres lettres d'Anne de Bretagne, de Germaine de Foix, sa nièce, du cardinal d'Amboise, de Louis XII, de Comines, inédites aussi, on rencontre diverses pièces remontant jusqu'à l'expédition de Charles VIII en Italie. Dix de ces pièces sont des copies contemporaines de lettres adressées de Rome et de Naples, soit à la reine Anne de Bretagne par le cardinal de Saint-Malo, Guillaume Briçonnet, soit au duc d'Orléans (Louis XII), resté à Asti, par les nombreux amis qu'il avait près du roi, soit enfin à des personnages demeurés en France par des officiers de l'armée française. Ces pièces qui, je l'ai dit, n'ont pas le caractère d'autographes, sont, pour quelques-unes, des duplicata adressés par l'ordre de la reine au vice-chancelier de Bretagne, avec invitation, sans doute, d'en répandre le plus grand nombre possible de copies. Les autres, enfin, paraissent avoir été ce qu'on a appelé, plus tard, des nouvelles à la main, c'est-à-dire des correspondances qu'on s'empressait de copier et de faire circuler à cause du vif intérêt qui s'y attachait. A ces divers titres, rien d'étonnant que ces pièces se soient retrouvées dans les archives de la puissante maison de Rohan qui comptait, avec celle de Rieux, bretonne aussi, plusieurs de ses membres présents à l'expédition de 1494, et chacune d'elles, un maréchal de France, commandant un corps de l'armée française avec un grand nombre de chevaliers et d'écuyers bretons sous leurs ordres.

Enfin, ayant réuni dans un autre but, mais avec l'intention de m'occuper de la même époque, divers documents curieux, j'ai pu joindre aux pièces dont je viens de parler plusieurs lettres, par exemple, de Charles VIII, inédites et provenant de collections étrangères. J'en dois quelques-unes, souvenir d'une vieille et précieuse amitié, à M. P. Lacroix (bibliophile Jacob).

Mon premier dessein avait été de publier ces pièces, du moins celles qui concernent Charles VIII et l'expédition d'Italie de 1494, comme des annexes des deux derniers livres des mémoires de Philippe de Comines. On sait que, dans l'origine, les deux derniers livres de cet historien n'avaient aucune connexité avec les six premiers, consacrés au règne de Louis XI. Écrits par l'auteur, après un assez long intervalle, ils avaient été publiés à part, après sa mort et la mise en lumière des six premiers livres, sous le titre de chronique de Charles VIII[1]. Il m'aurait suffi, pour accomplir ce projet, de reprendre ce premier titre, d'abandonner la division par livres et par chapitres qui n'appartient pas au manuscrit original, et d'enrichir de toutes les pièces inédites que j'avais recueillies l'appendice déjà fort étendu, publié successivement par les Godefroy et Langlet-Dufresnoy. Ce projet me plaisait d'autant plus que Philippe de Comines n'a parlé que par ouï-dire des événements accomplis à Rome et à Naples durant l'expédition française de 1494. Tout le monde sait, en effet, qu'envoyé à Venise en qualité d'ambassadeur, notre his-

---

[1] La première édition des six premiers livres des chroniques de Comines est de 1523. Les deux derniers livres ne parurent qu'en 1528. C'est dans l'édition de 1559, publiée à Lyon, que Denis Sauvage substitua le titre de mémoires à celui de chroniques.

torien y passa huit mois, et que ce fut à Pise, après la conclusion de la ligue formée contre la France, qu'il rejoignit le roi à son retour de Naples. Les bulletins et les correspondances inédites que je publie aujourd'hui sous une autre forme auraient donc pu être considérés comme un complément des récits de Comines, comme les témoignages mêmes des personnages qu'il avait consultés avant de transmettre à la postérité des faits accomplis hors de sa présence.

Un motif grave m'a engagé à adopter un autre plan.

Comines jouit d'une autorité presque absolue comme historien de Louis XI et de Charles VIII. La raison en est facile à donner. A part les mérites de son style empreint de la naïveté du temps, bien que l'écrivain lui-même fût loin de posséder cette qualité, Comines a été par la date de ses écrits le premier historien politique de notre pays. Élevé parmi les pages de la maison de Bourgogne, attaché au dernier et au plus brillant des ducs souverains de cette branche de la maison de France, il avait été, de bonne heure, heureusement placé pour étudier de près les grands événements, en rechercher les causes et développer la finesse et l'esprit d'observation dont il était naturellement doué. On sait dans quelle occasion il changea de maître. Louis XI, excellent appréciateur des hommes, surtout quand ils brillaient par l'adresse, l'à-propos et la décision, s'étant un jour laissé renfermer dans la cage de Péronne par son fougueux rival, Charles de Bourgogne, n'avait réussi qu'à grand'peine à se dégager du piége dans lequel il s'était si imprudemment laissé choir. Comines, persuadé que la reconnaissance d'un roi de France valait encore mieux pour un petit gentilhomme flamand que la confiance d'un duc de Bourgogne, avait adroitement travaillé à ouvrir à Louis XI les portes de la tour de Péronne. Ce service ne fut pas oublié. Philippe de Comines, devenu comte d'Argenton, comblé de faveurs, richement marié, chargé des missions les plus importantes et les plus délicates, brava la colère de son premier maître et jouit à la cour de France, jusqu'à la mort de Louis XI, du plus grand crédit. Ce fut le seul familier dont ce roi, aussi capricieux que défiant, ne se dégoûta jamais.

Comines a raconté les événements du règne de Louis XI, depuis la guerre du bien public qu'il avait faite dans les rangs des Bourguignons jusqu'au décès de ce roi. Il s'est bien gardé de tout dire, bien qu'il n'ait pas tout dissimulé. Excellent historien d'un temps où la franchise n'était pas en honneur, ses récits sont ceux d'un fin politique qui avait pratiqué tous les grands personnages du temps, surtout les plus cauteleux. Aussi nous montre-t-il les petits côtés de toutes les grandes choses accomplies sous ses yeux. Cela lui était facile. On voit qu'il avait une connaissance parfaite de tous les ressorts secrets maniés par Louis XI, de toutes les arrière-pensées et de tous les projets ultérieurs d'un roi qui, comme pour montrer son savoir-faire, n'aurait pu accomplir le plus généreux dessein sans y mettre un peu de ruse et de duplicité. Cependant, il faut le dire à l'honneur de Comines, de fréquents retours sur le passé qui ne sont pas sans mélancolie, un penchant à considérer avec tristesse le spectacle qu'il avait eu longtemps sous les yeux, c'est-à-dire le jeu des intérêts rivaux et le conflit des ardentes passions de ce monde; enfin, la prédilection que l'auteur manifeste, en toute occasion, pour les gouvernements limités et libres, aspiration prodigieuse d'indépendance et de sagacité pour son temps, dénotent en quelle médiocre estime le vieux politique tenait les gouvernements et les princes au service desquels il avait passé la première partie de sa vie, et, sans doute aussi, le regret qu'il éprouvait d'être entré, parfois, trop avant dans l'exécution de leurs desseins [1].

Madame de Beaujeu, régente du royaume, durant la longue minorité de son frère, Charles VIII, n'écarta pas complètement Comines des affaires. On le voit nommé ambassadeur, en 1483, près le duc de Bretagne et confirmé le 16 septembre 1484, dans la charge de sénéchal du Poitou. Mais, blessé de n'être plus au premier rang, il se jeta dans les intrigues des princes et se compromit gravement dans la conspiration du duc d'Orléans contre la régente, sa belle-sœur. Banni de la cour, il se retira à Moulins. Le 24 mars 1488, un arrêt du parle-

---

[1] M. le v^{te} E. de Kersabiec, dans son intéressante étude, p. 302, sur la *Vie de la Bienheureuse Françoise d'Amboise, Duchesse de Bretagne*, nous a révélé, dernièrement, à propos des contestations de Louis XI avec la maison de Thouars, une odieuse soustraction de titres dont le roi avait confié l'exécution à Comines même, qui accepta la mission et s'en acquitta à la satisfaction de son maître. Aussi eut-il pour sa part dans les dépouilles de cette famille les terres de Talmont, Olonne, Curzon, Châteaugontier et Berrie.

ment de Paris le condamna à la détention, en prononçant la confiscation du quart de ses biens. Renfermé à Loches, « il y tâta, comme il le dit lui-même, d'une de ces cages de fer que plusieurs ont maudites, » et qu'on appelait les fillettes de Louis XI. Mais il ne tarda pas à être transféré au Châtelet, et sa détention ne dura en tout que deux ans environ.

Comines, qui avait si chaleureusement servi la politique de Louis XI, était sans excuse lorsque, trempant par ambition dans les intrigues des princes, il essayait d'ébranler le pouvoir de la régente, pouvoir confirmé par les États de 1484, si légitimes à ses yeux, et d'ébranler l'œuvre d'unité et de consolidation vers laquelle le roi, son maître, avait fait converger tous les actes de son règne. L'autorité de Comines en souffrit beaucoup près de ses contemporains, et la postérité elle-même doit lui tenir un compte sévère d'une aberration aussi grave et qui a brisé l'unité de sa propre vie.

Privé de ses emplois et du quart des biens qu'il devait à la générosité de Louis XI, l'historien passa plusieurs années hors des affaires du temps. Ce ne fut qu'en 1494 que Charles VIII, à la veille de partir pour l'Italie, songea à employer Comines. Il crut, avec raison, qu'un homme d'une capacité si éprouvée, si connu d'ailleurs dans la péninsule où il avait été, sous l'autre règne, employé dans d'importantes négociations, lui serait d'un grand secours près des cours italiennes, renommées de tout temps pour la finesse de leur diplomatie. Comines partit donc de Lyon avec le roi. Le récit de cette expédition, la recherche des causes qui la provoquèrent et l'exposé des négociations auxquelles elle donna lieu, forment le sujet des VIIe et VIIIe livres de ses mémoires.

Comines a dit quelque part, en parlant de Charles VIII : « Je crois que j'ai été l'homme du monde à qui il a fait le plus de rudesse ; mais, connaissant que c'était en sa jeunesse et qu'il ne venait pas de lui, ne lui en sçus jamais mauvais gré. » En écrivant ces lignes, il était sans doute sincère. Comment aurait-il pu en vouloir à un enfant, si peu ambitieux de régner, qu'il laissa sa sœur prolonger sa tutelle bien au-delà du terme légal assigné à la minorité des rois? Mais ce que Comines ne pardonnait pas aussi facilement au jeune roi, c'était d'avoir négligé ses conseils, c'était de ne lui avoir pas rendu près du fils la place qu'il avait tenue près du père ; c'était surtout de voir cette place occupée par d'autres. Quoi qu'il en ait dit, ses deux derniers livres sont pleins des ressentiments de l'ambitieux, et l'expression de son mécontentement remonte trop souvent jusqu'au prince qui, selon lui, méconnaissait la supériorité de son intelligence. Cette attitude envieuse et inquiète, Comines la conserva durant tout le règne de Charles VIII. Un document, que nous publions aux Pièces justificatives, nous montrera même l'ambitieux compère de Louis XI essayant de reconquérir, en vain à la vérité, par son obséquiosité et ses menées d'antichambre, la confiance de Louis XII, de cet ancien complice d'insurrection qui, devenu roi à son tour, n'avait pas tardé à pratiquer cette politique royale dont parle Tacite, suivant laquelle les princes, en vengeant leurs prédécesseurs sur le trône, se flattent de trouver dans cette solidarité rétroactive des gages de sécurité pour leur propre règne. *Regni munimentum.*

Faire de Charles VIII un prince éminent, serait une tâche difficile. Je n'ai pas l'intention de l'entreprendre. Mais revoir les jugements de

Comines, que trop d'historiens ont aveuglément adoptés; mais montrer ce prince « pourvu de plus de sens » que ne le dit notre chroniqueur, « même au saillir du nid, » prouver que ses conseillers intimes, « hommes de petit état, » suivant cet acerbe critique, « et qui de nulle chose n'avaient expérience, » valaient mieux que la réputation qu'il a tant contribué à leur faire, est une mission acceptable pour un écrivain, quand il peut appuyer sa thèse sur des documents contemporains et d'une authenticité incontestable. C'est la seule que je me sois donnée, surtout, je l'avoue, parce qu'elle ressemble à un devoir.

C'est un grand malheur pour un prince de compter les principaux historiens de son temps au nombre de ses ennemis, ou de ses amis douteux; car c'est dans leurs écrits que se trouve en germe l'opinion de la postérité. Mieux vaudrait pour eux la longue et silencieuse nuit où dorment sans larmes et sans poëte pour chanter leur gloire inconnue les héros nombreux qui précédèrent Agamemnon [1]. Charles VIII, qui

---

[1] *Vixere fortes ante Agamemnona*
Multi : sed omnes illacrimabiles
Urgentur, ignotique longâ
Nocte, carent quià vate sacro.
         Q. Horatius. Ode ix, lib. iv.

« avait la plus humaine et la plus douce parole qui fut jamais, » et qui « jamais à homme ne dist chose qui lui dut déplaire, » rare éloge, a eu ce malheur. Comines, qui en a dit certainement du bien, et auquel, par exemple, nous empruntons les deux citations précédentes, est peut-être aussi l'historien qui en a dit le plus de mal, parce que, dans chaque acte et dans chaque résolution du roi, il voyait l'effet des conseils d'hommes auxquels il ne pardonnait point leur élévation et qui lui paraissaient avoir usurpé sa place.

A côté de Comines, l'historien le plus digne d'autorité et le plus consulté, surtout en ce qui concerne le grand acte du règne de Charles VIII, l'expédition d'Italie, est François Guichardin. Chercher dans un annaliste italien, même aussi impartial, en général, et aussi bien informé que l'historien florentin dont nous parlons, un juste appréciateur du roi qui, le premier, franchit les Alpes et alluma dans la péninsule une guerre continuée par ses deux successeurs durant un demi-siècle, ce serait faire une trop complète abstraction des passions humaines, de celle surtout qui prend sa source dans un des plus nobles sentiments du cœur humain, l'amour de la patrie, et de la patrie indépendante. Ajoutez à ces deux historiens Paul Jove, Ammirato, Senarega, Nardi, Sanuto, Bembo, et la foule des chroniqueurs, ou plutôt des pamphlétaires italiens, et vous vous expliquerez pourquoi beaucoup d'historiens français, puisant à ces sources empoisonnées par la haine étrangère, nous représentent Charles VIII comme une espèce de monstre au physique, qui, entouré de son valet de chambre, Etienne de Vesc, et de Guillaume Briçonnet, évêque puis cardinal de Saint-Malo, sorte de prélature *in partibus*, pour un petit bourgeois de Paris, veuf, et devenu général des finances, réussit à traverser l'Italie, à y conquérir un royaume, à y prendre beaucoup de villes, à gagner une bataille célèbre; tout cela, on ne sait trop comment, par une sorte de miracle, comme le répète à chaque ligne notre envieux annaliste.

Un historien, presque notre contemporain, M. de Sismondi, a-t-il montré, dans son *Histoire des Français*, et principalement dans son grand travail sur les républiques italiennes au moyen âge, plus d'impartialité et de bonne foi? Nous ne lui contesterons pas la connaissance des sources, des détails; mais comment a-t-il apprécié les faits? Passionné pour un système d'unité dont on ne trouve point les germes dans ce passé lointain, lequel ne nous offre que des éléments contraires, il n'a voulu voir dans l'expédition de 1494 qu'une attaque contre la nationalité italienne, sans tenir aucun compte des droits de Charles VIII à la couronne de Naples, droits que nous verrons reconnus, au moins implicitement, par tous les Etats de l'Italie au xv⁰ siècle. Aveuglé par ces préjugés, c'est à peine si le descendant des vieux Simonde, le rejeton de cette vieille souche pisane, épouve quelque sympathie pour nous, lorsque le roi et l'armée française, attendris par les larmes des habitants de Pise, déchue de sa gloire et durement asservie depuis près d'un siècle par Florence, son impitoyable rivale, essaient de rendre à cette vieille république son autonomie et son indépendance.

A quoi servirait d'opposer à ces écrivains éminents André de la Vigne, secrétaire de la reine et chargé de tenir pour elle le plus ennuyeux et même le plus inexact journal des faits et gestes du roi; Ferronius et Belcarius, arides annalistes, qui ont écrit longtemps après en latin sur des faits dont ils n'avaient point été témoins; ou Guillaume de Jaligny, qui n'a pas su défendre son maître ? Comment leurs récits, pauvres, guindés, privés de vie, sans profondeur et même sans naïveté, pourraient-ils atténuer soit l'attrait de ces pages charmantes d'un historien « de bon lieu et eslevé aux grandes affaires, » comme l'avait écrit sur son Philippe de Comines Montaigne lui-même, un peu dupe du rusé Flamand, soit l'autorité du grave et correct historien italien, de Guichardin, mêlé à toutes les grandes négociations de son temps, et personnellement initié aux conseils des hommes qui avaient survécu à l'expédition de 1494 ?

On comprend maintenant pour quelle raison j'ai tenu à séparer ces nouveaux témoignages de ceux de Comines, qu'ils rectifient en beaucoup de points. Ils nous montrent, il me semble, Charles VIII sous un aspect plus vrai. Ils détruisent complètement quelques calomnies empruntées aux historiens italiens. Ces lettres du roi, ces bulletins, ces manifestes adressés à la France et à l'Europe du temps, ces missives du premier ministre à la reine, ces correspondances particulières prouveront qu'il y avait quelque suite dans les projets du prince et dans les conseils de ses ministres. Ces pièces précieuses nous donneront de curieux détails sur le séjour des Français à Rome, et sur la prudente politique adoptée par Charles VIII vis-à-vis du Saint-Siége. Quant aux mesures prises à la suite de la conquête du royaume de Naples, nous verrons qu'elles furent moins impolitiques qu'on l'a dit, et que, de l'aveu même des historiens italiens, l'inconstance avec laquelle les Napolitains abandonnèrent, pour un pouvoir qu'ils avaient fait profession de détester pendant de longues années, le prince français qu'ils avaient si longtemps appelé de leurs vœux les plus ardents, ne peut guère être attribuée qu'à la légèreté naturelle de cette nation.

Je n'ai rien à dire du récit dans lequel j'ai serti les pièces que je tenais à mettre en lumière; il n'a droit, sans doute, qu'à un mérite, celui de l'exactitude, puisqu'il s'appuie, à chaque pas et pour tous les faits principaux, sur des documents qu'on peut appeler officiels.

Quant à la méthode que j'ai suivie pour la reproduction matérielle de ces documents, voici celle que j'ai cru devoir adopter. Rien n'est plus irrégulier et plus incorrect que les pièces volantes, les placards, ou canards, comme on dit aujourd'hui, imprimés dans le xv⁵ siècle. Il n'existait alors, comme on sait, aucune orthographe, aucune ponctuation arrêtée pour la langue vulgaire. Le même mot est souvent imprimé dans la même phrase de plusieurs façons différentes. Mais ce qu'il y a de plus regrettable, c'est que ces feuilles volantes étaient presque toujours imprimées sur des copies fort inexactes elles-mêmes. Ce n'était pas à cause de leur intelligence, mais parce qu'ils possédaient l'art, fort rare alors, d'écrire en beaux caractères, que les copistes de ce temps étaient chargés de reproduire des pièces de ce genre. Il est évident que le plus souvent ces calligraphes ne comprenaient pas ce qu'on leur donnait à copier. De là des phrases qui n'ont aucun sens, ou bien dans lesquelles on retrouve à grand'peine les fragments altérés du texte primitif. Or, ces inexactitudes ou ces altérations passaient toutes dans la pièce imprimée. S'il y avait alors des correcteurs dans les imprimeries, ce n'était pas à revoir les publications de cette espèce qu'on les occupait; leurs fonctions consistaient à corriger des textes latins ou à surveiller l'impression des romans que l'on publiait à cette époque en grand nombre.

J'ai donc été contraint de ne pas m'attacher à reproduire exactement une orthographe aussi bizarre que variée, d'omettre certains fragments de phrases qui n'avaient aucun sens, et parfois, quand j'ai pu y réussir, de restituer avec des débris incohérents ce que j'ai cru être le texte primitif.

Quant aux pièces manuscrites provenant des archives du château de Blain, comme elles sont toutes, excepté une seule, des copies, et même des copies de copies, j'y ai trouvé aussi un grand nombre d'irrégularités et d'altérations; j'ai suivi pour elles la même méthode que pour les bulletins imprimés. Je fais ces aveux sans espérance de me concilier ceux qui tiennent à toutes les variations d'orthographe, à toutes les irrégularités et à toutes les bizarreries des pièces anciennes, manuscrites ou imprimées. Tout ce que je puis dire, c'est que je les ai reproduites aussi exactement que j'ai pu le faire comme documents historiques, mais non pour l'usage des hommes livrés exclusivement à des études philologiques.

Quant aux personnes tout à fait étrangères à

la langue du xv⁰ siècle, à celles, par exemple, qui ne lisent pas couramment Philippe de Comines, je n'ai aucune excuse à leur présenter. Je me suis imposé pour principal devoir de reproduire *in extenso* des documents historiques afin de les mettre à l'abri de toute chance de destruction, mais je ne les offre, bien entendu, qu'à ceux qui les comprennent et les apprécient.

Parmi ces derniers, plusieurs remarqueront, je l'espère, dans quelques-uns de nos bulletins, et surtout dans les correspondances, un style et des tournures qui leur rappelleront la manière si estimée et si curieuse de Comines. Aussi, j'aime à croire que ces pièces intercalées, trop nombreuses peut-être, et dont quelques-unes auraient pu être reléguées à la fin du volume, ne seront pas tout à fait dépourvues d'attrait pour les lecteurs disposés à étudier avec intérêt une des évolutions les plus curieuses du langage français, celle qui s'accomplit au moment où cette langue, mise tout à coup en contact avec un autre idiome d'origine latine, mais beaucoup plus perfectionné, s'essayait à briser les dernières entraves du moyen âge, s'efforçant d'élargir ses formes pour s'adapter, en la reproduisant plus fidèlement, à la pensée devenue elle-même plus ample, plus variée, plus indépendante et plus passionnée.

J'avertis le lecteur qu'il ne faudrait pas chercher dans ces pages, consacrées au récit d'une expédition française en Italie et à l'exposé des relations de notre pays avec la péninsule à la fin du xve siècle, des allusions aux affaires du temps présent. Si l'on peut y saisir quelques analogies, on n'y rencontrera point de ressemblances réelles. On ne trouvait alors en Italie que des divisions profondes et traditionnelles entre des Etats de forme et de gouvernements variés, occupant des territoires enchevêtrés à l'infini. Il est vrai que ce qui reste aujourd'hui de ces divisions suffit pour faire croire à beaucoup de bons esprits que le fédéralisme est le seul moyen de constituer l'unité politique de l'Italie, unité parfaitement compatible avec le respect des traditions. Quant au double pouvoir de la papauté, temporel et spirituel, je n'ai pas besoin de dire que, malgré les aspirations réformistes, à d'autres points de vue, de Savonarola et de ses adhérents de Florence, malgré les dissidences qui existaient parmi les cardinaux, dont plusieurs, et des plus influents, faisaient partie des conseils de Charles VIII et ne cachaient pas leur hostilité contre Alexandre VI, je n'ai pas besoin de rappeler, dis-je, qu'il n'y fut jamais question d'attaquer l'indépendance de la papauté en supprimant ou en amoindrissant sa souveraineté temporelle. L'étude des rivalités italiennes d'alors, rivalités si puissamment avivées par la présence des Français, paraîtra même éminemment propre à faire ressortir la nécessité d'un pouvoir temporel comme base de l'indépendance du pouvoir religieux du Saint-Siége. Que serait devenu ce dernier pouvoir, isolé et livré à ses propres forces, au milieu du conflit de tant d'intérêts et de tant de passions dans l'Italie du moyen âge, dans celle de la fin du XVe siècle ? N'aurait-on pas vu, par exemple, dans le court espace de temps dont nous allons parler, tantôt la maison d'Aragon occupée à défendre ses prétentions à la couronne de Naples et sa possession de fait des Deux-Siciles ; tantôt la branche cadette des Sforze usurpant la souveraineté du Milanais soit sur les Visconti, soit sur la branche aînée, et travaillant à s'y affermir ; tantôt les Médicis de Florence préoccupés du soin d'agrandir leur pouvoir et de le transformer en royauté absolue ; tantôt, enfin, le gouvernement oligarchique de Venise aspirant à absorber les principautés voisines et à les annexer aux domaines de la Seigneurie ; ne les aurait-on pas vus, disons-nous, viser tous, et avant tout, à s'emparer de la personne du pape et à faire consacrer par un pontife privé de sa liberté le programme de leurs ardentes convoitises ? Qu'aurait fait Charles VIII lui-même, et surtout Charles VIII vainqueur ? L'exemple de ses adversaires n'aurait-il pas exercé sur lui une dangereuse séduction ? N'aurait-il pas été entraîné, par imitation, à violenter un pouvoir, jouet de toutes les rivalités, un pape patriarche incapable de résister à la volonté du plus fort ?

Le spectacle que nous présentera cette esquisse historique sera bien différent. Je n'ai point eu à m'occuper spécialement d'Alexandre VI, de son élévation au trône pontifical, ni, en général, des actes de son règne ; mais je dois avouer, et tout le monde le sait, que sa politique vis-à-vis de Charles VIII fut, avec assez de persistance, hostile aux desseins et aux prétentions du roi de France. Toutefois, cet acte d'indépendance du pontife, agissant comme prince, ne diminua en rien chez le jeune roi et chez ses conseillers, même les plus hostiles à la personne du pape, le respect pour le pouvoir, soit religieux, soit politique, du Saint-Siége. Si, malgré les circonstances particulières qui pouvaient donner et qui donnèrent, en effet, tant de vivacité aux attaques dirigées contre la personne d'Alexandre VI, les contemporains, Charles VIII, ses ministres, son armée et l'Europe entière d'alors n'oublièrent jamais le respect dû à l'institution et aux conditions essentielles de son existence, n'était-ce pas parce qu'ils comprenaient tous la nécessité d'une papauté indépendante des rivalités et des passions au milieu desquelles elle était placée ?

Quelle si grande différence existe-t-il donc sous ce rapport entre ces temps éloignés et le nôtre ?

Maintenant ai-je un dédain à repousser ?

A quoi bon, me dira-t-on, remonter si loin dans le passé pour y retoucher quelques pages de notre histoire ? A quel intérêt présent cela peut-il être utile ?

Je ne sais quel esprit superficiel du dernier siècle a dit : « Heureux le peuple dont on ne saurait écrire l'histoire ! » C'est, à mon avis, le contraire qui est vrai. Heureux, fier et respecté est le peuple dont l'histoire remonte le plus haut et dont les annales se mêlent le plus intimement à celles des autres nations !

Oublier ou renier ses ancêtres est devenu pour tout le monde de fort mauvais goût. Ce dédain n'est certainement pas à la mode aujourd'hui en Europe où les nationalités sont d'autant plus fortes et plus respectables qu'elles plongent plus avant leurs racines dans le passé. On peut dire que les peuples qui possèdent une histoire ont comme un rempart autour d'eux. Les faits contemporains le prouvent suffisamment.

Durant la seconde période décennale de ce siècle, plusieurs nations, coalisées contre la France, envahirent deux fois sa capitale et se répandirent dans ses provinces les plus éloignées. Qui sauva notre indépendance? Les souvenirs de notre longue et glorieuse histoire, qui est, pour ainsi dire, celle de l'Europe entière. Des rois de race ancienne ne cachèrent pas leur étonnement lorsqu'ils se virent installés en vainqueurs dans une capitale dont leurs ancêtres étaient si flattés d'être les simples hôtes.

Quant à quelques parvenus datant d'un ou de deux siècles, ils n'osaient croire à leur fortune, et, comme pour s'excuser, ce ne furent pas ceux-là qui, à une exception près, protestèrent avec le moins de sincérité de leur respect pour la nationalité française.

Nous avons vu de nos jours un peuple, cher à la France, perdre momentanément, il faut l'espérer du moins, son autonomie par un odieux abus de la force brutale. Cette nation renaîtra-t-elle à la vie et à l'indépendance? Oui, sans doute. Ne voyons-nous pas l'ange qui a veillé sur son berceau, assis près de sa tombe, tenant à la main les annales interrompues de l'antique Pologne? Ce vieux titre ineffaçable par l'épée conservera près de la postérité son autorité indélébile, et le jour viendra, soyons-en sûrs, où l'annaliste divin reprenant son stylet continuera des pages glorieuses, commencées il y a tant de siècles.

Enfin, dans la première moitié de ce siècle, quelques groupes d'origines diverses se sont trouvés associés par des combinaisons politiques où l'on n'a pas toujours consulté le goût et les affections des races qui les composent. Voyez avec quel soin jaloux chacun de ces éléments conserve ou défend ses franchises, ses usages, sa langue et les formes particulières de son administration. Un pouvoir intelligent ne saurait mieux faire, en ce cas, que d'appuyer son autorité sur le respect de ces traditions mêmes.

On peut donc le dire, travailler à compléter l'histoire d'un peuple, à en accumuler ou à en rectifier les témoignages n'est jamais une œuvre vaine. C'est travailler à établir la généalogie de son indépendance. C'est s'occuper, quelque modeste que soit la tâche que l'on s'impose, ne consistât-elle que dans l'apport d'une pierre et de quelques grains de sable, — et c'est là la mienne, — à entretenir, à réparer, à exhausser ce rempart derrière lequel s'abritent les lois, les libertés, les richesses et jusqu'à l'orgueil d'une nation.

Je ne saurais terminer ces réflexions préliminaires sans adresser ici mes remerciements à M. Péhant, Conservateur de la Bibliothèque de Nantes, pour l'obligeance parfaite avec laquelle il a mis à ma disposition les documents précieux confiés à sa garde.

Je m'empresse de rectifier une erreur bibliographique.

Sur les cinquante-deux pièces environ intercalées dans le texte de ce volume, ou insérées parmi les Pièces justificatives que j'ai annoncées comme rares ou inédites, il y en a douze qui ont été reproduites par Mlle Dupont, et qu'on trouve parmi les preuves des mémoires de Comines édités par elle, tome III. Paris, J. Renouard, 1857. Cinq concernent le séjour du roi à Rome, et sept, la prise de Naples. Ces pièces ne sont point extraites du recueil Héber que Mlle Dupont ne connaissait pas, ou qui n'était pas, à l'époque de ses recherches, la propriété de la Bibliothèque impériale. Elles ont été prises par elle sur des exemplaires imprimés en caractères gothiques, de la même édition que ceux de Nantes, appartenant sans doute à la Bibliothèque impériale avant l'achat du recueil Héber, et collationnées sur des manuscrits provenant soit du portefeuille de Fontanieu, soit des papiers de Fontette, soit enfin sur des originaux existant aux archives du royaume.

Ainsi donc ces douze pièces ne peuvent être considérées comme rarissimes, au même degré que les autres.

D'un autre côté, les deux fragments de lettres de Comines de 1505, que nous donnons aux Pièces justificatives et que nous supposions, d'après un renseignement inexact, avoir été publiées par Mlle Dupont, ne figurent pas parmi les preuves de son édition. Bien que les originaux n'appartiennent pas, comme nous l'avons dit, à la Bibliothèque de Nantes, qui n'a reçu en don que des copies, il est probable qu'elles sont inédites.

Nous profitons aussi de cette occasion pour rectifier ce que nous avons avancé, comme douteux, à la vérité, concernant les origines de la Bibliothèque de Nantes. Il est certain, malgré les assertions de plusieurs auteurs, que la communauté n'a jamais acheté la bibliothèque de l'archidiacre Legalle ou Legallo, mort en 1583, ni par conséquent celle du cardinal de Vendôme. C'est en 1753 seulement que la ville de Nantes fut dotée d'une bibliothèque publique, moyennant des arrangements pris avec la congrégation de l'Oratoire à laquelle appartenait le fonds primitif, enrichi par plusieurs dons successifs.

CAMPAGNE ET BULLETINS

DE LA

GRANDE ARMÉE D'ITALIE.

CAMPAGNE ET BULLETINS

DE LA

GRANDE ARMÉE D'ITALIE

1494-1495.

CHAPITRE PREMIER.

Coup d'œil sur l'état de l'Italie au moyen âge. — Quelle était sa situation à la fin du XVe siècle. — Politique de la maison d'Aragon et des Médicis. — Ludovic Sforze, dit le Maure. — Ses relations avec la cour de France et celle de Rome. — Ambassades de Charles VIII en Italie. — Son traité avec Ludovic Sforze et ses relations avec les autres États.

ussi loin que l'on peut remonter dans les temps historiques, on trouve l'Italie partagée entre de petites nations différentes d'origine, de langues et de religions. Rome, qui ne fut d'abord, disent ses historiens nationaux, qu'un rassemblement d'aventuriers, appartenant à

ces diverses peuplades, imposa son joug à l'Italie, mais ne lui donna pas l'unité. Ce fut même pendant longtemps la politique de la république de refuser les priviléges, attachés au titre de citoyen romain, aux autres Italiens vaincus par elle. Lorsque, vers la fin de ce gouvernement, Rome accorda graduellement à ses plus proches voisins le statut personnel, qui était le signe de l'unité, et lorsque plus tard, sous l'empire, elle en fit largesse, non-seulement à toute l'Italie mais à beaucoup de nations barbares, cette concession n'était plus une faveur. Les étrangers la considéraient même comme un fardeau.

Après la translation du siége de l'empire romain aux confins de l'Europe et l'affaiblissement graduel de cette puissance, devenue presque orientale, l'Italie fut, pour ainsi dire, abandonnée à elle-même. Divisée en une foule de petites associations, démocratiques dans les villes, féodales dans les campagnes, elle ne trouva aucune force concentrée pour résister aux empereurs allemands qui prétendaient à la suzeraineté sous le titre pompeux de rois des Romains. La ligue lombarde qui fut, dans le moyen âge, le plus grand effort de la Haute-Italie pour constituer une unité partielle, destinée à résister à ces prétentions, ne put, malgré ses succès glorieux et des efforts héroïques, survivre à la cause extérieure qui lui avait donné naissance.

Lorsque la maison de Hapsbourg renonça, pour ainsi dire, à se mêler activement des affaires de l'Italie, et se contenta d'un vain protectorat, l'esprit municipal italien se développa de nouveau avec une certaine énergie et plus que jamais sous la forme républicaine. Mais aucun lien commun ne s'établit entre ces petites souverainetés. On peut même dire que la paix extérieure fomenta à un haut degré ces querelles intestines, ces rivalités acharnées qui forment l'inextricable tissu de l'histoire de la péninsule au moyen âge.

Les guerres incessantes qui divisèrent Pise, Gênes, Florence, Milan, Venise, pour ne parler que des cités les plus célèbres, et qui auraient achevé d'effacer le type national italien, s'il avait existé, amenèrent dans la constitution de ces divers petits états, dans leur nombre et leurs délimitations, des modifications profondes. L'histoire confuse de ces révolutions est, par dessus tout, propre à démontrer que les dissensions intestines et les guerres prolongées sont le plus souvent fatales à la liberté. Aussi, vers le XV° siècle, toutes ces républiques, si l'on en excepte Venise, et peut-être Florence, étaient-elles tombées sous le pouvoir de familles devenues plus ou moins souveraines. Quelques-unes endurèrent même d'affreuses tyrannies. D'autres, conquises et assujetties par leurs rivales, furent mises pendant des siècles hors du droit commun, et administrées avec une dureté et une rapacité qui prouvaient à quel point l'esprit de confraternité était étranger aux cœurs italiens.

Ce fut durant ces querelles et ces divisions sanglantes que l'habitude de recourir à l'influence étrangère acheva de s'enraciner en Italie. On a essayé d'expliquer cette sorte de cosmopolitisme en cherchant à y voir comme une orgueilleuse tradition transmise de la Rome des Césars à la Rome des Papes, et acceptée par l'Italie tout entière. Tandis que les autres peuples allaient, très-lentement eux-mêmes, se formant, se concentrant et se constituant suivant leur génie propre, l'Italie, disent les partisans de ce système, bien que devançant de beaucoup, sous le rapport des lettres et des arts, les peuples voisins, méconnaissait le principe de la civilisation moderne, c'est-à-dire la personnalité des nations, parce qu'elle se croyait destinée à les dominer toutes. Toujours infatuée de ses glorieux souvenirs, l'Italie s'ouvrait, ajoute-t-on, aux peuples étrangers, afin qu'ils vinssent vérifier de plus près ses titres à la toute-puissance.

C'est ainsi, achève-t-on de dire, que son orgueil vis-à-vis des fils de ceux qu'elle avait tant de fois soumis, empêcha de naître chez elle l'idée de nationalité, contemporaine du même principe arrivant au jour chez ses voisins, et que son ambition anéantit jusqu'à sa personnalité.

Nous croyons cette explication plus ingénieuse que vraie. Nous nous contentons de croire que les divisions profondes du moyen âge italien furent la conséquence des antipathies naturelles à des races d'origine différente, et que diversifièrent encore les hordes de barbares, tels que les Lombards et les Sarrazins, si peu semblables entre eux, appelés, ou descendus, les armes à la main, dans la péninsule, durant les premiers siècles de l'ère chrétienne.

Quoi qu'il en soit, la France, en entrant en Italie en 1494, non pour la conquérir, mais pour la traverser et y recueillir, en vertu d'un titre que l'on regardait généralement comme fondé en droit, le royaume de Naples, et peut-être celui de Sicile, devait-elle craindre de blesser la nationalité italienne et de la rencontrer devant elle debout et armée?

Comme nous le faisions pressentir tout-à-l'heure, les gouvernements démocratiques qui s'étaient établis dans tant de villes et même de bourgades d'Italie, au moyen âge, avaient fini, au xv⁰ siècle, par disparaître dans la plupart de ces républiques à constitutions très-variées. Quelques-unes d'elles, en conservant des assises, des substructions démocratiques, avaient laissé couronner l'édifice par un faîte digne du gouvernement le plus absolu. D'autres parties de l'Italie, formées de vieilles agglomérations municipales, telles que le Milanais, le Piémont, le Montferrat, Naples et la Sicile, étaient devenues de véritables monarchies, surmontées parfois d'une suzeraineté même étrangère. Chaque quart de siècle avait vu changer l'aspect de cet échiquier politique. Mais la tendance constante de ces transformations avait été de diminuer le nombre des Etats qui y figuraient comme indépendants, conséquence forcée de l'agrandissement de ceux qui parvenaient à triompher de leurs rivaux, soit par leurs forces vives, soit par la supériorité d'une politique, le plus souvent prodigieusement raffinée.

Au moment où Charles VIII se proposait de traverser l'Italie pour aller prendre possession de ce qu'il appelait son royaume de Naples, on distinguait dans la péninsule les Etats suivants : Venise, mais sans ses possessions de terre ferme auxquelles elle refusait son statut, Gênes, devenue par calcul sollicifeuse de suzerainetés étrangères, et Florence, bien que gouvernée par les Médicis, portaient encore le nom de républiques; la Sicile, Naples, les Etats du Saint-Siége, le duché de Milan, le Montferrat, le Piémont, la Savoie, le duché d'Asti, ce dernier appartenant déjà à la maison de France, étaient gouvernés avec des formes plus ou moins monarchiques. Je laisse de côté les villes de Lucques, Sienne, Bologne et Mantoue, où il restait des formes municipales plus ou moins subordonnées à des principautés. Mais toutes, républiques ou monarchies, étaient dévorées de l'ambition d'accroître leurs territoires et leur puissance. Toutes, s'observant avec une jalouse inquiétude, dissimulaient, suivant des inspirations profondément égoïstes, leurs anciens ressentiments, fomentaient des haines habilement alimentées, tramaient des trahisons, parfois sous forme d'alliances éphémères, et, bien loin de reculer devant une ligue avec l'étranger, sollicitaient et trop souvent achetaient son appui, à beaux ducats comptants.

Quelles étaient, d'une façon plus précise, les rivalités qui divisaient entre eux les principaux gouvernements de l'Italie, dans les dix années qui précédèrent l'expédition de 1494?

Laurent de Médicis administrait ce que l'on continuait d'appeler la république de Florence, dont la force consistait plutôt dans l'industrie et la richesse de ses habitants que dans l'étendue de son territoire. Jaloux de conserver la puissance de sa maison, qui s'était élevée sur la ruine politique, consommée depuis longtemps, de la noblesse, et sur celle, plus récente, de la haute bourgeoisie, Laurent avait le plus grand intérêt à s'opposer à l'agrandissement des principales puissances de l'Italie et à maintenir entre elles un juste équilibre. L'unique moyen d'entretenir cette égalité était d'éloigner tout ce qui pouvait troubler la paix dont la péninsule jouissait alors. Ferdinand d'Aragon, roi de Naples et de Sicile, favorisait les vues de Médicis. Vainement son fils aîné, Alphonse, duc de Calabre, s'efforçait-il de réveiller chez son père l'humeur guerrière dont ce dernier avait donné des preuves dans sa jeunesse. Alphonse voyait avec chagrin que Galéas Sforze, son gendre, n'eût que le titre de duc de Milan, quoiqu'il eût déjà vingt ans, tandis que Ludovic Sforze, son oncle, était le maître véritable de ses Etats. Alphonse n'ignorait pas la faiblesse d'esprit et l'incapacité de son gendre. Mais cette raison ne suffisait pas pour justifier à ses yeux l'ambition de l'usurpateur. Il voyait donc avec peine que Ludovic, surnommé le Maure, chargé de la tutelle de son neveu, s'était habilement servi de sa puissance pour s'assurer des forteresses, des troupes, des finances et des autres nerfs de l'autorité; ce dernier en était arrivé au point de ne plus dissimuler son ambition de régner en son propre nom. Mais Ferdinand de Naples préférait ses intérêts présents à ceux de sa petite-fille et aux justes ressentiments de son fils. D'ailleurs, la noblesse et le peuple lui avaient témoigné, quelque temps auparavant, la haine qu'ils lui portaient. L'affection de ses sujets pour la domination française à Naples était en effet loin d'être éteinte, et il craignait par-dessus tout que, s'il s'élevait des troubles en Italie, le roi de France ne profitât de l'occasion pour faire valoir ses prétentions sur le royaume de Naples. D'un autre côté, la crainte que lui inspirait la puissance de Venise devenue redoutable à l'Italie entière, lui faisait sentir la nécessité de contre-balancer l'ambition de cette république par une union intime de ses forces avec celles des Milanais et des Florentins. Cette crainte, partagée par Laurent de Médicis et Ludovic le Maure, fut le lien véritable qui unit longtemps la politique des trois princes.

Laurent de Médicis mourut tout à coup, à quarante-quatre ans, en 1492. Quelques mois après, Innocent VIII le suivit au tombeau. Ce double décès jeta un trouble profond dans les relations politiques intérieures de l'Italie. A Innocent succéda le cardinal Rodrigue Borgia, si connu sous le nom d'Alexandre VI. A Florence, Pierre hérita de son père. Pierre, fort inférieur à Laurent en prudence et en habileté, se montra si absolument dévoué aux intérêts de Ferdinand et d'Alphonse d'Aragon, que Ludovic Sforze conçut de cette partialité les plus sérieuses inquiétudes. Divers faits peu importants en apparence confirmèrent ses soupçons. Un commencement de mésintelligence s'étant élevé entre Alexandre VI d'un côté, Pierre de Médicis et Ferdinand d'Aragon de l'autre, Ludovic Sforze, par l'entremise du cardinal Ascanio, son frère, très-dévoué à Alexandre VI, travailla activement à envenimer cette querelle. Il y réussit facilement. Bientôt Ludovic joignit à ses exhortations quelque chose de plus solide. Il prêta à Alexandre VI 40,000 ducats et lui envoya un corps, soudoyé en partie par lui, de trois cents hommes d'armes.

En même temps, Ludovic travaillait à contracter une alliance avec les Vénitiens. Il y réussit également, et, au mois d'avril 1493, un nouveau traité fut signé entre le duc de Milan, la république de Venise et le Saint-Siége, qui se trouvait ainsi placé sous la protection des deux autres puissances contractantes, principalement vis-à-vis des princes de la maison d'Aragon.

Cependant, Ludovic Sforze, qui n'avait qu'une

faible confiance dans ses nouveaux alliés, inquiet d'ailleurs du peu de popularité dont il jouissait auprès de ses propres sujets, résolut d'introduire en Italie une puissance nouvelle et supérieure aux autres, tout en se créant près d'elle des titres particuliers à sa faveur. Telle fut l'origine de ses relations avec Charles VIII, qu'il engagea à faire valoir, les armes à la main, ses prétentions sur le royaume de Naples, et ses titres, fondés sur les anciens droits de la maison d'Anjou.

Le pape Urbain IV avait, en 1274, appelé à régner sur les Deux-Siciles Charles, comte d'Anjou et de Provence, frère de saint Louis, roi de France. Ce prince conquit à la pointe de l'épée ce beau royaume, qu'il transmit à son fils, Charles II. Jeanne II étant morte sans enfants, en 1435, institua pour son héritier René, duc d'Anjou et comte de Provence. Mais ce choix ayant trouvé parmi les barons des contradicteurs, ceux-ci appelèrent au trône Alphonse d'Aragon, déjà roi de Sicile. Il ne put s'y asseoir qu'après une longue guerre. Resté vainqueur, il mourut sans enfants légitimes et légua le trône de Naples à son fils naturel Ferdinand, qui réussit à s'y consolider, malgré les efforts de René d'Anjou.

René étant mort sans postérité, en 1480, désigua, pour héritier de ses droits sur Naples, Charles, son neveu, qui, décédé lui-même, en 1482, sans enfants, avait fait un testament en faveur de Louis XI, roi de France. Ce titre précieux réunit immédiatement à la couronne le duché d'Anjou, soumis à la loi salique, le Maine et la Provence. C'est sur lui que reposaient aussi les droits, également valides, de la maison de France au royaume de Naples.

Ludovic Sforze, avant de s'aboucher avec Charles VIII, jugeant qu'il était dangereux d'accepter seul la responsabilité d'une semblable entreprise, et voulant en même temps donner plus de poids à la négociation qu'il allait entamer, fit tous ses efforts pour associer Alexandre VI à ses desseins. Il y parvint. Il est certain cependant que le pape n'y vit qu'un moyen d'effrayer la maison d'Aragon et de l'amener ainsi à lui accorder ses demandes. C'est ce que la suite des événements met hors de doute.

Les choses en vinrent au point que Ludovic, de concert avec Alexandre VI, expédia en France le comte de Gajazzo, Galéas Visconti et Charles, comte de Belgiojoso, pour inviter formellement Charles VIII à descendre en Italie et à y recueillir la succession de la maison d'Anjou. Ces ambassadeurs exposèrent au roi et à ses conseillers intimes quelles facilités s'offraient pour la réussite de cette grande entreprise. Le Saint-Siége, blessé par le roi de Naples, qui ne cherchait qu'à s'allier avec les maisons puissantes des États romains possédant des châteaux forts et toujours prêtes à créer des embarras au pape, verrait avec plaisir l'expulsion de la maison d'Aragon. Venise voudrait-elle s'exposer à de grandes dépenses et à de plus grands périls pour rompre sa vieille alliance avec la France, surtout en faveur de Ferdinand, son plus grand ennemi? Cela n'était pas probable. Quant aux dispositions de la nation napolitaine, elles étaient bien connues. La noblesse et le peuple, maltraités par Ferdinand et son fils, ruinés par leurs exactions, humiliés sous un despotisme aussi cruel que perfide, étaient prêts à se soulever contre des maîtres odieux, et l'entrée des troupes françaises en Italie devait être le signal de la chute d'un trône miné depuis longtemps par la haine des peuples.

Les ambassadeurs n'oublièrent même pas de mentionner combien la possession de Naples rendrait facile une expédition contre les Turcs et de flatter ainsi le dessein conçu par le jeune roi de chasser les Barbares de Constantinople et même de leur arracher la Terre-Sainte.

D'autres Italiens appuyaient près du jeune roi les ambassadeurs milanais. A leur tête se trouvaient plusieurs barons napolitains exilés par les princes aragonais et, entre autres, deux frères de la puissante famille San Severino, l'un prince de Salerne et l'autre de Bisignano.

Charles VIII, qui n'avait que vingt-deux ans, céda à un entraînement assez explicable chez un jeune roi, et, ne prenant conseil que de ses deux favoris, Étienne de Vesc et Guillaume Briçonnet, évêque de Saint-Malo, conclut un traité secret avec Ludovic Sforze. Les conditions de ce traité étaient que le roi irait en personne en Italie, ou qu'il y ferait passer une armée pour y conquérir son royaume de Naples; que Sforze lui livrerait passage par le Milanais, en fournissant cinq cents hommes d'armes à ses frais. Outre cela, le duc de Milan s'engageait à prêter 200,000 ducats au roi avant son départ de France. De son côté, Charles s'obligeait à la défense du Milanais envers et contre tous, à maintenir le pouvoir dans les mains de Ludovic Sforze, et à entretenir dans Asti, ville appartenant au duc d'Orléans, son beau-frère, deux cents lances prêtes à secourir les Milanais. Un traité particulier assurait à Sforze la principauté de Tarente, aussitôt après la conquête de Naples.

L'existence de ce traité ayant été connue en Italie, au moins en partie, Ferdinand d'Aragon en fut plus alarmé qu'il ne le laissa paraître. Il avait justement en France des envoyés chargés de traiter du mariage de Charlotte, fille de Frédéric, son second fils, avec le roi d'Écosse. Cette princesse, cousine de Charles VIII, avait été élevée à la cour de France. Frédéric leur adjoignit Camille Pandone, son ancien ambassadeur à Paris. Ce nouveau ministre reçut pour instruction de ne rien négliger afin de conjurer cet orage. Outre les présents et les promesses qu'il fut autorisé à faire aux favoris, on lui donna pouvoir d'offrir à Charles la suzeraineté du royaume de Naples, marque de dépendance qui aurait été constatée par le paiement d'un tribut annuel.

Ferdinand s'empressa, d'un autre côté, de se réconcilier avec le Saint-Siége. Frédéric, son fils, se rendit à Rome, aplanit les difficultés qui s'étaient élevées entre le pape et les Orsini, que l'on disait favorisés par Ferdinand, et arrangea un projet de mariage entre une fille naturelle d'Alphonse d'Aragon et le dernier des enfants de Rodrigue Borgia. La principauté de Squillace et dix mille ducats de rente auraient été la dot de la fiancée. Un traité de défense mutuelle fut signé et Alexandre VI, rompant avec ses récents alliés, congédia les troupes des Vénitiens et du duc de Milan.

Ce succès obtenu, Ferdinand s'occupa de détacher Ludovic Sforze de son alliance avec la France. Pierre de Médicis le secondait dans cette entreprise ; mais Ludovic, profondément artificieux, ne leur donnait des espérances que pour gagner du temps et éviter d'être attaqué avant que Charles VIII fût prêt à entrer en Italie. Il réussit ainsi à leurrer Ferdinand, le Pape et les Florentins sans donner d'ombrage au roi de France. Diverses considérations entretenaient cependant la confiance du roi de Naples. Il espérait que les Vénitiens qui, jusque là, n'étaient point entrés dans la négociation de Ludovic avec la France, bien que Charles VIII leur eût envoyé des ambassadeurs, ne consentiraient jamais à ce qu'un prince étranger aussi puissant s'établît en Italie et leur enlevât par sa seule présence le rang élevé, la prééminence qu'ils y avaient conquis. Enfin il était rassuré par Ferdinand et Isabelle d'Espagne qui lui promettaient un puissant secours, en cas que leurs sollicitations et leur crédit n'eussent pas réussi à changer la résolution de Charles VIII.

Pierre de Médicis, de son côté, instruit des dangers qu'il courait, par suite du traité de Ludovic avec le roi de France, avait dépêché des ambassadeurs à Paris. Il n'avait pas caché cette démarche aux princes napolitains. Il l'avait même colorée avec cette finesse qui caractérisait alors la diplomatie italienne. Il se proposait, disait-il, de servir d'intermédiaire entre Naples et Paris et d'amener un accommodement moyennant les moindres sacrifices possibles. Charles se bornait à demander la liberté du passage pour son armée sur les terres de la république de Florence, et des vivres en payant. Il exigeait de plus cent hommes d'armes, comme marque de l'amitié des Florentins. Mais, en cas de refus, le jeune roi menaçait de leur interdire immédiatement le grand commerce qu'ils faisaient en France et d'en chasser ces banquiers, ces facteurs appartenant pour la plupart à la maison même de Médicis et qui, avec de grands profits, détenaient entre leurs mains, sur les principales places de France, d'Angleterre et des Pays-Bas, le capital nécessaire au commerce et aux emprunts d'États, car les États empruntaient déjà.

Pierre de Médicis représentait à Ferdinand les exigences de la France comme peu importantes en ce qui concernait le fond de la question. De quel secours seraient cent hommes d'armes au puissant roi de la France? Pourquoi refuser des vivres payés à une armée qui saurait bien les prendre par force? Était-il lui-même assez bien affermi à Florence pour braver le mécontentement d'un État peuplé de marchands habitués à entretenir avec la France les relations commerciales les plus lucratives? Mais Ferdinand ne pouvait goûter ces raisons. Il se plaignait avec une telle amertume de ce que la fidélité et la constance de Médicis commençaient à s'ébranler de si bonne heure, que celui-ci se vit forcé à accumuler artifices sur artifices pour différer sa réponse au roi de France. Enfin il fit dire au roi que la république enverrait de nouveaux ambassadeurs pour déclarer ses résolutions définitives.

Vers la fin de cette année, 1493, la bonne intelligence, si récemment établie entre Alexandre VI et Ferdinand, commença à s'altérer. Le Pape, jaloux de la puissance du fameux cardinal de Saint-Pierre-aux-Liens, depuis Jules II, et d'autant plus inquiet de son absence et de sa retraite à Naples, que ce prélat possédait Ostie, Ronciglione et Grotta-Ferrata, places importantes dans la campagne romaine, entreprit d'obliger Ferdinand à le lui livrer. Il offrait au cardinal fugitif, pour garantie de sa sûreté, la parole du Sacré-Collége, celle de Ferdinand et même celle des Vénitiens. Ferdinand s'excusait sur ce qu'il n'était pas en son pouvoir de déterminer à faire cette démarche le fougueux Della Rovere qui, naturellement défiant, mesurait les périls auxquels il se croyait exposé aux instances mêmes d'Alexandre VI pour l'avoir en sa puissance. Le Pape, n'agréant point ces excuses, se plaignit du roi avec tant d'aigreur et même d'emportement, que leur union ne paraissait pas devoir être de longue durée.

Au commencement de l'année 1494, le 25 janvier, Ferdinand, frappé d'apoplexie, mourut subitement. Il a laissé, chez les historiens italiens, la mémoire d'un prince habile, doué d'une grande prudence, si toutefois ces qualités peuvent être concédées à un prince qui, surtout vers la fin de sa vie, se montra cruel jusqu'à la férocité et abandonné aux plus mauvaises passions. Cette mort inattendue n'était pas propre à réconcilier la maison d'Aragon et l'usurpateur du pouvoir souverain à Milan. Alphonse succédait à Ferdinand. C'était, comme nous l'avons dit, le père d'Isabelle d'Aragon, mariée à Jean Galéas, neveu, pupille de Sforze, et presque entièrement dépouillé par son tuteur. Aussitôt son élévation au trône, Alphonse s'empressa d'envoyer des ambassadeurs à Alexandre VI qui semblait de nouveau pencher vers la France. Les offres magnifiques qu'il fit au Pape, surtout en faveur de Jean et de César Borgia, ses deux fils, qu'il combla de faveurs, déterminèrent la signature d'une alliance définitive entre Naples et Rome. Un légat apostolique devait couronner le nouveau roi auquel l'investiture était déjà accordée. Virginio Orsini, ambassadeur napolitain, promit, au nom d'Alphonse, d'aider Alexandre à recouvrer le château d'Ostie et à mettre la main sur le cardinal de Saint-Pierre-aux-Liens. Mais celui-ci, calculant que le moment était venu de songer à sa sûreté personnelle, partit secrètement d'Ostie. Il s'enfuit jusqu'à Lyon, près de Charles VIII, qu'il se proposait d'accompagner; ce qu'il fit en effet, dans l'expédition dont le jeune roi faisait les préparatifs.

Cependant Alphonse, cédant à la crainte et faisant taire sa haine contre Ludovic Sforze, essaya de renouer avec ce dernier les relations commencées par son père, Ferdinand, dans le but de le détacher de sa politique anti-italienne. Il n'en reçut que des réponses évasives. Ludovic, dans ces derniers temps, s'était même lié d'une manière plus intime avec la cour de France. Il y avait envoyé, de nouveau, Galéas de San Severino, marié à une de ses filles naturelles, sous le prétexte que le roi avait mandé ce seigneur près de lui. Charles, par le conseil de Ludovic, avait expédié une grande ambassade au Pape. Suivant leurs instructions, libellées à Milan même, dit-on, ces ambassadeurs s'arrêtèrent d'abord à Florence. Ils y dirent très-haut, comme ils le firent durant tout leur voyage, que le roi de France était résolu à passer cette année même en Italie, non pas dans le dessein de s'emparer du bien d'autrui, mais seulement pour recouvrer le sien propre, c'est-à-dire le royaume de Naples. Ils s'empressaient d'ajouter que cette conquête n'était que la première partie du plan adopté par le roi très-chrétien. Inspiré du saint désir de venger et d'honorer la religion, la possession de Naples et des ports de l'extrême Italie était, par dessus tout à ses yeux, disaient-ils, le meilleur moyen de chasser ultérieurement les Turcs de l'Europe et d'arracher la Terre-Sainte à leurs profanations. Nous croyons que cette dernière partie des instructions des ambassadeurs venait réellement du jeune roi, dont l'imagination avait embrassé ce vaste et hardi projet.

Ces ambassadeurs déclarèrent aux Florentins que le roi ne faisait aucun doute de la fidélité d'une ville qui avait souvent, depuis Charlemagne, ressenti la protection des rois ses prédécesseurs. Ils ne manquèrent pas de faire ressortir de quel avantage il serait, pour Florence, de commercer avec Naples reconquise, aussi librement et aussi fructueusement qu'elle le faisait avec la France ou ses facteurs, qui, contrairement à ce qui existait alors à Naples, étaient aussi bien traités que s'ils avaient été citoyens français. Quant à Pierre de Médicis, ils essayèrent de ranimer en lui le souvenir des bienfaits, et des honneurs que son père et ses ancêtres avaient reçus des rois de France, particulièrement de Louis XI, et de raviver, en même temps, dans sa mémoire la tradition de la fameuse conjuration des Pazzi, où, vingt-cinq ans auparavant, Julien, oncle de Pierre, et Laurent, son père, avaient été, le premier assassiné, et le second grièvement blessé, conjuration dans laquelle Ferdinand d'Aragon avait notoirement trempé.

Malgré ces efforts habilement calculés, l'ambassade partit de Florence sans en emporter une réponse positive. Arrivée à Rome, elle remontra au pape les anciens services des rois de France et leur attachement inviolable pour le Saint-Siége. Elle fit contraster ces traditions, dont l'histoire fait foi à chaque page, avec la mauvaise volonté, les entreprises hostiles et les querelles sans cesse renaissantes de la maison d'Aragon vis-à-vis du pontife romain. Elle termina en demandant pour le roi de France l'investiture du royaume de Naples, qui lui était légitimement dévolu par la volonté de ses derniers princes légitimes, sans oublier de magnifiques offres de service qu'elle était autorisée à faire au Saint-Père et à sa famille.

Alexandre VI, qui, avant d'être pape, passait

pour un profond jurisconsulte, se retrancha derrière des arguments plutôt empruntés à la procédure qu'au droit. Il invoqua d'abord les précédents, en rappelant que trois princes de la maison d'Aragon, y compris Alphonse, avaient déjà reçu l'investiture du royaume de Naples. Il émit l'opinion que, préalablement à toute autre démarche, Charles VIII devait faire juridiquement examiner et proclamer la supériorité de son droit. La seule marche à suivre pour parvenir à cette fin était, selon lui, de se pourvoir pacifiquement devant le Saint-Siége, dans le domaine direct duquel se trouvait Naples, et d'accepter la décision pontificale, émise après les productions des parties et l'examen attentif de la question. Seigneur direct du fief, il était prêt à rendre justice à qui de droit, mais à ce titre et comme pape, il était doublement tenu à repousser tout moyen violent et toute entreprise qui aurait pour résultat d'allumer la guerre entre les princes chrétiens. Au fond, Alexandre VI était déterminé à s'en tenir à l'alliance qu'il venait de contracter avec Alphonse, et sa réponse, fort adroite, n'avait pour but que de laisser aux ambassadeurs français de faibles espérances, dont ils durent se contenter.

Les déclarations et les promesses que ces derniers avaient semées sur leur passage n'avaient été recueillies nulle part avec plus de faveur qu'à Florence même. Les Florentins, peu d'accord en cela avec Pierre de Médicis, se souvenaient de Charlemagne qui passait, à tort ou à raison, pour avoir reconstruit leur ville, détruite par les Goths. On n'y avait point oublié les étroites relations du parti Guelfe, longtemps dominant en Toscane, avec la maison d'Anjou, protectrice de ce parti en Italie. D'un autre côté, le souvenir des longues guerres soutenues contre la maison d'Aragon était présent à tous les esprits. La majorité du peuple désirait donc qu'on accordât passage à l'armée du roi, et qu'on acceptât ses autres propositions. Mais Pierre de Médicis, plus accoutumé à suivre son caprice que les conseils de la prudence, s'opiniâtra à persister dans son alliance avec les Aragonais. Les historiens italiens et surtout Guichardin, qui se déclare bien instruit, sont restés persuadés que la politique de Pierre n'était inspirée que par le désir, secrètement entretenu, d'augmenter le pouvoir déjà fort étendu dont jouissait son père et d'y ajouter le titre de souverain absolu. L'alliance avec la maison d'Aragon, qui jouissait elle-même d'un pouvoir sans limite, paraissait à cet ambitieux le plus sûr moyen de parvenir à ses fins. Il brava donc l'opinion publique. Une sorte de conjuration, ourdie par

Jean et Laurent de Médicis, deux de ses cousins, qui, d'accord avec Rucellaï, un de leurs proches, essayèrent de déterminer un mouvement populaire, n'ébranla point ses résolutions. Il répondit aux ambassadeurs français revenant de Rome, que malgré l'attachement des Florentins pour la France et leur respect pour un aussi grand roi que Charles VIII, la République, fidèle à ses traités avec les rois de Naples, en respecterait les clauses, dont la première, naturellement, lui interdisait de fournir aux ennemis de la maison d'Aragon les moyens de l'attaquer.

Le roi, indigné de cette réponse, intima aux ambassadeurs florentins à Paris l'ordre de sortir de France. Il donna le même ordre à quelques facteurs qui représentaient à Lyon la maison de Médicis. Mais il continua de protéger les autres marchands et banquiers florentins, afin de faire comprendre à la république que Pierre était seul responsable à ses yeux des refus injurieux qu'il venait d'essuyer.

Venise seule, plus sage et mieux gouvernée, restait neutre. Elle avait résisté aux doubles sollicitations d'Alphonse et du roi. Les envoyés de Charles VIII, connaissant l'extrême prudence du sénat et la réserve du vieux doge, qui s'appelait Auguste Barbarigo, s'étaient même bornés à demander des conseils à l'assemblée souveraine et au chef de l'État. Il avait été adroitement et brièvement répondu : que le roi très-chrétien était si sage et ses ministres si éclairés, que s'ingérer dans le gouvernement de la France, même par la voie des conseils, serait une grande présomption [1]; que l'attachement du sénat pour la France lui ferait toujours prendre une grande part à la prospérité des armes de Sa Majesté; mais que la crainte de quelque attaque de la part des Turcs, leurs ennemis communs, les garnisons nombreuses que Venise entretenait à grands frais dans une infinité d'îles et de places maritimes, garnisons qui servaient vraiment de boulevards à l'Europe et à la chrétienté, ne leur permettaient pas d'engager les ressources de la république dans une nouvelle guerre. Au fond, Venise, inattaquable par sa position et ses grands moyens de défense, avait résolu d'attendre le résultat de l'expédition française, de s'allier plus tard avec le vainqueur, s'il y avait lieu, et en tous cas de chercher une occasion de faire payer son intervention ou sa neutralité. Politique égoïste et infiniment fructueuse, dont cette république, gouvernée par une oligarchie

---

[1] *Quel re cristianissimo essere re di tanta sapienza, et avere appresso a sé tanto grave e maturo consiglio che troppo presumerebbe di se medesimo chiunque ardisse consigliarlo.* Guicciardini, p. 85, t. I. *Milano*, 1803.

commerçante, habile et discrète, tout à la fois, ne s'écartait jamais.

Les dires des ambassadeurs français, durant leur séjour à Florence et à Rome, ne laissaient aucun doute sur les intentions de Charles VIII. Les préparatifs que le jeune roi faisait par terre et par mer étaient plus significatifs encore. Il avait envoyé Pierre d'Urfé à Gênes, où la faction des Adornes et des Fiesques, et où le crédit de Julien de la Rovere, cardinal de Saint-Pierre-ès-Liens, génois d'origine, nous assuraient un parti tout-puissant, pour qu'on y rassemblât une nombreuse flotte de galères et de vaisseaux de transport. Alphonse qui, jusque-là, avait conservé quelques ménagements avec Ludovic Sforze, voyant les choses si avancées, rompit publiquement avec lui. Il chassa de Naples l'ambassadeur milanais et retira celui qu'il entretenait près de Ludovic. Il se saisit du duché de Bari, dont ce dernier jouissait en vertu d'une donation de Ferdinand. Il essaya, mais vainement, de nouer des relations avec les mécontents de Gênes, dans l'espérance d'y renverser le gouvernement favorable au roi de France. Il s'avança dans la Romagne à la tête d'une armée, afin de susciter dans le Milanais des troubles en faveur de son gendre Galéas. En prenant ainsi l'avance, il espérait obliger les Français à passer l'hiver en

Lombardie; car il calculait que leur nombreuse cavalerie ne trouverait pas à faire vivre ses chevaux en Italie avant la venue du printemps. Alphonse ne s'en tint pas là. Il dépêcha des ambassadeurs à Constantinople, pour instruire Bajazet, second du nom, alors empereur des Turcs, des grands desseins de Charles VIII et lui demander des secours.

Le Pape, de son côté, s'empressa de profiter du moment. Appuyé par les troupes d'Alphonse, et surtout par la flotte napolitaine, il investit Ostie par terre et par mer et s'en empara. Ce succès lui sembla d'un haut prix. Il ne laissait plus au cardinal Julien de la Rovere que la place de Grotta-Ferrata, dont son frère racheta la possession en s'engageant à payer une rente annuelle de dix mille ducats.

Telle était la situation de l'Italie, au moment où Charles VIII se proposait d'y entrer.

Quel était, au même moment, l'état des affaires en France ?

CHAPITRE II.

Louis XI, reconnu héritier du royaume de Naples par Charles d'Anjou. — Sa mort. — Régence d'Anne de Beaujeu. — Guerre de Bretagne. — Mariage du roi. — Traités avec l'Espagne et l'Angleterre. — Ce dernier est sanctionné par les États-Généraux. — Réalité du projet de Charles VIII de reconquérir la Terre-Sainte. — Pièce importante à ce sujet.

Louis XI, mort en 1483, n'avait été institué que deux ans auparavant, au décès de Charles d'Anjou, héritier du royaume de Naples. Déjà vieux, malade et incapable d'essayer de lointaines conquêtes, Louis s'était approprié les portions de l'héritage de la maison d'Anjou, qui étaient à sa portée et dont la réunion n'avait soulevé que des difficultés diplomatiques. C'est ainsi que le Maine, la Provence et l'Anjou furent définitivement rattachés à la France. Depuis la mort de Charles-le-Téméraire, dernier duc de Bourgogne, tué à la bataille de Nancy, le 5 janvier 1477, la grande préoccupation de Louis XI avait été d'annexer à la France les riches provinces qui formaient le duché de Bourgogne. Il réussit en partie à exécuter ce grand dessein en y employant tour à tour la violence, d'actives et adroites négociations, mêlées parfois à un peu de duplicité.

Enfin en 1482, à la veille de la mort de Louis XI, le traité d'Arras vint réaliser, à son profit, une sorte de liquidation de la succession de Charles-le-Téméraire. D'après la principale clause de ce traité, Marguerite d'Autriche, âgée de deux ans, petite-fille de Charles de Bourgogne, devait, « ladite demoiselle venue en âge requis, » épouser le dauphin (Charles VIII), âgé de douze ans, auquel elle apportait en dot l'Artois, la Bourgogne, les comtés de Mâcon, d'Auxerre, ainsi que plusieurs autres riches seigneuries.

On comprend facilement comment ces importantes négociations ne permirent pas à Louis XI de faire le voyage d'Italie pour y recouvrer son royaume de Naples. On se tromperait cependant si l'on croyait que la science militaire, le courage et le sang-froid nécessaires pour commander les armées lui avaient toujours fait défaut.

Les historiens attestent le contraire. Pour n'en citer qu'un exemple, rappelons que, dans une des circonstances les moins honorables de sa vie, lorsqu'au sortir de la tour de Péronne, il alla avec Charles de Bourgogne assiéger et détruire la ville de Liége, soulevée par ses propres intrigues, il faillit, une nuit, payer de sa vie sa honteuse trahison. Les Liégeois, prenant l'offensive, attaquèrent à l'improviste le quartier du duc et du roi. Le duc, courageux, jeune et versé dans les choses de la guerre, perdit la tête. Le roi prit « parole et autorité de commander. » Sa présence d'esprit et ses ordres bien conçus, disent les historiens, firent échouer l'attaque. Il est donc probable que, plus jeune et moins préoccupé des grandes et profitables affaires du même genre dans lesquelles il était engagé, il aurait ourdi de savantes intrigues avec ces petits États italiens, dirigés eux-mêmes par des princes si rusés. Peut-être, si ces moyens pacifiques avaient échoué, aurait-il, aussi lui, franchi les Alpes. L'Italie, habituée aux jouissances du luxe, gouvernée par des princes brillants, aux armures ciselées par d'habiles artistes, aurait vu le rusé Louis XI, coiffé de ce chapeau historique, chargé d'images saintes de plomb et d'étain, les poches de son surtout de velours usé pleines de reliques, diriger, entouré de ses compères, la fleur de la chevalerie française à travers la péninsule.

Les raisons que nous avons données et surtout les approches d'une mort qui fut précédée des terribles affres de Plessis-lèz-Tours, expliquent pourquoi Louis XI ne fit aucun acte conservatoire décisif, au sujet de son royaume de Naples, durant les deux dernières années de sa vie.

Louis XI, mourant, confia la tutelle de Charles VIII à sa fille Anne, mariée à Pierre de Bourbon, sire de Beaujeu. Il la regardait, disait-il, comme « la moins folle femme du monde, car de sage, il n'y en a point. » L'histoire a été plus juste encore envers cette princesse, en proclamant qu'elle eût été digne du trône par sa prudence et son courage, si son sexe ne l'en avait pas exclue. Sa principale préoccupation fut de veiller d'abord à ce que les prétentions rivales des princes du sang ne vinssent pas de nouveau troubler une paix durement imposée par le feu roi et détruire son difficile ouvrage. La régente, craignant que son autorité n'y suffit pas, chercha un point d'appui dans la nation même et convoqua à Tours les États de 1484. Elle avait sans doute prêté l'oreille aux conseils de quelques hommes sages. Le vieux Comines n'était pas encore en disgrâce et la régente l'avait peut-être entendu dire que, « en Angleterre, les rois ne peuvent rien entreprendre de grand, ni lever de subsides sans assembler le Parlement, qui vaut autant à dire comme les trois États, ce qui est chose juste et sainte. » Elle les rassembla donc malgré les cris de quelques personnages « de petite condition et de petite vertu qui disaient que c'était crime de lèse-majesté que d'assembler les États, et que c'était pour diminuer l'autorité du roi. » Anne reçut de cette assemblée la confirmation de son pouvoir.

Bientôt une coalition de princes et de seigneurs, coalition dans laquelle entraient le roi d'Angleterre et même le roi des Romains, ce dernier en violation du traité d'Arras, menaça la régente. Le dernier duc de Bretagne, François II, s'y était rallié dans le but d'assurer à ses filles la transmission de son duché. Anne de Beaujeu prétendait qu'à défaut d'héritier mâle, la Bretagne devait revenir à la France, mais avec la promesse de respecter les libertés du duché.

On sait que ce fut la Bretagne même qui servit de champ de bataille à la coalition. Sillonnée en tous sens, pendant plusieurs années, par une guerre dévastatrice, elle expia la longue paix dont elle avait joui durant la lutte de la France et de la Bourgogne, rivalité qui avait été la meilleure garantie de son indépendance.

François II, décédé durant la guerre, laissait à sa fille Anne des droits incontestables à sa succession. Mais il fallait à ces droits un autre appui que l'assentiment des États du duché. De là vint la singulière idée de fiancer la jeune héritière à Maximilien d'Autriche. Cette combinaison étrange, si elle avait réussi, aurait fait plus tard de la Bretagne une annexe, un peu isolée, de l'immense monarchie de Charles-Quint. Il est probable, dans ce cas, qu'au lieu d'être rattachée à la France par l'anneau de mariage de la duchesse Anne, cette province aurait été conquise par Louis XIV, à la suite de quelque victoire chantée peut-être par Boileau.

Occupé ailleurs, Maximilien ne défendit pas avec assez d'énergie sa fiancée et sa magnifique dot. Il envoya par mer quinze cents soldats, dont un grand nombre périt à Saint-Aubin-du-Cormier. « Ne m'oubliez pas, » lit-on en allemand sur des éperons dorés, trouvés récemment au fond d'un sillon, sur ce champ de bataille. Doux et triste souvenir de quelque fin chevaleresque et prématurée.

Cette lutte, trop inégale, eut la conclusion que tout faisait présager; Charles VIII, dont la majorité fut tardive et qui laissa, bien au-delà du terme légal, entre les mains de sa sœur, le pouvoir dont elle usait si bien, fit son entrée à Nantes le

4 avril 1491 [1]. Il avait vingt-un ans. Au mois de décembre suivant, il épousa à Langeais la propre fiancée de Maximilien, abandonnant Marguerite, sa fille, élevée à la cour de France, avec le titre et les honneurs de reine, mais qui n'avait que onze ans. Maximilien, enchaîné en Allemagne, où il relevait la puissance autrichienne, humiliée par le roi de Hongrie, s'occupait de reconquérir Vienne, perdue par Frédéric III. Il fallut ces intérêts de premier ordre pour que la double injure qu'il venait de recevoir, comme fiancé et comme père, ne l'amenât pas sur les bords du Rhin. Aurait-il trouvé, d'ailleurs, chez les princes et les villes libres d'Allemagne, peu attachés à la maison d'Autriche, et surtout dans les Flandres presque révoltées, le bon vouloir nécessaire pour faire à la France une guerre dont tout le poids aurait porté sur cette portion de l'empire? Cela est douteux.

Condamné à dévorer cette double injure, Maximilien se vengea du moins en faisant adresser par son chancelier aux cours de l'Europe deux manifestes, écrits en latin, destinés à exhaler sa haine dans le style le plus véhément. On nous

[1] Voir, aux Documents, deux pièces de vers publiées par les poètes français sur la guerre et la fin de la Bretagne indépendante.

y appelait les Français-Gaulois, parce que, disait-on, le divin roi des Romains possédait à juste titre une portion de l'ancienne Gaule. La seconde de ces pièces, provoquée par le mariage de Charles VIII, tandis que la première avait été publiée à l'occasion de la prise de Nantes, en 1491, l'emporte encore sur la première en injustice et en violence. On y explique ainsi, par exemple, le mariage du roi et d'Anne de Bretagne : « Charles VIII, dit ce pamphlet, s'approcha, sous prétexte d'un pèlerinage, d'une église de la sainte Vierge, située hors des murs de Rennes, et, par ce moyen, entra dans la ville avec un corps considérable d'hommes armés. Puis, trompant la duchesse par de fausses allégations, telles que la maladie et la mort du roi des Romains, il l'entraîna et la contraignit [1] à conclure et à accomplir leur mariage. »

On voit que les secrétaires d'État, rédacteurs de la protestation, ne respectaient guère la vérité historique. Cette curieuse pièce se terminait par cette éloquente invective : « Qui ne voudra désormais imiter l'exemple du roi lequel usurpe le nom de très-chrétien ?... Celui qui détient tout à la fois la fille et l'épouse de son beau-père, n'est-il pas digne des noms les plus odieux ? Tous les au-

---

[1] *Traxit et compulit.*

teurs de rapts célestes, Paris, Pluton, Atrée Thyeste, tous ces noms qui remplissent la fable et l'histoire [1], n'ont-ils pas laissé à nos ancêtres de semblables exemples ? [2] »

L'Angleterre seule se mit en devoir de protester, les armes à la main, contre l'annexion de la Bretagne et l'injure faite à Maximilien. Henri VII débarqua à Calais avec une armée nombreuse. Mais, après une vaine tentative sur la place de Boulogne, le découragement s'empara de ce prince et de son armée. La nouvelle, vraie, que Charles VIII venait de signer un traité avec les rois d'Espagne, Ferdinand et Isabelle, moyennant la cession de la Cerdagne et du Roussillon, acheva d'éteindre l'ardeur belliqueuse des Anglais. Le 3 novembre, un traité fut signé à Étaples. La France et l'Angle-

---

[1] *Agitata et fabulis ac historiis nomina.*

[2] La dernière pièce portait pour épigraphe les deux vers suivants :

> *Francorum fraudes nosces, regisque severas*
> *Romani mores, hæc modò pauca legas.*

L'histoire n'a pas confirmé, ce nous semble, l'éloge que le chancelier accorde à la sévérité des mœurs de son maître.

Ces deux pièces, retrouvées par M. Le Glay, ont été récemment publiées par lui pour la première fois en latin dans ses *Négociations diplomatiques entre l'Autriche et la France*, t. I, p. 1. *(Voir aux Documents).*

terre concluaient la paix pour tout le temps de la vie des deux rois, et un mois après la mort du dernier survivant. La liberté du commerce y était stipulée. Des clauses secrètes assuraient au roi d'Angleterre le remboursement d'avances faites à la reine pour la défense de son duché et d'une autre somme de 120,000 écus d'or. Les historiens ont blâmé ce traité. Il faut l'avouer, il porte évidemment le signe d'une certaine préoccupation d'esprit, caractérisée par d'autres actes du même genre chez le jeune roi. Charles VIII voulait s'assurer de la paix sur toutes ses frontières avant d'entreprendre l'expédition d'Italie. Le traité d'Étaples est cependant celui dont la responsabilité pèse le plus légèrement sur la mémoire de ce prince, car la France y intervint tout entière. C'est le seul peut-être, dans toute notre histoire, qui ait été soumis à la vérification des trois États. Henri VII, habitué aux formes constitutionnelles, espérant sans doute lier plus étroitement la France par ces formes solennelles, avait introduit dans le projet un article en vertu duquel le traité devait être soumis aux trois ordres formant les États de la France. Charles VIII qui, pendant sa minorité, avait suivi les délibérations des États d'Orléans, et qui, dans les dernières années de sa vie, songeait, au dire de plusieurs historiens, à régulariser la réunion périodique des trois ordres, accepta et accomplit loyalement cette stipulation.

Les trois ordres furent convoqués dans leurs provinces et leurs bailliages. Le projet reçut leur sanction. Les procès-verbaux de leurs délibérations, signés des membres présents, furent remis à Henri VII, qui les déposa dans les archives d'Angleterre. C'est là sans doute que Rymer les a trouvés, lorsqu'il les publia, dans le dernier siècle, avec leurs curieux détails, à la suite du traité d'Étaples, dans son grand et précieux recueil des *Fœdera*[1]. Ce n'est pas sans quelque étonnement que l'on découvre, dans un ouvrage officiel anglais, une pièce aussi importante. Elle semble avoir échappé aux historiens français, qui mentionnent bien l'obligation prise par Charles VIII de soumettre le traité à l'acceptation des États, mais qui se taisent sur l'accomplissement de cet engagement solennel. La rareté et l'intérêt de cette pièce nous a engagé à en placer une courte analyse dans les annexes d'une publication consacrée surtout à reproduire quelques documents inédits, rares ou généralement ignorés, sur le règne de Charles VIII. Telle

---

[1] *Fœdera, conventiones*, etc., *in lucem missa, accurante Thomá Rymer, Hagæ comitis*, 1741, v. v.

est, du reste, l'obscurité dans laquelle cet acte de souveraineté nationale est resté enseveli, que M. Augustin Thierry, lui-même, dans son histoire du Tiers-État, a passé complètement sous silence un document où l'on trouve les signatures de simples laboureurs convoqués dans leurs bailliages pour ratifier un traité entre un roi de France et un roi d'Angleterre, traité dont la validité est subordonnée par ces deux princes à cette solennelle acceptation.

Les hostilités, ainsi terminées avec Henri VII, ne se prolongèrent pas longtemps contre Maximilien. Le traité de Senlis y mit fin. Maximilien demandait à bon droit qu'on lui rendît sa fille Marguerite, ainsi que sa dot. La dernière de ces conditions était sans doute regrettable, mais comment la repousser? Sans mariage, point de dot; telle est incontestablement la maxime de droit. L'union de Charles et d'Anne de Bretagne avait annexé à la France une province qui valait bien l'Artois et la Franche-Comté. On ne pouvait pas tout avoir. La petite Marguerite, qui n'était encore qu'une enfant, quitta la France, qu'elle regrettait, dit-on, en emportant dans sa bavette deux belles provinces sans doute, mais dont l'esprit, dans l'Artois surtout, n'était pas encore très-français.

Si le programme politique et le système

adoptés par le jeune roi n'avaient pas l'assentiment des vieux conseillers de la couronne, ils n'en avaient pas moins reçu déjà un véritable commencement d'exécution. Charles VIII se voyait libre de toute préoccupation au nord et au midi. A l'ouest, les frontières de la France n'étaient autres que les rivages mêmes de l'Océan. La situation permettait donc de passer enfin les Alpes et de commencer la réalisation d'un rêve chèrement entretenu par le roi dès son enfance.

Un des premiers actes de Charles VIII, définitivement émancipé de la prudente tutelle de la dame de Beaujeu, avait été de rendre la liberté à son beau-frère, le duc d'Orléans. Ce prince, qui fut plus tard Louis XII, ligué avec les ennemis de sa belle-sœur, avait été fait prisonnier à la bataille de Saint-Aubin-du-Cormier et renfermé dans une prison d'État. Charles VIII, qui avait une affection particulière pour ce prince, l'admit dans ses conseils. Investi, du chef de sa mère, du duché d'Asti, le duc d'Orléans rêvait l'agrandissement de ses possessions italiennes; son goût pour l'expédition d'Italie concordait donc avec le penchant du jeune roi.

Deux conseillers intimes poussaient Charles dans cette voie. C'étaient deux hommes nouveaux qui avaient entouré son enfance un peu délaissée et pour lesquels ce prince conserva toujours un vif attachement. L'un, Étienne de Vers ou de Vesc, Provençal, son ancien valet de chambre, était devenu sénéchal de Beaucaire et président de la Chambre des comptes de Paris. Il rêvait peut-être, en souvenir de sa Provence, quelque grand établissement dans le royaume de Naples, où il gagna effectivement une brillante dotation. L'autre, Guillaume Briçonnet, évêque de Saint-Malo, sorte d'épiscopat *in partibus* pour un bourgeois de Paris, général, c'est-à-dire ministre, des finances de France, aspirait, dit-on, au chapeau de cardinal, qu'il reçut effectivement à Rome, des mains d'Alexandre VI.

Les vieux politiques de la cour de Louis XI et les membres affidés du conseil de madame de Beaujeu, tels que l'amiral de Graville, le maréchal d'Esquerdes, et sans doute Philippe de Comines, luttèrent contre un entraînement qu'ils regardaient comme fatal. Tous les trois, imbus de la politique de Louis XI, disaient que, quant à guerroyer, il eût été préférable de s'agrandir aux dépens des restes du duché de Bourgogne. Le vieux maréchal d'Esquerdes « avait accoutumé de dire que la grandeur et le repos de la France dépendaient de la conquête des Pays-Bas; » et Comines répète avec complaisance cette opinion, qu'il partageait sans doute, et que tant de grands politiques ont soutenue après lui. Mais la jeune noblesse, comme le jeune roi, rêvait des aventures sous le beau soleil d'Italie. Les richesses que la maison d'Aragon avait accumulées à Naples, la magnificence de ses palais, de ses jardins et de ses maisons de plaisance, tout ce luxe, vanté par les barons exilés, la voix lointaine d'un peuple que l'on dépeignait comme impatient de reconnaître pour maître l'héritier de la maison d'Anjou, tout concourait à lancer le jeune roi et « la gaillarde compagnie » qui l'entourait dans cette romanesque entreprise.

Charles VIII avait déclaré hautement, surtout par la voix de ses ambassadeurs en Italie, son intention de chasser les Turcs d'Europe et de reconquérir la Terre-Sainte. Le recouvrement de son royaume de Naples, et surtout des provinces méridionales de l'Italie, était, suivant ses manifestes, un acheminement vers l'accomplissement de ce grand projet. On ne saurait révoquer en doute la sincérité de ces déclarations du jeune roi.

On a peine à concevoir qu'en plein moyen âge l'Europe chrétienne, et alors tout entière catholique, ait laissé s'établir à Constantinople, qu'elle avait d'abord conquise, dans la situation menaçante du Bosphore, un peuple barbare, animé de la haine la plus fanatique contre les nations chrétiennes et la portion de ses sujets restés fidèles à leur foi. Il a fallu les antagonismes, les profondes dissidences qui ont divisé et divisent encore de notre temps les puissances européennes, pour que leurs efforts combinés n'aient pas refoulé au loin un peuple dont la religion, les lois et les mœurs paraissent si étranges aux nations d'origine germanique, latine ou celtique. Mais à la fin du XV° siècle, le danger qui depuis cette époque menaça longtemps le midi de l'Europe, était déjà imminent. Les Turcs, après avoir reconquis sur les croisés la Terre-Sainte, débordant sur l'Europe même, venaient menacer jusque chez elles les nations chrétiennes.

Les papes, qui avaient été si souvent, dans le moyen âge, les moniteurs des rois, n'avaient cessé de leur signaler le grand devoir de protection qui leur incombait. On se souvient qu'en 1458, Pie II, célèbre comme lettré sous le nom d'Æneas Sylvius Piccolomini, avait convoqué à Mantoue un congrès où peu de princes se rendirent, mais dont la première séance fut présidée par Pie II lui-même. Il y déplora, dans un long discours, soigneusement écrit en latin, l'esclavage de la Terre-Sainte, berceau de la religion chrétienne, et la servitude de la Grèce, mère des sciences et des arts. Mais il ne persuada personne, bien qu'il eût ravi ses auditeurs, et, entre autres, le cardinal Bessarion, cette longue barbe orientale, qui avoua que « l'éloquence latine dépassait déjà l'éloquence grecque. » Pie II avait, de son plein pouvoir, nommé Charles-le-Téméraire, duc de Bourgogne, chef de la croisade. Mais ce mandat ne fut pas accepté. Pie II demandait quatre-vingt mille hommes; on ne lui en accorda pas un seul. Toute unité était d'ailleurs rompue en Europe. La guerre avait même éclaté en Italie, durant les séances de ce congrès, et Pie II avait quitté Mantoue désespéré, après avoir, comme il le dit lui-même, arrosé les autels de larmes abondantes.

Six ans après cette vaine tentative, Pie II, voyant la paix rétablie en Europe, avait essayé de nouveau de faire converger les forces réunies de la chrétienté contre les Turcs. Il donna rendez-vous aux princes à Ancône et s'y fit transporter en litière. Cette fois, le duc de Bourgogne avait juré de se mettre à la tête des croisés. Mais ni lui, ni aucun autre souverain ne parut à Ancône. Il n'y vint que quelques galères vénitiennes, conduites par un autre vieillard, Christophe Moro. Æneas Sylvius, de son lit de mort et de la fenêtre de sa chambre qui ouvrait sur l'Adriatique, aperçut seulement les banderolles flottant à l'extrémité des mâts vénitiens, et bientôt, expirant au milieu des cardinaux à genoux, il leur dit : « Frères, continuez ma sainte entreprise. »

C'était donc ce mandat, c'était cette politique chrétienne que Charles VIII allait accepter et continuer. On connaissait déjà les aspirations d'un poète de Bordeaux qui avait dit :

> Charles fera si grand batailles,
> Qu'il conquerra les Itailles;
> En Jérusalem entrera
> Et Mont Olivet montera.

La première pièce du recueil où nous puisons de nouveaux documents sur l'expédition de Charles VIII, est une prophétie en prose [1], très-propre à agir sur l'opinion publique en France, à donner à l'expédition projetée le caractère d'une mission divine et à représenter le fils de Louis XI comme le vengeur et le réformateur de la chrétienté. Cette prophétie, dont le style et le format décèlent une composition destinée à une circulation active, est intitulée : « La vision divine révélée à Jehan Michel, très-humble prophète de la prospérité du très-chrétien roi de France, Charles VIII, de la nouvelle

---

[1] Huit pages d'impression, sans nom d'auteur, d'imprimeur et sans date. Voir aux Documents. *(Bibliothèque de Nantes.)*

réformation du siècle et de la récupération de Jérusalem à lui destinée. » Cette vision ou prophétie s'adresse « au très-souverain serviteur de Dieu, invincible et loyal réformateur de tout le siècle, Charles très-chrétien, roi de France. » L'humble mendiant Jehan Michel ne craint pas d'interpeller les rois, ducs et princes et de leur enjoindre d'attendre « le réformateur de toutes choses. » Dieu a donné « au très-souverain roi des Français sa bénédiction et sa grâce. Le signe très-fort et réformateur est avec lui. » Et plus loin retentit l'injonction divine en style biblique... « Tue les désobéissants, dissipe, dépouille, haste le temps... Fais virilement et sois robuste... Besogne, car ma main te aidera et mon bras te confirmera... La sainte cité de Hiérusalem recouvreras de la main de Mahomet et la réédifieras... Tous tes ennemis seront comme foin et toute leur gloire et chevalerie si comme fleur de foin. La faulx d'occision sera soulée et enivrée du sang des meurtris. »

Ce qui frappe tout d'abord dans cette pièce, c'est sa grande ressemblance avec les prophéties et les visions qui, dans le même temps, avaient cours en Italie.

Rien d'étonnant si les aspirations prophétiques, réformatrices ou progressives partout où elles surgissaient, s'adressaient au roi de France.

Charles VIII, malgré sa jeunesse et son inexpérience, était le plus puissant roi chrétien de son temps, et par l'étendue de son royaume et par les ressources concentrées qu'il avait à sa disposition. Louis XI avait fait de la France la puissance qui devait rester prépondérante en Europe jusqu'au règne de Charles-Quint. L'idée si séduisante de se mettre à la tête d'une nouvelle croisade et de diriger les efforts de la chrétienté contre la barbarie pouvait donc se présenter tout naturellement, sous l'aspect d'un devoir, à l'esprit d'un jeune prince élevé loin de la cour, dans la solitude et par de modestes éducateurs peu au courant des combinaisons secrètes de la politique plus positive de Louis XI.

Il faut remarquer que la prophétie de Jehan Michel dénotait aussi une autre préoccupation, conforme, d'ailleurs, à la tendance de l'esprit public à cette époque. La manifestation de ce sentiment avait été éclatante à Florence, et le fameux Jérôme Savonarola s'en faisait à cet instant même l'apôtre dans la ville des Médicis. C'était un besoin de réforme, une protestation contre le relâchement des mœurs et les nombreux abus qui s'étaient glissés dans le clergé et les ordres religieux. Savonarola annonçait un immense châtiment, la nécessité de la pénitence, la nécessité de traverser les angoisses de la mort pour renaître et reconstruire *la cité du juste*. Il tonnait contre les nouveautés, les corruptions et les scandales, contre l'art et la science païenne, contre un luxe sans frein. On sait qu'un jour Florence se dépouilla, à cette voix, de ses atours. Les poëtes, les peintres, les sculpteurs du néo-platonisme s'effacèrent et l'art plus profond, plus religieux, du Giotto et de Fra Angelico prit le dessus.

Chose étrange! quand l'impiété résiste, Savonarola annonce « que le vengeur viendra d'outre les monts. Ce ne sera pas l'empereur, ce sera le chef du grand peuple fidèle du moyen âge, du peuple des croisades. C'est son roi qui est appelé à châtier, à réformer et à servir de ministre à la justice. »

Les prédictions de Jehan Michel étaient donc comme un écho des aspirations prophétiques dont les sermons de Savonarola, qui déjà circulaient imprimés en Europe, étaient remplis [1]. Comme le moine de Florence, c'était au fils de Louis XI, au plus puissant roi d'Europe, qu'il

---

[1] Comines dit qu'ils avaient été *moulés*. En y regardant de près, il est facile de discerner dans cette pièce que nous donnons tout entière, à la fin de ce volume, des italianismes qui pourraient la faire regarder comme une traduction. *Si comme*, par exemple, ne rappelle-t-il pas la forme italienne *Siccome*?

entendait confier la double mission de reconquérir la Terre-Sainte et de réformer les mœurs.

Hâtons-nous d'ajouter que Charles VIII, une fois en Italie, ne se présenta nulle part en réformateur de la religion et des mœurs. Au point de vue politique, c'eût été compliquer les difficultés qu'il avait à vaincre pour atteindre son principal but, c'est-à-dire la conquête de son royaume de Naples. Ajoutons, au point de vue pratique, que son armée, comme toutes celles de ce temps, n'était pas très-propre à prêcher d'exemple. Quant à ses dispositions particulières comme prince très-chrétien, car ce titre appartenait déjà au roi de France, Charles croyait sans doute à la nécessité de certaines réformes, de celles, par exemple, que le concile de Trente accomplit plus tard. Mais nous verrons avec quelle prudence il se comporta à ce sujet vis-à-vis du Saint-Siége. Des pièces justificatives et inédites montreront qu'il n'accepta jamais la mission « de réformer l'estat de l'Église à l'espée, » comme le voulait Savonarola et tant d'autres, et que, tout en souhaitant la prompte destruction des abus, il résista, avec autant de modération dans la forme que de fermeté au fond, aux entraînements qu'une portion considérable du Sacré-Collége, le futur pape Jules II en tête, voulait exercer sur le jeune roi. Enfin, nous verrons Charles VIII, maître absolu de Rome, et mécontent pour tant de raisons d'Alexandre VI renfermé avec un petit nombre de cardinaux dans le château Saint-Ange, se maintenir dans une ligne de conduite aussi prudente que sensée; nous le verrons écouter les conseils d'un prélat, Guillaume Briçonnet, auquel, faute de documents, sans doute, la postérité n'a pas suffisament rendu justice, séparer, comme l'a fait la saine histoire, les attributs du pontife des combinaisons politiques et libres du prince, se garder de porter atteinte à l'institution placée dans une phase critique, peut-être, mais impuissante à en ébranler les bases, et enfin donner un mémorable exemple de respect pour ce que la main des hommes, même armée de l'épée, ne saurait modifier.

CHAPITRE III.

Deux routes pour gagner Naples. — Charles choisit celle par terre. — Corps d'armée lancé au Romagne sous le commandement de d'Aubigny. — Opposition de madame de Beaujeu à l'expédition d'Italie. — Menaces d'Alexandre VI. — Départ de Charles VIII. — Son entourage. — Victoire de Rapallo. — La terreur se répand en Italie. — Comparaison des troupes françaises avec les milices italiennes. — Sforze à Asti. — Maladie du roi. — Portrait du roi. — Entrevue de Charles avec Galéas Sforze. — Ludovic le Maure proclamé duc de Milan. — Entrée du roi dans les États de Florence. — Déposition de Pierre de Médicis.

EUX routes, celle de terre et celle par mer, s'ouvraient devant l'armée française pour gagner Naples. L'une des deux était, pour ainsi dire, historique.

Charles d'Anjou, Conradin, Louis de Hongrie, Charles de Durazzo et Louis Ier d'Anjou avaient tous conduit par la Romagne et la marche d'Ancône leurs armées dirigées contre Naples. C'était la route la plus convenable pour une cavalerie nombreuse et pesante, ainsi que pour le grand parc d'artillerie qui suivait l'armée française. Alphonse, persuadé que Charles VIII prendrait cette direction, avait confié à son fils Ferdinand, duc de Calabre, déjà âgé de vingt-cinq ans, cent escadrons de cavalerie et 3,000 arbalétriers. Ce corps considérable occupait la Romagne. Le pape et tous les petits princes de la contrée, jusqu'à Bologne, s'y étaient ralliés avec leurs troupes et leurs compagnies d'aventuriers.

Le premier projet de Charles consistait cependant à se rendre directement à Naples par la voie de mer. C'est dans ce but que Pierre d'Urfé, grand écuyer du roi, avait été envoyé à Gênes avec tout l'argent qu'on avait pu rassembler pour y armer une flotte puissante qui, réunie aux vaisseaux préparés en même temps à Villefranche et à Marseille, aurait transporté l'armée entière sur quelque point de la côte napolitaine. Une galère à la poupe dorée et recouverte d'un pavillon de soie était préparée pour le roi, qui devait loger à Gênes avec les seigneurs de la cour dans les splendides palais des Doria et des Spinola.

Ces grands préparatifs avaient engagé Alphonse à organiser de puissants moyens de résistance par mer. Il y avait même longtemps qu'il n'avait paru dans la mer de Toscane de flotte aussi belle et aussi bien équipée que la sienne. Elle était composée de trente-cinq galères légères, de dix-huit navires et de plusieurs autres vaisseaux. Elle portait une nombreuse artillerie et trois mille hommes de débarquement parmi lesquels se trouvaient les bannis de Gênes, persuadés, comme le sont ordinairement les exilés, d'opérer facilement une révolution dans leur patrie.

Cependant Charles avait déjà renoncé à prendre la voie de mer avec le gros de son armée pour se rendre à Naples. L'abandon de ce premier projet fut peut-être regrettable. Une expédition par mer aurait évité au roi de dangereux froissements avec les divers États qu'il eut à traverser, tout en l'exonérant de la nécessité d'occuper une série de places fortes d'Asti à Naples, et par dessus tout de l'obligation dans laquelle il se trouva de se frayer un passage à travers les États de l'Église. Il faut dire toutefois que l'alliance intime d'Alexandre avec ses ennemis l'avait privé de la faculté de choisir librement sa route et surtout de laisser de côté le domaine du Saint-Siége dont tous les points fortifiés avaient été livrés aux Aragonais. S'il fut possible, une fois la campagne commencée, de se rendre compte de l'infériorité de ceux-ci devant l'armée française, cette appréciation n'était pas aussi facile à faire de l'autre côté des Alpes. Attaquer un État intact par sa capitale même, était d'ailleurs un projet bien audacieux, surtout dans ces temps où les expéditions par mer étaient entièrement subordonnées aux caprices des éléments. Cependant, soit pour faire diversion et pour prolonger les incertitudes de son adversaire, soit plutôt pour rester maître de la côte et conserver par ce moyen des communications sûres avec la France, Charles avait envoyé à Gênes Antoine de Bessey, bailli de Dijon, avec deux mille Suisses. Ludovic Sforze y avait expédié plusieurs compagnies d'infanterie sous le commandement de Gaspard de San-Séverino et de son frère, surnommé le capitaine Fracasse. Enfin le duc d'Orléans, après s'être entendu avec Ludovic, s'était jeté dans Gênes, le jour même où l'expédition napolitaine avait paru à l'entrée du golfe.

Ces précautions modifièrent le plan de l'amiral aragonais qui n'était autre que don Frédéric, frère du roi de Naples. Renonçant à attaquer Gênes, il se présenta devant Porto-Venere. Mais il assaillit vainement cette place que l'on avait garnie à temps de quatre cents hommes d'infanterie. Rebuté par cet échec, don Frédéric se retira dans le port de Livourne, puis, à la nouvelle que toute la flotte française, plus forte que la sienne en vaisseaux, se disposait à sortir de Gênes, il renvoya à Naples ses bâtiments les plus lourds et ne conserva que ses galères les plus légères dans le dessein d'attaquer et de détruire des bâtiments séparés de la flotte ennemie, soit par le mauvais temps, soit par la lenteur de leur marche.

Une avant-garde française, composée de 200 hommes d'armes, avait déjà passé les Alpes sous le commandement d'Everard Stuart, sire d'Aubigny, en France, petit-fils du connétable d'Ecosse, tué en combattant pour la France à la journée des Harengs. Cette avant-garde avait fait sa jonction avec les troupes de Ludovic placées sous le commandement du comte de Cajazzo, de la maison si nombreuse et si guerrière des San-Séverino. Ces deux capitaines s'étaient portés au devant des Napolitains sur les confins de la Romagne, mais plutôt pour les observer que pour les combattre.

Charles VIII avait passé une partie de l'été à Lyon, s'occupant des préparatifs de son expédition, et aussi, il faut l'avouer, de ses plaisirs. Des tournois, des fêtes brillantes et coûteuses ne permettaient guère de réunir les économies nécessaires pour une entrée en campagne. Aussi, l'opposition que le projet avait rencontrée parmi les gens les plus prudents du conseil, appuyés par monsieur et madame de Bourbon-Beaujeu, faillit-elle tout à coup l'emporter. Des deux conseillers intimes du roi, Etienne de Vesc et Guillaume Briçonnet, ce dernier, qui remplissait les fonctions de général des finances, sentit sa résolution ébranlée : « Le cœur faillit au dit général, rapporte Comines, voyant que tout homme sage et raisonnable blâmait l'allée de par delà, par plusieurs raisons et par être là sur les champs au mois d'août, sans argent et sans autres choses nécessaires. Et demeura la foi audit sénéchal seul (de Vesc), et fit le roi mauvais visage au dit général, trois ou quatre jours, puis il se remit en train.... Monsieur de Bourbon et madame étaient là, cherchant à rompre le dit voyage à leur pouvoir; et leur en tenait propos le dit général; et l'un jour était l'allée rompue et l'autre renouvelée. A la fin le roy se délibéra de partir [1]. »

Alexandre VI, décidément lié à la politique aragonaise, avait, de son côté, exhorté Charles VIII par un bref à ne pas franchir les Alpes,

---

[1] Comines, l. VII, ch. IV.

offrant toujours sa médiation ou plutôt sa juridiction, pour trancher la question de dévolution du royaume de Naples. Bientôt à ces conseils il substitua la menace, et par un second bref il ordonna au roi de lui obéir sous peine des censures ecclésiastiques. Le roi répondit qu'il avait fait vœu d'aller visiter « monsieur saint Pierre à Rome » et qu'il était résolu d'accomplir ce vœu au péril de sa vie.

Charles se rendit le 23 août 1494 de Vienne à Grenoble, passa le mont Genèvre le 2 septembre et descendit en Piémont le 3, entouré de la fleur de la jeune noblesse française. Les principaux seigneurs qui l'entouraient étaient les comtes de Montpensier, de Foix, de Luxembourg, de Vendôme, le comte Robert de la Marche, Engilbert de Clèves, le prince de Salerne, les marquis de Saluces, de Piennes, de Rothelin; les maréchaux de Gié et de Rieux, les sénéchaux de Beaucaire et de Normandie, Bernard de Precy, de Bueil baron de Marmande, et un grand nombre d'autres.

Le duc Pierre de Bourbon, auquel le roi confia la reine, âgée de dix-huit ans, restait chargé du gouvernement en l'absence du roi.

Charles entrait en Piémont comme il aurait pu le faire dans une de ses propres provinces, la cour de Savoie étant alors dans la dépendance absolue de la France, tant par ses alliances que par ses intérêts. Il avait dans son armée les princes de Saluces et de Vienne, de la maison de Savoie, et Blanche de Montferrat, régente de son fils, roi de Piémont, lui offrit ses bagues et joyaux pour caution d'un emprunt de 12,000 ducats.

De Turin, Charles se rendit à Asti, c'est-à-dire chez son beau-frère le duc d'Orléans. Il y trouva Ludovic Sforze qui était venu l'y attendre avec sa femme Béatrix, et Hercule d'Este, duc de Ferrare, son beau-père. Le jour même de l'arrivée du roi à Asti, la fortune commença à lui donner d'heureux présages de sa faveur. Il y reçut un courrier de Gênes porteur de la nouvelle d'une victoire. Don Frédéric, revenu dans les environs de Gênes, y avait débarqué trois mille hommes de pied qui, sous les ordres d'Obietto de Fiesque, Génois exilé, s'étaient emparés de Rapallo, à vingt milles de Gênes. Le duc d'Orléans, à la tête d'un millier de Suisses réunis à un corps d'infanterie italienne placé sous les ordres des frères San-Séverino et du Génois Jean Adorne, avait attaqué vivement et heureusement cette place, devenue le centre d'excursions gênantes de la part des Aragonais. Complètement mis en déroute, et poursuivis dans les montagnes, ces derniers avaient perdu, sans compter les prisonniers, cent hommes, nombre considérable, si l'on songe à la manière dont on faisait alors la guerre en Italie, et si l'on considère que cette rencontre avait eu lieu en grande partie entre des Italiens.

La terreur commença à se répandre dans la Haute-Italie. Diverses raisons, parmi lesquelles il faut compter les suivantes, la firent naître, et les événements ne tardèrent pas à la propager dans toutes les provinces de la péninsule.

La milice française ne ressemblait en rien aux troupes italiennes. La plupart des hommes d'armes qui composaient celles-ci sortaient des populations rurales ou appartenaient à la portion des habitants des villes inoccupés par le commerce ou l'industrie, c'est-à-dire que l'on n'y rencontrait guère que des aventuriers, presque tous sujets d'un autre prince que celui pour lequel ils servaient, et dépendant absolument de leurs capitaines, tant pour la solde que pour les récompenses ou les punitions. Ni l'amour de la gloire, ni le patriotisme ne les animaient. Les capitaines eux-mêmes, italiens, mais étrangers le plus souvent à l'État ou au prince dont ils recevaient momentanément une solde, étaient divisés entre eux par des rivalités et des haines mutuelles. On aurait dit des artistes faisant le même métier, celui de louer leurs épées et de vendre leur sang, le plus rarement qu'ils le pouvaient leur vie, et se vantant ou se jalousant mutuellement suivant les occurrences et les rencontres où ils s'étaient trouvés tour à tour, comme amis ou comme adversaires.

L'effectif de leurs compagnies n'était jamais complet parce qu'ils spéculaient sur le déficit, et ils mettaient en usage mille fraudes pour cacher leur déloyauté. Ils ne manquaient pas aussi de tirer parti de toutes les occasions pour obtenir des princes des suppléments de solde et des profits de toute sorte. Malgré cela, bientôt dégoûtés du service d'un parti, ils passaient avec une incroyable légèreté à la solde d'un autre, et parfois du parti opposé, ajoutant, trop souvent, la trahison et la perfidie à l'ambition, à l'avarice, ou, tout au moins, à l'inconstance.

L'infanterie italienne ne combattait point de pied ferme et dans un ordre fixé. Elle escarmouchait en pleine campagne ou bien se retirait derrière des murailles et des fossés.

L'infanterie française et gasconne, ainsi que les corps recrutés en Bretagne, combattaient avec autant d'ordre que de discipline. Les Suisses, dont la solidité, comme hommes de pied, était proverbiale depuis que Charles le Téméraire était venu se briser contre leurs bataillons, combattaient aussi en ligne. Fermes dans leurs rangs hérissés de piques, ils les opposaient à l'ennemi comme un mur impénétrable. On citait également les Allemands pour leur ténacité. Mais, comme les Suisses, ils étaient moins disciplinés hors du champ de bataille que durant le combat. On leur reprochait de se montrer cruels après la victoire, ou à la suite d'un assaut heureux. Ces excès, dont ils ne s'étaient pas abstenus à Rapallo, avaient fait une vive impression sur les esprits italiens.

Quant à la gendarmerie française, elle n'avait point d'égale en Italie. Payée par le roi, commandée par des capitaines de son choix, elle formait des compagnies complètes et régulières, pourvues d'armes excellentes et montées sur des chevaux vigoureux. Chacun y obéissait à un sentiment d'honneur très-compatible avec l'espoir des récompenses que de belles actions procuraient sûrement. Car, dès lors, la milice française était tellement constituée que chaque gendarme pouvait arriver par degrés au commandement de sa compagnie et, en tout cas, avait droit à une retraite comme morte-paye.

Mais ce qui assurait aux Français une supériorité énorme sur les Italiens, c'était les perfectionnements qu'ils avaient introduits dans la fabrication et le service des pièces d'artillerie. On en était encore, en Italie, à ces lourdes bombardes dont les Vénitiens s'étaient servis, pour la première fois, en 1380, dans leur guerre malheureuse avec les Génois. Il y en avait de fer et de bronze, mais si lourdes, qu'on ne pouvait les déplacer qu'avec beaucoup de difficultés. Il fallait du temps pour les mettre en batterie, et lorsqu'on y était parvenu on en perdait encore beaucoup pour les charger, si bien qu'il s'écoulait un long intervalle entre chaque coup. On ne s'en servait guère que dans l'attaque des villes, et encore leurs effets y étaient si lents que les assiégés avaient, dans l'intervalle des décharges, le temps de réparer les brèches et de construire de nouvelles fortifications en dedans à mesure de la destruction des premières. Telles qu'elles étaient, ces pernicieuses machines, comme les appelle Guichardin, semblaient cependant aux condottieri italiens trop destructives, et une fois perfectionnées, elles auraient rendu leur métier impossible ou trop dangereux.

Les Français, au contraire, amenaient avec eux une artillerie légère, et dont toutes les pièces étaient de bronze. Au lieu de boulets de pierre, ils en avaient depuis longtemps de fer et de plomb. Les pièces montées sur affûts étaient traînées par des chevaux et non par des bœufs. Elles suivaient partout l'armée. Faciles à mettre en batterie par des artilleurs agiles et expérimentés, elles servaient également dans les batailles rangées et dans les siéges. Enfin, on y avait joint des pièces plus légères encore que les serpentins et les couleuvrines, et que l'on appelait fauconneaux. Lors de l'entrée des Français à Rome, nous dirons le nombre de ces pièces de divers calibres qui y furent comptées et très-remarquées par les Italiens.

Après la déroute de Rapallo, le duc de Tarente, don Frédéric, recueillit à grand'peine les gens de pied qu'il avait mis à terre, et, renonçant à ses entreprises sur l'état de Gênes, il se retira à Pise et à Livourne. Sa présence dans ces deux places irritait les Florentins qui, plus enclins à la maison de France qu'à celle d'Aragon, avaient peine à accepter la politique de Pierre de Médicis. D'un autre côté, l'armée de la Romagne, composée, comme nous l'avons dit, de Français, sous le commandement de Stuart d'Aubigny, et de Milanais, sous celui de Cajazzo, bien que plus faible que celle du duc de Calabre, suivait bravement les Aragonnais dans leur retraite, sans cependant leur offrir un combat qu'ils semblaient vouloir éviter eux-mêmes.

Ludovic Sforze n'avait, jusque-là, changé en rien d'opinion et de manières vis-à-vis du roi de France. En se présentant au roi à Asti, il lui avait dit : « Sire, ne craignez point cette entreprise.

En Italie il y a trois puissances que nous tenons grandes, dont vous avez l'une qui est Milan, l'autre ne bouge qui sont Vénitiens. Ainsi, vous n'avez affaire qu'à celle de Naples. Plusieurs de vos prédécesseurs nous ont battus, que nous étions tous ensemble. Quand vous me voudrez croire, je vous aiderai à vous faire plus grand que ne fut jamais Charlemagne, et nous chasserons ce Turc hors de cet empire de Constantinople aisément quand vous aurez ce royaume de Naples. » Ce langage était adroit et flatteur. Il est authentique, car nous l'empruntons à Comines qui, parti de Vienne un peu avant le roi, était alors près de lui à Asti. S'il n'entendit pas ces paroles, elles lui furent certainement rapportées, sa mission spéciale, comme nous le verrons, étant d'observer les dispositions réelles des puissances italiennes, et de mettre au service du jeune roi ses profondes connaissances diplomatiques. Du reste, le vieux politique, qui s'était montré jusque-là plus fâcheux qu'enthousiaste, se laisse, aussi lui, après avoir cité ce discours, séduire par les plus romanesques visées. « Le seigneur Ludovic disait vrai, ajoute-t-il, du Turc qui règne, mais (pourvu) que toutes choses eussent été bien dirigées de notre côté. » Ce qui, dans la bouche de Comines, équivalait à dire, « mais que j'eusse été plus tôt et plus souvent consulté. »

C'est à Asti que le roi tomba malade. Sa vie fut pendant quelques jours en danger. Nous ne saurions mieux faire que d'emprunter à une lettre écrite de Naples l'année suivante, le 28 mars 1495, et qui fait partie des pièces inédites que nous nous proposons de publier, le bulletin suivant, adressé par le roi à Monsieur de Bourbon. « Mon frère, je vous advertis que pour habiller mon visage, il ne suffisait pas que j'eusse eu la petite vérole à Asti, mais j'ai eu la rougeole, de laquelle, Dieu mercy, suis guery. » On sait à quelles insinuations malveillantes Guichardin, les annalistes italiens, et, il faut le dire, la plupart des historiens français, se sont livrés au sujet de la maladie de Charles à Asti. N'est-ce pas une bonne fortune de retrouver dans nos archives ces trois lignes si naïves, et qui, publiées à Paris dans leur brièveté officielle, nous semblent éminemment propres à montrer combien il est dangereux pour la vérité d'aller emprunter aux écrivains étrangers les matériaux de notre propre histoire ?

Ce serait peut-être ici l'occasion de faire le portrait du jeune roi, et d'expliquer pourquoi les historiens italiens se sont extasiés sur ses défauts de complexion, disons le mot, sur sa laideur. Guichardin va jusqu'à dire « qu'on l'au-
» rait pris plutôt pour un monstre, que pour

» un homme [1]. » Les historiens s'accordent à dire qu'il était petit, et qu'à l'exception du regard, qu'il avait plein de feu et de dignité, ses traits n'étaient pas beaux. La double épreuve que, d'après la lettre de Naples, le teint royal subit durant la campagne d'Italie n'était guère propre, il faut l'avouer, à en rehausser l'éclat. On comprend combien cette circonstance prêtait aux exagérations des Italiens. Guichardin avait pu voir le roi à son passage à Florence; mais il n'avait à cette époque que douze ans, et ce souvenir était sans doute à moitié effacé dans la mémoire de l'historien. Il manque à nos musées un de ces portraits authentiques de Charles VIII, dû à l'art italien, déjà très-développé à l'époque de l'expédition de 1494, et tel qu'on pourrait, avec quelque soin, en trouver dans les collections particulières ou publiques, si nombreuses en Italie [2]. Les habitants de Pise n'avaient-ils pas posé sa statue, l'épée au poing, sur un pilier de marbre ? Mais laissons de côté les caricatures des historiens étrangers. Le véritable portrait de Charles VIII sera toujours pour nous celui que

---

[1] « *Pareva quasi più simile a mostro che a uomo.* » T. I, p. 121. Milan, 1803.

[2] Il en existe un au Louvre dû à André Solari. Il dément en partie les portraits gravés qu'on trouve dans les éditions anciennes de nos historiens.

nous devons à Comines, tel qu'il l'a peint en quelques traits le jour de la bataille de Fornoue : « Le lundi matin, environ sept heures, sixième jour de juillet, l'an mil quatre cent quatre-vingt-quinze, monta le noble roi à cheval, et me fit appeler par plusieurs fois. Je vins à lui et le trouvai armé de toutes pièces, et monté sur le plus beau cheval que j'aie jamais vu de ma vie, appelé Savoye... et semblait que ce jeune homme fust tout autre que sa nature le portait, ni sa taille, ni sa complexion ; car il était fort craintif à parler, et l'est encore aujourd'huy..... et ce cheval le montrait grand, et avait le visage bon et bonne couleur, et la parole audacieusement sage. »

Il faut pardonner à l'ennemi d'avoir vu d'un autre œil le vainqueur de Fornoue.

Charles VIII n'eut pas plus tôt recouvré la santé, que, sans crainte de la mauvaise saison, renonçant à hiverner en Lombardie, il se remit en marche, le 6 octobre, avec son armée. Il se dirigea sur Pavie. C'était là que Galéas Sforze, le malheureux pupille de Ludovic, avait été confiné. Il y était dangereusement malade, renfermé dans le château de cette place forte, avec son enfant et sa femme, fille, comme on le sait, de Ferdinand d'Aragon. Fils de deux sœurs de la maison de Savoie, le roi et Galéas étaient cousins germains. Ludovic redoutait l'entrevue inévitable entre les deux princes. Aussi ce ne fut pas sans difficultés qu'on laissa le roi s'établir dans le château même de Pavie; mais on n'osa résister à sa volonté nettement exprimée à cet égard. L'entrevue des deux cousins eut lieu en présence de Ludovic. Galéas, épuisé de corps et d'esprit, était mourant. Charles, doué d'une grande bonté, laissa librement paraître les sentiments de compassion que lui inspirait cette fin prématurée et qui semblait si prochaine. Tout à coup Isabelle d'Aragon entra dans l'appartement, et se jetant aux pieds du roi, le conjura d'avoir pitié, non pas de son mari, ce qui eût été plus naturel, mais de son père, le roi de Naples, et de son frère. « Charles lui répondit qu'il ne le pouvait faire, mais qu'elle avait meilleur besoin de prier pour son mari et pour elle qui était encore belle dame et jeune [1]. » Galéas expira quelques jours après le départ du roi, le 20 octobre; et, à la suite de vicissitudes assez obscures, le fils qu'il laissait au berceau acheva sa vie sous le froc, dans un couvent de Bourgogne.

Les larmes d'Isabelle ne pouvaient rien obtenir du roi. Cependant la douleur de cette

---

[1] Comines, liv. VII, chap. VI.

jeune princesse, le triste état de son époux, émurent profondément les capitaines français et l'armée entière. C'était la première de « ces pitiez d'Italie, » comme dit Comines, dont l'armée devait être témoin dans ce pays divisé par tant de haines et gouverné trop souvent par une politique sans entrailles. Ce sentiment de compassion répandu chez les Français, et auquel les historiens italiens eux-mêmes reconnaissent que Charles VIII ne resta pas indifférent [1], jeta beaucoup de défaveur sur Ludovic et l'alliance milanaise. Des nuages se formaient déjà des deux côtés. Le duc d'Orléans qui, après l'affaire de Rapallo, était venu rejoindre le roi à Asti, y était resté malade. Ses partisans, et il en avait beaucoup, ne cessaient de dire, sans crainte d'être désavoués par le prince, que l'État de Milan, traversé par l'armée, était l'héritage de Valentine Visconti, sa grand-mère, et que les Sforze n'étaient que des usurpateurs. Lorsque, quelques jours après, on apprit à Plaisance la mort de Galéas, toute l'armée l'attribua au poison. Ludovic, devenu odieux, partit à l'instant pour Milan et s'y fit reconnaître pour duc, de préférence à l'enfant en bas âge laissé par Galéas. Un seul mot de Charles VIII, et l'armée, boulever-

---

[1] Guichardin, liv. I, ch. III.

sant toutes ces combinaisons politiques, aurait proclamé le duc d'Orléans possesseur légitime du duché de Milan. Mais c'eût été, dès le début, le renversement de toutes les alliances et surtout l'abandon de la prudente politique consistant à affirmer que le roi ne se proposait qu'un but en Italie, celui de recouvrer son royaume de Naples, sans intervenir dans les affaires des autres États.

Si les dispositions de l'armée, et surtout les prétentions, déjà peu dissimulées, du duc d'Orléans n'échappèrent point à Ludovic Sforze, ce n'était pas le moment pour lui de laisser paraître ses soupçons. Il mit donc le plus grand soin à accomplir les obligations qu'il avait prises dans ses traités avec le roi. Ses forteresses furent ouvertes aux Français sur toute leur route. Partie de Plaisance le 23 octobre, l'armée traversa Firenzuola, Borgo-San-Donnino, Fornoue et enfin Pontremoli, petite ville sur le versant des Apennins, du côté de la Toscane, et la dernière des places appartenant au Milanais.

On voit que Ludovic profita des savantes intrigues politiques ourdies par lui. Il avait placé le roi dans la situation de ne pouvoir prendre en main la cause d'un enfant au berceau, dont les droits, une fois reconnus, n'auraient pu être confiés qu'à sa mère, Isabelle d'Aragon, régente, droits que l'on n'aurait pu proclamer sans blesser aussi les prétentions du duc d'Orléans et les préférences de l'armée. « Fin de compte, dit Comines, il se fit recevoir comme seigneur et fust la conclusion, comme plusieurs disaient, pourquoi il nous avait fait passer les monts. » L'opportunité de la mort de Galéas, dans l'intérêt de cette combinaison profondément astucieuse, fut-elle la cause de la fin de ce prince ou simplement l'origine du soupçon que les historiens italiens et français ont fait à peu près unanimement poser sur Ludovic-le-Maure? C'est une énigme qu'aucun document précis n'a permis jusqu'ici d'éclaircir, à moins qu'on n'admette pour vraie l'opinion du médecin du roi, Théodore de Pavie, qui, présent pendant la visite de Charles à son cousin, remarqua, dit-il, sur le visage du prince mourant, des signes certains d'un empoisonnement.

Pendant le séjour du roi à Asti et à Pavie, le petit corps d'armée mixte, commandé par d'Aubigny et Cajazzo avait fait quelques progrès en Romagne. Une heureuse diversion s'était aussi opérée dans les États romains. Les Colonna et leurs partisans avaient jeté le masque et s'étaient déclarés pour le roi de France. Ils s'étaient même emparés, par suite d'intelligences avec la garnison, du château d'Ostie. Le pape se plaignit hautement de cette injure, surtout près des Vénitiens dont il espérait ébranler la neutralité. Il fit raser les palais de Prosper et Fabrice Colonna à Rome. Il lança les Orsini avec quelques troupes sur les Colonna, leurs ennemis et leurs rivaux depuis longtemps. Mais les Vitelli, autre famille puissante de condottieri, ayant passé à la solde du roi de France, réussirent à se joindre aux Colonna. Le pape, effrayé de cette coalition, se vit obligé de rappeler, pour les leur opposer, les troupes qu'il avait dans la Romagne à l'armée du duc de Calabre.

Ce dernier prince, malgré la supériorité de ses forces, n'avait remporté aucun avantage décisif dans sa campagne de la Romagne. Après avoir vainement offert la bataille à ses deux adversaires, trop prudents pour abandonner les fortes positions qu'ils avaient successivement occupées, il finit par s'apercevoir qu'il n'avait plus sur le corps franco-milanais l'avantage du nombre. En effet, tandis qu'il s'était affaibli par la retraite des troupes papales, ses adversaires avaient successivement reçu des renforts. Le roi leur avait expédié d'Asti mille Suisses et deux cents lances. Cette égalité de forces, sans donner une confiance présomptueuse à d'Aubigny qui avait ordre de ne rien risquer, inspira au prince aragonais une prudence partagée par son lieutenant, Jean-Jacques Trivulce, et conforme de tout point aux instructions du roi Alphonse. Il était évident, d'ailleurs, que ce ne serait pas en Romagne que la campagne se dénouerait.

Charles, arrivé à Pontremoli, allait mettre le pied sur les terres des Florentins. Il savait le pays profondément divisé. Pierre de Médicis, d'un côté, avec son ambition personnelle, sa hauteur et ses relations aragonaises, le peuple de l'autre, favorablement disposé pour nous. Gilbert de Montpensier, à la tête de l'avant-garde, entra dans la Lunigiana, dont une portion appartenait aux Florentins, et dont l'autre dépendait de Gênes et des marquis souverains de Malaspina. Montpensier attaqua Fivizzano appartenant aux Florentins.

Prise d'assaut, la ville fut pillée et la garnison passée au fil de l'épée : cruauté impolitique, conforme, il est vrai, aux usages du temps, suivant lesquels une place prise d'assaut pouvait toujours être ainsi traitée, mais qui, rapprochée des suites du combat de Rappallo, acheva d'épouvanter l'Italie, accoutumée depuis longtemps plutôt à de vaines représentations de guerre qu'à de véritables combats.

Pierre de Médicis et ses partisans comptaient principalement sur la résistance de Serezana, petite place assez bien fortifiée et sur celle de Serezanello, château fort situé au-dessus de Serezana. Ces deux forteresses, placées entre la mer et la montagne, devaient, selon eux, arrêter le roi dans un pays d'un difficile accès et privé de toutes ressources pour l'alimentation de l'armée. Tandis que Charles, satisfait d'avoir rallié l'artillerie et les troupes débarquées d'abord à Gênes, se demandait s'il ne laisserait pas derrière lui ces deux petites places, et s'il ne se dirigerait pas de préférence sur Pise, un changement subit s'opéra dans l'esprit de Pierre de Médicis.

Une grande fermentation régnait à Florence depuis que les Français avaient franchi les Apennins. Chacun s'y déchaînait ouvertement contre la témérité de Médicis. On lui reprochait de n'écouter que des hommes aussi présomptueux dans la paix que faibles et chancelants dans le danger. On ne lui pardonnait pas de dédaigner les sages conseils des amis de son père. Sans aucun talent pour la guerre, disait-on, comment résisterait-il au roi de France et au duc de Milan réunis? S'il avait compté sur le secours des princes aragonais, l'expérience ne lui enseignait-elle pas qu'il ne pouvait faire aucun fond sur cet appui? Où était le duc de Calabre avec son armée? Acculé à Faenza et tenu en respect par la petite armée française de la Romagne fortifiée à Santa-Agata, il n'avait aucun moyen de se porter au secours de Florence. Cette ville aurait-elle donc le sort de Fivizzana? Le mécontentement public en vint au point qu'un soulèvement général était à craindre.

Médicis, frappé de l'imminence du danger, n'espérant plus recevoir aucun secours du roi de Naples ou du pape, auxquels la prise d'Ostie et la crainte de l'armée navale de France donnaient assez d'occupation, perdit entièrement courage. Il prit tout à coup le parti d'aller trouver le roi de France et de se mettre, lui et l'État de Florence, à sa discrétion. Il se souvint de l'exemple de son père. Celui-ci, se trouvant réduit à l'extrémité par la guerre que le pape Sixte IV et Ferdinand de Naples faisaient aux Florentins en 1479, alla trouver Ferdinand, qui lui accorda la paix pour sa patrie et renouvela son amitié avec lui. Imitant cet exemple, Pierre partit de Florence et se rendit à Piétra-Santa pour y attendre un sauf-conduit du roi. Briçonnet, évêque de Saint-Malo et général des finances, accompagné de quelques seigneurs, vint l'y trouver. Admis près du roi, Médicis en fut reçu avec bonté. Quelque ressentiment que Charles pût conserver contre lui, ce souvenir ne pouvait survivre à l'humiliation volontaire de ce prince et à l'empressement avec lequel il accepta les conditions les plus dures. Pierre consentit en effet à remettre entre les mains du roi Serezana, Serezanello et Piétra-Santa, clefs de l'État de Florence de ce côté-là et à lui livrer aussi Pise et Livourne, places plus importantes encore. De son côté, Charles s'engageait à évacuer ces positions aussitôt après la conquête du royaume de Naples. Médicis s'obligeait de plus à faire prêter au roi, par les Florentins, deux cent mille ducats. Les Français furent étonnés de le voir accéder si facilement à des conditions bien plus dures que celles que le roi aurait imposées, si le traité avait été débattu entre ambassadeurs.

Le lendemain Ludovic Sforze étant revenu à l'armée, y rencontra Médicis qui lui dit : « Monsieur, je suis allé au-devant de vous; mais il faut que vous vous soyez égaré, car j'ai eu le malheur de ne point vous rencontrer. » « Il est certain répartit Ludovic, que l'un de nous s'est égaré; mais ne serait-ce point vous? » Lui faisant entendre par là que, pour n'avoir point voulu suivre ses conseils, il avait encouru une fâcheuse extrémité. L'événement fit voir qu'en suivant des routes différentes, ils s'étaient tous deux également fourvoyés.

La soumission de Pierre de Médicis non-seulement assurait la Toscane au roi, mais elle lui ouvrait la Romagne. Le duc de Calabre, délaissé par le corps auxiliaire florentin, abandonna sa position de Faënza qui n'était plus sûre, et après avoir occupé et évacué Cézena, il se retira dans les environs de Rome. Don Frédéric sortit du port de Livourne et mit à la voile pour Naples où Alphonse le rappelait pour sa propre défense.

Pierre de Médicis, de retour à Florence, fut si mal reçu qu'il ne songea plus qu'à mettre ordre à ses propres affaires. Il n'y avait qu'un cri contre cet homme. Aveuglé par son ambition, il avait conduit l'État à deux doigts de sa perte, puis, chose inouïe, du temps de ses pères, il avait livré, sans le consentement des citoyens et sans un décret des magistrats, la plus belle partie des possessions de Florence afin de finir au moins, puisqu'il ne pouvait régner ainsi, comme un despote.

Les Florentins envoyèrent au roi des ambassadeurs pour séparer en apparence les intérêts de la république de ceux de Pierre, et cette démarche aux yeux de tous équivalait à une déclaration de déchéance de la maison de Médicis. Enfin, à la veille de l'entrée du roi à Florence, les magistrats déclarent Pierre et ses deux frères traîtres et rebelles. Le prince dépossédé s'enfuit à Bologne, ses palais sont pillés. Le nouveau gouvernement s'approprie vingt mille ducats comptants qu'il possédait à la banque, des meubles précieux, des pierres gravées et des médailles d'or d'une rareté et d'un prix inestimables. On évaluait à cent mille ducats ce qu'il perdit ce jour-là.

CHAPITRE IV.

L'inquiétude se propage en France. — Premier bulletin de l'armée. — Départ du roi de Serezana. — Ludovic le Maure quitte l'armée. — Causes de son mécontentement. — Le roi entre à Pise acclamé par les habitants. — Séjour à Florence. — Difficultés avec les Florentins touchant le traité à intervenir. — Clauses adoptées. — Manifeste latin de Charles VIII avant d'entrer dans les États pontificaux. — Départ de Florence. — Le roi laisse garnison à Sienne. — Incertitudes d'Alexandre VI. — Il envoie au roi une ambassade. — Refus de Charles de traiter avec le roi de Naples. — Le pape ouvre les portes de Rome à l'armée aragonaise.

'EXPÉDITION d'Italie, si témérairement conçue au dire des gens réputés sages, n'avait été jusque là qu'une suite de succès, une marche triomphale d'Asti aux portes de Florence.

Qu'on se figure, si cela est possible, à quel point la curiosité publique devait être excitée en France, dans ce Paris surtout qui était déjà une immense ville, remplie d'une bourgeoisie riche et d'une population de tout temps vive et intelligente. La cour était restée à Moulins. Nulles communications officielles et régulières n'existaient alors entre le pouvoir et les grands corps de l'État, tels que le Parlement et la Chambre des Comptes demeurés à Paris. Les nouvelles d'Italie, avidement recherchées et activement propagées, n'y circulaient donc qu'à l'état de rumeurs. C'étaient des lettres de la cour, c'étaient aussi des missives particulières venues de l'armée, mais ce n'était rien de précis et d'officiel. Ceux qui avaient prédit que cette expédition, entreprise au commencement de l'hiver, serait fatale à l'armée, qu'une formidable coalition l'attendait sur les confins de la Toscane et de la Romagne, que l'Italie enfin serait le cimetière des Français, car c'était là le mot dont on se servait, avaient encore beau jeu. La maladie du roi à Asti que l'opinion publique avait aggravée, des fièvres et des dyssenteries qui, à cette époque, avaient régné dans l'armée, jusqu'aux vins aigres dont on se plaignait comme désagréables et malsains dans les lettres venues d'Italie, tous ces bruits habilement exploités par l'opposition inquiétaient les esprits à Paris. Grossis et colportés dans les provinces, ils jetaient en de profondes anxiétés, jusqu'aux extrémités de la

France agrandie, jusque, par exemple, dans le pauvre manoir de nos archers bretons, les mères et les épouses qui le plus souvent, pour une excellente raison, n'avaient à espérer aucune lettre rassurante du fils, du frère, du mari, en danger, si loin d'elles, et pour si longtemps.

C'est alors, heureuse idée! que la cour songea à faire un extrait des lettres reçues d'Italie, à confier à l'imprimerie, à cet art récemment inventé la publication de ce premier bulletin officiel de la grande armée bulletin destiné à être avidement dévoré par la curiosité publique. Il le fut à un tel point que, si l'unique exemplaire existant que nous allons religieusement reproduire, ne s'était pas égaré dans quelque cloître affranchi des préoccupations de ce bas monde, c'est ainsi du moins que nous nous en expliquons la conservation, il aurait eu le sort des autres, c'est-à-dire que, passant de main en main, froissé par la curiosité et l'impatience, mouillé parfois de larmes de joie, épelé par des vieillards ou des enfants, il aurait circulé jusqu'à ce que le beau et fort papier sur lequel il est imprimé eût été dispersé en lambeaux et anéanti.

Cette pièce unique et que nous pouvons appeler le premier numéro du *Moniteur* officiel français est intitulée : « Aucuns articles extraicts des

lettres envoyées de l'ost de la guerre de Naples. »
Il ne porte ni date ni nom d'imprimeur. Mais il
dut paraître dans les derniers jours de novembre
1494, puisque les nouvelles les plus récentes
qu'il donne de l'armée sont des premiers jours
de ce mois, entre le 1ᵉʳ et le 9. On y passe rapidement en revue ce qui était advenu depuis Asti
jusqu'au moment du départ du roi de Pontremoli, ou de Serzana, ce qui prouve qu'aucun autre bulletin n'avait dû être publié depuis l'entrée en campagne, laquelle avait réellement commencé au sortir d'Asti. Le voici textuellement,
vainqueur de près de quatre siècles, et désormais
aussi des chances de destruction qui le menaçaient dans l'avenir :

Le roy a esté receu par toute la duché de Millan aussy
honnourablement que l'on sauroit faire par fort et foible, et par tout ou il passa en villes et chasteaulx sans
oublier celle de Pavie.

Le duc de Millan est mort, le roy lui a fait faire ung
service solemnel. Le seigneur Ludovic a esté a Millan
reçu comme duc et publyé. Le roy avoit envoyé Gimel
devers les Florentins les prier quilz voulsissent entretenir les amitiez anciennes et de n'entretenir plus ses
ennemis en leur pays, ne les aider, ne souffrir, et en cas
de refus protester contre eulx que ledit seigneur seroit
contraint de pourchasser ses ennemis et eulx en les
favorisant, comme la raison le veult. A quoy firent res-

ponse qu'ils envoiraient une ambassade qui encores n'est venue.

Pierre de Medicis, avant la venue dudict Gimel, envoia devers le roy Laurens Pinelle, son facteur de Lyon, lequel venoit de devers le roy Alphonse, et a fait offre de bailler cent cinquante mil ducaz et autant payer de six mois en six mois, en quoy il (le roi) n'a voulu entendre pour ce qu'il lui sembla chose n'estre raisonnable.

Nostre saint père le pape a envoyé devers le roy frère Jehan de Mauléon, et lui a apporté ung brief faisant mencion des Turcs qu'il dit estre vers Honguerie et que le roy y deûst envoyer son armée.

Le roy lui a fait response de mesmes, present le seigneur Ludovic, et la dépêcha incontinent, et en la dépêschant ledit de Mauléon demanda en secret, de par nostredit saint père, si le pape venoit au devant de luy, sy le roy lui feroit bonne chière pour occasion des termes du temps passé. A quoy fut respondu que oui, et ce qu'il disoit estoit pour venir bien avant, voire jusques à Sienne ou Florence. Cellui a qui il le dist ne se veult nommer et est créable; et cela avoit esté demandé audit personnage en secret et féablement.

Avec ledit Mauléon vint une ambassade de la vefve royne de Naples, Yolant, disant qu'elle seroit voulontiers bon moien de faire bon appoinctement; le roy lui fist response qu'il ne demandoit que le sien et ne vouloit rien de l'autrui : et quant il auroit recouvré ce qui lui appartient, il seroit tousjours gracieulx aux dames, et pour les traicter ainsi qu'il appartient.

L'armée d'Ostie est partie (il y a) huit jours a, et doit estre arrivée, et a la charge monseigneur Graciens des Guerres pour soy joindre avec les coulonnois (les partisans des Colonna) qui ont VIII cent lances ytaliennes soudoyées du roy. Ledit messire Gracien a cinquante lances; domp Julien, XXX lances; messire Robert de la Marche, XXX lances, V cens Suisses et V cens arbalestriers, et est lieutenant général pour le roy des François, et messire Fabrice Colonna des Ytaliens. Messire Menault[1] a trois cens arbalestriers pour soy mettre dedens la ville et chasteau d'Ostie.

Dedens deux jours doit partir une autre armée de gens que le roy envoye par mer descendre au royaulme de Naples où sont les princes de Salerne, marquis de Cleremont Fagimont de Saint Sevrin seigneur au royaulme de Naples, et le seigneur de Seremont et Renault, et en tout sont trois mil combatans qui yront par ung costé et lesdits colonniers et messire Gracien par l'autre. Hier au lever du roy vindrent nouvelles de monseigneur de Montpensier comment il estoit en la terre des Florentins et avoit prins cinq places moyennes, et alloit au devant de l'artillerie et gens de pié qui estoient à dix heures de là descendus en terre et venus par mer pour aler devant Serezana, place forte desdits Florentins. En disnant le roy eut autres nouvelles de son autre armée estant en la Marque à l'encontre du duc de Calabre que après que les gens de guerre furent arrivez avec monseigneur

---

[1] Peut-être Menou.

d'Aubigny alèrent mectre le siege en une place nommée
Meredan qui est à la dame de Forli, et l'artillerie ne
tira que trois heures et l'assault n'en dura que une, et
y avoit dedens xv cens hommes de guerre, c'est assavoir mil dudit duc de Calabre, et cinq cens de la dicte
dame dont n'en eschappa pas cinq¹, et le demourant
abandonné aux gens de Julien Daulphinois, qui avoit
cinq cens arbalestriers à cheval, trois cens Milannois,
deux cens Ecossois, trois cenz Suisses et cinq cens arbalestriers François, pour ce qu'ilz firent l'assault, et
n'est ladite ville que à deux petites lieues d'Imola,
grosse ville, et du camp dudit duc de Calabre qui est
hors avec xii cens lances ytaliennes et quatre mil gens
à pié.

Au camp de monseigneur d'Aubigny sont xii cens
lances ytaliennes et deux mil enfans de pié. Jehan de la
Grange est avec eulx avec trois canons serpentins,
trois coulevrines et xii faucons à la suite seulement, et
sont délibérez de suivre leur fortune.

Le roy a mis son affaire en déliberation en ceste ville,
présens les seigneurs et capitaines qui y sont, où estoit
le seigneur duc de Bac² et a esté conseillé par tous
devoir suivre son entreprise par les voyes et chemins
dessudis en grand vouloir le servir, requerans qu'il y
fust en personne, et que son affaire s'en porteroit mieulx,
ce qui estoit ce que le roy demandait. A ceste cause il

¹ Il y a dans cette partie de la dépêche erreur ou exagé-
ration.

² Nom mal imprimé : c'est peut-être de Basche, mais Perron
de Basche n'était pas duc.

partit hyer apres disner armé tout à blanc, bien acompaigné, et s'en alla coucher à trois petites lieues pour aller où est monseigneur de Montpensier joindre ensemble et aura, comprise sa maison, environ xv cens lances, sept mil hommes de pied, ou il y a quatre mil Suisses, iii mil arbalestriers, et une bonne bende d'artillerye où il y a ix canons serpentins, quatre coulevrinnes et quarante faucons à la suite; on a aussi pourveu aux vivres au moins mal que on a peu, tant par mer que par terre et envoyé gens en la duchié de Ferrare, à Lucques, à Gennes, Provence et Languedoc. Le seigneur Galléas va avec le roy pour lui tenir compaignie et a deux cens lances ytaliennes bien en ordre, et deux cens chevaulx legers.

La seigneurie de Lucques a envoié ambassade devers le roy presenter leurs citez, chasteaulx, forteresses et ports de mer, ce que le roy a accepté. Ils sont ennemis des Florentins et sont au milieu d'eux. Le roy a délibéré, le plus droit qu'il pourra, aller à Flourence. On dit qu'il n'y trouvera pas grand resistance, pour ce que les villes sont faibles de murailles, non percées et sans boulevards ni fossés. Et d'avantaige, les trois parts et demy sont bons François.

Il n'y a que Pierre de Médicis, et la bande qu'il gouverne, qui avec peu de gens d'armes, les tiennent en subjection. On présume que ils ne se feront guaire battre, et que ledit de Médicis renvoyera en brief son homme Laurens Pinelle, ainsi que ledit Laurens dist au roy à son partement, alant devers sondit maistre sur chevaulx de postes.

Laurens et Jehan de Medicis, qui sont cousins dudit Pierre et ses ennemis mortelz, vinrent hyer au devant du roy, et avoient estés bannis et confinez hors de ladite ville, et sont eschapez pour faire au roy quelque bon service. Ils ont sept ou huit mil ducas de revenu et en meubles plus que ledit Pierre.

François, monseigneur de Luxembourg, a la charge des navires de mer, et se doit venir rendre, après qu'il aura descendu l'armée à Ostie, devant Livourne, près des Florentins ou est Pierre de Haute Dure (d'Alta-Dura), frère dudit roy Alphonse avec navires et l'armée du roy ira par terre.

Les Siennois qui sont de là les Florentins, et leurs ennemis, ont envoyé devers le roy lui offrir les passages, vivres, forteresses et ports de mer.

Le roy eut hyer nouvelle de monseigneur le cardinal de Guerre [1] que la septmaine passée, nostre saint père fit consistoire, et fit assembler les principaux romains les exhorter et commander à oster leurs biens et bestiaux des champs pour les François, où fut respondu par lesdits Romains qu'ils ne vouloient rien oster, et que lesdits François payeraient bien, et que ilz fussent les trèsbien venus.

Monseigneur d'Argenton qui est ambassadeur à Venise pour le roy lui fit hyer assavoir qu'il estoit venu une autre ambassade du roy Alphonse, devers la seigneurie requerant icelle, en grant humilité, comme le roy

---

[1] Il était Français et s'appelait Raymond Perrault. Il était évêque de Gurk. Alexandre l'avait créé cardinal en 1493.

les tenoit comme ses pères, et que, à ce besoing, le voulsist secourir, et qu'il ne pourroit plus supporter les frais. On n'a point respondu; mais ils devoient continuer en leurs propoz qu'ils ont esté tousiours alliés de la maison de France, et qu'ilz ne se veullent point se mesler de leurs differents.

Et de rechef le roy notre sire par importunes requêtes a octroié à ceulx de Florence faire leur paix de ce qu'ils avoient voulu destourner le passage à ses gens d'armes. Lesdits de Florence ont tant fait qu'ilz ont obtenu la bonne grace du roy, lui ont obey, baillé passaiges, ports, confort et ayde à ses gens d'armes avec aultres grandes promesses singulières qui ne sont à declarer pour le present. Le roy leur a promis faire son entrée en Florence le huitiesme jour de ce present mois de novembre. Et de fait toutes les armées de toutes parts renforcées, garnies de vivres par mer et par terre, marchent tousjours en tirant à l'intencion du roy, et de pais et seigneuries sont grandement reçeus.

(Bibliothèque de Nantes, pièce détachée, imprimée en caractères gothiques, sans date ni lieu, et sans nom d'imprimeur. Reliée à la suite des Poésies de Jehan Meschinot.)

Ce bulletin nous fait connaitre deux essais de négociations dont Comines [1] et Guichardin lui-même ne nous ont rien dit. Nous y voyons que

---

[1] Comines ne parle de Spinelli que comme ayant été chargé des affaires de Pierre de Médicis seulement. Ch. VII. liv. VII.

Pierre de Médicis, par l'entremise d'un de ses facteurs Laurent Spinelli, bien connu du roi parce qu'il avait résidé longtemps à Lyon, avait fait offrir à Charles, de la part du roi Alphonse, cent cinquante mille ducats renouvelables tous les six mois, c'est-à-dire un tribut de trois cent mille ducats par an. Le roi avait répondu que ce n'était pas chose raisonnable.

Alexandre VI, de son côté, avait expédié au roi frère Jean de Mauléon[1], afin de l'engager à aller combattre les Turcs en Hongrie. Mais au fond le moine ambassadeur avait pour mission secrète de sonder les intentions du roi et de savoir si Alexandre, en venant au-devant de Charles jusqu'à Sienne ou Florence, avait chance d'être bien accueilli, et si l'on oublierait *les termes du temps passé. A quoi fut répondu que oui.*

Enfin, la reine mère Iolande, de Naples, avait aussi tenté de nouer, en faveur de son fils, une négociation, ouverture à laquelle le roi de France répondit que quand il aurait recouvré ce qui lui appartenait, il serait toujours gracieux aux dames et disposé à les traiter ainsi qu'il convient.

On voit que l'ensemble de ce bulletin présentait la situation du roi et de l'armée comme

---

[1] C'était un cordelier d'origine française et fort employé dans les négociations du temps.

excellente. De ses trois adversaires déclarés : l'un, Florence, avait traité; l'autre, Alexandre VI, essayait de le faire, et le troisième, la maison d'Aragon, n'aurait pas mieux demandé que d'acheter la paix. Les alliés étaient restés fidèles, et les Vénitiens, malgré les sollicitations de Naples, persistaient dans la neutralité.

De nombreux et triomphants bulletins des grandes armées françaises ont été publiés depuis celui-là. On verra avec plaisir que le premier fut tout à la fois glorieux et à peu près sincère.

Le bulletin se termine par l'analyse d'une dépêche de notre ambassadeur à Venise, le comte d'Argenton. Philippe de Comines avait reçu ce nom et cette dignité de Louis XI avec de grands biens et c'est sous ce titre que notre historien était toujours désigné dans le langage officiel du temps. Aussitôt que le roi avait été décidé à passer les monts, il était, dit-il lui-même, monté à cheval des premiers. L'ancien ambassadeur de Louis XI, à Florence, était jeune encore. Élevé dans les armes, il aurait pu servir activement dans l'armée française, et nous le verrons plus tard fournir carrière à la bataille de Fornoue, après son retour de Venise. Mais l'intention du roi et de ses conseillers était de tirer, avant tout, parti de la grande expérience du diplomate flamand. Aussi Comines avait-il quitté Charles à

Plaisance pour se rendre à Venise avec le titre d'ambassadeur. Il y resta durant presque toute la campagne avec la mission, heureusement confiée, d'étudier les dispositions secrètes de l'aristocratie vénitienne et de signaler de ce point, très-bien choisi, où aboutissaient toutes les intrigues de la diplomatie italienne, espagnole et allemande, les symptômes de défiance ou les actes d'hostilité de nature à influer sur la conduite de l'expédition. Nous voyons, par ce premier bulletin, que la politique de neutralité adoptée par la république de Venise n'avait jusque-là, ostensiblement du moins, subi aucune altération. Cette sorte d'indifférence, plus apparente que réelle, ne devait pas, comme nous le verrons avant peu, durer longtemps.

Charles VIII partit de Serezana pour se diriger sur Pise. Le même jour, Ludovic prit congé du roi pour se rendre à Milan. Ils ne devaient plus se revoir. Sforze avait bien obtenu que l'investiture de Gênes, accordée autrefois par les rois de France à Jean Galéas et à ses enfants, passât à sa personne et à sa postérité, mais il avait vainement demandé la garde ou plutôt la propriété de Piétra-Santa et de Serezana qu'il prétendait lui appartenir comme usurpées depuis quelques années par les Florentins sur les Génois. Il avait surtout des prétentions sur Pise, dont il brûlait de s'emparer et qui avait appartenu aussi à Jean Galéas[1]. En aidant le roi à conquérir Naples, il avait eu deux buts : se faire proclamer duc de Milan d'abord, puis agrandir son duché de toutes les places qu'il aurait conquises avec son allié dans la haute Italie. Il tenait principalement à s'assurer d'une longue ligne de côtes et de bons ports sur la Méditerranée. C'était le seul moyen de constituer une puissance maritime et de lutter contre Venise, dont les agrandissements excitaient vivement sa jalousie. Mais Ludovic s'aperçut bientôt que Charles, à la veille de devenir prince italien lui-même, craignait de rompre l'équilibre établi dans la péninsule et que cette prudence du jeune roi allait devenir un obstacle à son ambition personnelle.

Il revint à Milan, dissimulant ses véritables sentiments, mais, au fond, très-mécontent de son puissant allié et très-disposé à prêter l'oreille aux ouvertures secrètes de ses ennemis.

Le roi, après avoir traversé Lucques, entra à

---

[1] Ludovic espérait « que ladite cité de Pise tomberait sous la main du duc de Milan (c'est-à-dire la sienne), où autrefois elle avait été du temps du duc Jehan Galéas, le premier de ce nom en la maison de Milan, grand et mauvais tyran, mais honorable. » Comines, liv. vii, ch. vii.

Pise le dimanche 9 novembre. Il avait de nouveau sous les yeux une des plus grandes « pitiez d'Italie. » Les Pisans étaient tombés, depuis quatre-vingt-sept ans, sous le pouvoir de Florence, leur impitoyable rivale. L'histoire des républiques italiennes était pleine des souvenirs de leur puissance et de leur gloire. Mais après avoir humilié Gênes, Venise et les Florentins eux-mêmes, ils étaient devenus non les sujets, mais les esclaves de ces derniers. Pise, systématiquement ruinée, dépeuplée, était soumise depuis ce temps à cette politique d'assimilation, alors déjà connue, et qui consiste à vider les veines du vieux sang national pour y infuser un sang nouveau et étranger.

Quelques jours avant l'arrivée du roi, les Pisans avaient député secrètement vers lui. Sforze, par l'entremise de Galéas-San-Severino, qu'il avait laissé près du roi, leur conseillait de profiter de l'occasion pour se soulever et secouer le joug de Florence. Il comptait qu'après la retraite des Français, Pise, trop faible, se jetterait dans ses bras. Mais le cardinal de Saint-Pierre-ès-Liens, auquel ils s'adressèrent, et qui peut-être, remarque Guichardin, n'avait jamais de sa vie donné de conseil de paix, les exhorta vivement à abandonner ce projet. A la vue du roi entrant à Pise et se rendant à la cathédrale pour y entendre la messe, la population entière, hommes, femmes et enfants, se précipita au-devant de Charles. A genoux, suppliants, tendant les mains vers le roi, les larmes aux yeux, ils criaient : Liberté! liberté! Un maître des requêtes, qui marchait en avant, traduisit au roi ces cris et ces acclamations. Charles, qui n'avait encore signé aucun traité avec les Florentins, car les conditions générales, arrêtées avec Médicis et les envoyés de la cité, ne furent précisées et rédigées que plus tard à Florence, et croyant que les Pisans se félicitaient seulement d'avoir recouvré la liberté sous son empire, chargea le maître des requêtes, Rabot, conseiller au parlement de Dauphiné, de répondre en son nom : « Qu'il les retenait à soi et les assurait de les conserver dans leurs franchises. » S'il violait ainsi, jusqu'à un certain point, les préliminaires de la convention conclue avec Pierre de Médicis, il se créait, à lui-même aussi, pour la suite, de grands embarras. A ces paroles, la joie éclata sur tous les visages. La foule se porta avec de grands cris vers le beau pont de l'Arno. Les Florentins y avaient dressé, comme marque de leur seigneurie, un lion placé sur un haut pilier de marbre. Cet insigne d'une puissance abhorrée et que le peuple appelait par dérision *Mazorco*, fut précipité dans le fleuve.

C'est sur ce pilier même que les sculpteurs pisans placèrent une statue du roi, l'épée au poing et foulant au pied de son cheval le lion de Florence. Ajoutons tout de suite que le roi des Romains étant entré depuis à Pise, la statue de Charles alla rejoindre au fond de l'Arno le lion florentin.

Charles laissa une garnison à Pise et partit sans tarder pour se rendre à Florence. Il s'arrêta à Signa, à sept mille de la ville, pour y attendre d'Aubigny, auquel il avait donné l'ordre de venir l'y rejoindre. Il avait auparavant congédié cinq cents hommes d'armes italiens, et les gendarmes du duc de Milan, à l'exception toutefois de trois cents chevau-légers commandés par le comte de Cajazzo.

Les députés florentins, parmi lesquels se trouvait Savonarola, vinrent plusieurs fois trouver le roi à Signa, soit pour arrêter les bases d'une convention définitive, soit pour régler les détails de l'entrée des Français à Florence. Les dispositions de Charles variaient suivant les conseils divers de ceux qui l'entouraient. Au fond, il avait conçu un ressentiment assez profond contre une ville qui s'était décidée si tard à l'accueillir pacifiquement. Il ne manquait pas, d'ailleurs, de gens dans l'armée qui disaient hautement qu'une cité si opulente, et c'était un de ses principaux crimes à leurs yeux, devait être, pour l'exemple, sévèrement punie de s'être opposée la première à la puissance des Français.

Plusieurs membres du conseil du roi, à la tête desquels se trouvait Philippe de Bresse, frère du feu duc Amédée de Savoie, et intime ami de Pierre, opinaient, au contraire, pour que le roi rétablît les Médicis. Charles penchait, au fond, vers cet avis. Il écrivit même à Pierre une lettre qui ne le trouva plus à Bologne, d'où il s'était enfui, déguisé en dominicain, afin de gagner Venise où il fut honorablement accueilli par le doge et la seigneurie.

Hors d'état de résister au roi, les Florentins avaient néanmoins rempli les palais et les maisons d'hommes armés tirés des terres du domaine. On avait aussi, sous divers prétextes, fait entrer dans la ville les capitaines à la solde de la république et le plus grand nombre possible de leurs soldats. Chacun, dans la cité et dans la banlieue, devait se tenir prêt à prendre les armes au son de la grosse cloche du palais.

Le roi entra dans Florence le 17 novembre, suivi de son armée, avec tout l'appareil de la puissance. Il voulut y paraître en vainqueur, armé de toutes pièces et monté sur un cheval cuirassé. Dès le lendemain, la négociation fut reprise, mais avec de nouvelles difficultés. Sans vouloir prendre d'engagement sur le gouvernement futur de la république, Charles exigeait ouvertement la reconnaissance de sa suzeraineté, constatée, suivant lui et les lois militaires de la France, par son entrée le casque en tête et l'épée à la main. Les Florentins voulaient conserver leur indépendance dans son entier à quelque prix que ce fût. Les choses restèrent en cet état pendant plusieurs jours, durant lesquels les esprits s'aigrissaient de plus en plus. Ces difficultés, qui semblaient ne pouvoir être terminées que par les armes, le furent heureusement par la fermeté de Pierre Capponi, l'un des députés florentins. Capponi, d'une famille qui avait eu autrefois beaucoup de part aux affaires publiques, n'avait point dégénéré de ses aïeux. Homme d'esprit et de courage, il jouissait d'une grande autorité parmi ses concitoyens. Se trouvant avec ses collègues à une dernière conférence chez le roi, au moment où Florimond Robertet achevait de lire l'ultimatum français, il arracha brusquement le papier des mains de ce secrétaire, le froissa aux yeux du roi, et élevant la voix : « Eh bien ! dit-il, faites battre le tambour, et nous, nous sonnerons le tocsin. » Il sortait précipitamment du palais, lorsque le roi, le rap pelant, consentit enfin à lui accorder des conditions plus modérées.

En vertu du traité signé et solennellement juré de part et d'autre sur l'autel Saint-Jean de la cathédrale, le roi conservait, durant son expédition, les cinq places qu'il occupait déjà, Florence non comprise, à charge de les rendre aussitôt après la conquête de Naples et la pacification du pays. Charles devait laisser deux ministres à Florence sans l'intervention desquels rien n'y serait décidé concernant les Français. Le choix du capitaine général commandant les troupes devait même être soumis à leur agrément. Cent vingt mille ducats seraient payés au roi en trois termes. Enfin le décret d'exil et la confiscation des biens des Médicis étaient révoqués, mais à la condition que ces princes ne pourraient s'approcher de plus de cent mille des confins de la république.

Avant de quitter Florence et à la veille d'entrer, peut-être de vive force, dans les États pontificaux occupés par les troupes aragonaises, et dont les frontières, malgré les ouvertures à demi-pacifiques d'Alexandre VI, lui étaient fermées, le roi crut nécessaire d'adresser à l'Europe politique du temps un manifeste exposant ses intentions réelles, et de nature, surtout, à rassurer la chrétienté sur ce que ses adversaires ne manqueraient pas d'appeler une violation du domaine de l'Eglise. Cette pièce, inconnue jusqu'ici aux historiens, fut rédigée en latin, et après avoir été revêtue du sceau royal, publiée à Florence, sous la forme d'un bref, le 27 novembre 1494. Nous la trouvons imprimée, mais remplie de fautes qui rendent souvent le texte incompréhensible, dans le recueil de la Bibliothèque impériale provenant de la collection Hébert. Elle est unique, puisqu'elle manque au volume de la Bibliothèque de Nantes. En voici le début, les principaux passages et la conclusion :

Charles, par la grâce de Dieu, roi des Français, à tous les enfants fidèles du Christ, salut éternel, en Notre-Seigneur, et continuation de leur zèle pour la foi catholique.
Considérant attentivement et énumérant maintes fois au fond de notre cœur les dommages et préjudices sans fin, les meurtres et les massacres, le sac des nobles cités, la ruine des peuples fidèles, la dévastation des contrées habitées par eux, crimes odieux et sans nombre commis par les ignobles [1] Turcs qui depuis cinquante ans versent à plaisir le sang chrétien, suivant que nous l'ont appris nos ancêtres si dignes de foi : Désirant, suivant la coutume de nos pères, les rois de France très-chrétiens, réprimer, selon nos forces, les attaques

[1] Spurcissimi.

que des Turcs perfides s'apprêtent sans cesse avec une rage toujours croissante, à diriger contre la religion chrétienne, nous avons résolu, quittant avec regret notre très-chère épouse et notre fils unique, implorant en outre le secours de Dieu, dont nous embrassons la cause, d'entreprendre de grand cœur et avec un entier dévouement cette œuvre très-sainte..... Que personne ne suppose que nous nous engagions dans cette sainte entreprise avec la pensée de conquérir et d'occuper les domaines des princes, les territoires des autres peuples ou des cités quelconques. Mais, prenant à témoin le Dieu vrai et ineffable, nous déclarons solennellement que notre seule intention est de travailler à sa gloire et à sa louange, ainsi qu'à la propagation de la foi chrétienne, ne plaçant d'ailleurs notre espérance qu'en Dieu seul, de qui toute œuvre parfaite tire sa perfection.....

Mais comme le royaume de Sicile qu'on appelle le royaume de Naples, arraché plusieurs fois des mains des infidèles par nos ancêtres et remis par eux à l'Église, a été par elle confié à nos mêmes ancêtres, lesquels en furent investis vingt-quatre fois, à savoir, vingt-deux fois par divers pontifes romains et deux fois par deux sacrés conciles généraux, ce qui constitue en notre faveur un droit héréditaire sur ce royaume... nonobstant que le pape Pie II, désireux d'élever jusqu'au trône ses parents nés dans l'obscurité, ait usurpé contre toute justice et au préjudice des nôtres cette couronne et l'ait concédée à un certain Ferdinand d'Aragon..., nous avons entrepris de la recouvrer.

Cependant nous ne nous dirigeons point vers la grande cité de Rome à la façon d'un moderne Alphonse d'Aragon ou de ses prédécesseurs tels qu'un Ferdinand et un autre Alphonse, c'est à dire avec l'intention rebelle et téméraire de l'assiéger ou de porter un préjudice quelconque aux terres formant le domaine de l'Église, mais bien au contraire nous nous avançons avec la résolution de protéger de toutes nos forces contre toute atteinte et tout dommage les sujets de la sainte Église et de travailler suivant les déclarations et la coutume des rois nos ancêtres à augmenter, avec l'aide de Dieu, la puissance, l'honneur et la dignité de la sainte Église elle-même...

Ce manifeste se terminait par la demande adressée à Alexandre, au sacré collége et à tous les gouverneurs de villes et de cités, afin d'obtenir pour le roi et son armée un libre passage et des vivres moyennant paiement[1].

On voit que ce manifeste ne manquait pas d'adresse. Il était évidemment de nature à rassurer Alexandre VI si le pontife n'avait été mû que par la crainte de voir son autorité religieuse ou son pouvoir temporel méconnus par le roi. Il portait coup en mettant en regard de la politique

---

[1] Cette pièce est contresignée : Antonius de Ture. Est-ce une de ces fautes si communes dans nos documents? Aucun secrétaire du roi, que nous sachions, ne portait ce nom.

des rois de France la conduite moins respectueuse de la maison d'Aragon dont tant de papes avaient eu à se plaindre. Il contenait enfin une allusion assez directe aux motifs que l'on supposait avoir dicté la politique d'Alexandre VI lorsqu'il rappelait à quelles suggestions d'intérêt privé Pie II avait autrefois obéi en transférant la couronne napolitaine de la maison de France à celle d'Aragon.

Deux jours après la signature du traité avec les Florentins, le roi se remit en marche. Nous avons vu que Florence ayant été assignée, comme point de ralliement, les divers corps provenant de la Romagne et du littoral, où les avait jetés la flotte, se trouvaient sous la main et le commandement immédiat du roi.

Cette concentration, annoncée par le premier bulletin, avait évidemment pour but d'attaquer avec toutes les forces réunies l'armée aragonaise que l'on devait s'attendre à rencontrer enfin soit en avant de Rome, soit sur les confins du royaume de Naples. L'artillerie du corps de d'Aubigny, qui d'après les ordres du roi avait été laissée à Castro-Cano avait aussi rejoint l'armée.

Le roi ne s'arrêta que quelques instants à Sienne. Cette ville, la seconde de la Toscane, avait fait alliance avec le roi de Naples et les Florentins. Mais aussitôt qu'elle fut instruite de la démarche de Médicis et de sa présence au camp français, elle songea à sa sûreté et s'empressa de traiter avec le roi de France. Quoiqu'elle se gouvernât elle-même, elle ne connaissait néanmoins la liberté que de nom. L'extension du droit de suffrage conféré à des masses ignorantes et passionnées y avait, comme à Florence, amené le triomphe successif de factions, appelées *ordres*, pour lesquels le respect de la liberté aurait été un amoindrissement de pouvoir. C'était le *Monte dei nove* qui dominait alors.

Charles VIII laissa garnison à Sienne qui avait toujours été pour l'Empire, c'est à dire Gibeline, et dont les dispositions lui restaient suspectes. Malgré la saison avancée, le temps continuait d'être fort beau. Les belles automnes d'Italie (il en fut ainsi cette année) se prolongent quelquefois fort tard. Aucune époque, lorsqu'il en est ainsi, n'est plus favorable à une armée étrangère et surtout française qui s'accommode très-bien d'une température sèche et moyenne et qui n'a pas à redouter les premiers froids, très-faciles à supporter, d'ailleurs, dans un pays où l'on trouve des villes à chaque étape. Charles poussait donc en avant afin de poursuivre ses avantages sans relâche.

Il savait déjà que la politique qu'il avait adoptée en Toscane avait suscité quelque défiance contre lui. Comines changeant tout à coup de langage lui avait fait savoir à Sienne que les Vénitiens et le duc de Milan, effrayés par la rapidité de ses progrès, commençaient à craindre que ses desseins ne se bornassent pas à recouvrer le royaume de Naples, surtout depuis qu'il avait mis garnison dans les places fortes des Florentins et annoncé l'intention d'occuper Sienne. Des succès décisifs tels que l'entrée de son armée à Rome, un traité avec le pape et surtout une victoire remportée sur les Aragonais devenaient nécessaires pour anéantir en germe une coalition qui évidemment commençait à poindre à Venise et à Milan.

On supposait que le duc de Calabre, qui avait concentré ses forces auprès de Viterbe, projetait d'y attendre l'armée française et de s'opposer de vive force à son passage. Mais la diversion opérée par les Colonna, leurs excursions au-delà du Tibre, la rareté des vivres qui ne venaient plus par mer depuis la perte d'Ostie, et enfin un commencement de défiance de la part de Ferdinand, à l'égard du pape, firent abandonner ce projet au prince aragonais.

Il faut le dire, les soupçons de la cour de Naples n'étaient pas fondés. Si le parti adopté par Médicis, les négociations de Serezana et la publication du manifeste du roi, avaient fait quelque impression sur Alexandre VI, sa partialité pour les princes aragonais n'en restait pas moins réelle. A la veille du départ du roi de Sienne, le pape lui expédia, à la vérité, les évêques de Concordia et de Terni accompagnés de son confesseur, Balthazar Gracian, mais toujours avec mission de proposer un accommodement tout à la fois au nom du roi de Naples et au sien propre. Charles répondit aussitôt par deux envoyés, Louis de la Trémoille et le président de Ganay, qu'il ne traiterait qu'avec le pape seul. Alors, obéissant à ses préférences bien marquées, Alexandre ouvrit les portes de Rome à l'armée aragonaise qui y vint prendre ses quartiers.

La résolution de défendre Rome était cependant loin d'être arrêtée dans la pensée d'Alexandre. C'était, il faut le dire, pour bien des raisons une entreprise difficile. Aussi songeait-il parfois à abandonner cette ville et c'est dans cette idée, ou du moins, pour la propager, qu'il avait obligé les cardinaux, par un écrit signé de leur main, à le suivre partout.

CHAPITRE V.

Le quartier-général du roi est porté à Nepi, puis à Bracciano. — Le Pape consent à ouvrir les portes de Rome aux Français, mais il se retire dans le château Saint-Ange. — Entrée des Français à Rome, le dernier jour de décembre 1494. — Ligue des cardinaux italiens contre Alexandre VI. — Chute d'une partie des murs du château Saint-Ange. — Des canons sont braqués contre le château. — Le roi s'oppose à une attaque et continue les négociations. — Les Français émerveillés se promènent dans Rome. — Bulletin publié en France, où l'on relate les beautés de Rome, ainsi que diverses légendes qui avaient cours alors parmi le peuple romain.

ANDIS que le pape flottait, livré à ces incertitudes, l'armée française, contrainte de vivre aux dépens du pays, s'avançait vers Rome, s'emparant des places abandonnées par les troupes d'Alexandre, et les Aragonais se retirant devant elle. Le quartier-général du roi était déjà à Nepi, à peu de distance de la capitale. C'est là que

Charles reçut les fils de Virginio Orsini, grand chambellan du royaume de Naples, allié à la famille aragonaise et comblé de ses faveurs. Ils venaient, du consentement de leur père, resté au service de Naples, offrir au roi leurs places dans la campagne romaine, le passage et des vivres, au grand étonnement des Français, peu accoutumés, dit Guichardin lui-même, aux souplesses italiennes.

Ces arrangements conclus, le roi porta son quartier-général à Bracciano qui venait de lui être livré par les Orsini. Louis d'Allégre et plusieurs autres capitaines furent détachés avec deux mille Suisses et cinq cents lances pour passer le Tibre, à Ostie, tourner Rome et faire jonction avec les Colonna qui occupaient la rive gauche et faisaient des courses jusqu'aux portes de la capitale. Nous donnerons bientôt des bulletins et des correspondances qui nous feront connaître les résultats de cette diversion, ainsi que d'une expédition plus importante confiée au maréchal de Rieux qui avait passé le Tibre au-dessus de Rome.

Déjà Civita-Vecchia, Cornetto et toute la banlieue de Rome étaient au pouvoir des Français. Peu portée pour nous, mais très-divisée, la population romaine, saisie d'épouvante, demandait la paix. Le roi, informé de cet état des esprits, fit partir de nouveaux ambassadeurs, qui étaient le sénéchal de Beaucaire, Pierre de Rohan, maréchal de Gié, et le président de Ganay, déjà envoyé vers le pape. Ils avaient pour instruction de ne rien oublier pour persuader au pontife combien le roi était éloigné d'entrer dans ce qui concernait son autorité, et combien le goût des innovations qu'on lui prêtait lui était étranger. Car, il faut le dire, la présence dans le camp français du cardinal de Saint-Pierre-ès-Liens, les rumeurs qui couraient en Italie d'un prochain concile et d'une déposition probable de Rodrigues Borgia, après la révision des opérations du conclave où il avait été élu, épouvantaient par dessus tout Alexandre VI. Charles le fit assurer par ses trois ambassadeurs, hommes d'autorité et dignes de foi, qu'il souhaitait avec passion d'entrer à Rome en ami; qu'il lui serait facile d'en briser les portes et les murailles avec son artillerie, mais que ce n'était pas ainsi qu'un roi de France, plein du respect que ses ancêtres avaient toujours professé pour les pontifes romains, devait paraître dans la capitale du monde chrétien. Il suppliait donc le Saint-Père de l'accueillir comme un fils respectueux, promettant qu'aussitôt après, leurs différends se termineraient par une alliance et une amitié sincères.

Ce langage rassura en partie Alexandre. Bien qu'il lui parût très-dur de congédier ses alliés en se mettant à la discrétion du roi, et d'ouvrir aux Français les portes de Rome sans aucune convention préalable, il estima qu'il n'avait plus le choix des moyens, et consentit à la demande du roi. Le duc de Calabre, sans accepter formellement le sauf-conduit que Charles lui adressa à la demande du pape, sortit de Rome par la porte Saint-Sébastien, le dernier jour de l'année 1494, au moment même où Charles y entrait par la porte de Sainte-Marie-du-Peuple. Le pape, qui était loin de se croire en parfaite sûreté, s'était étroitement renfermé dans le château Saint-Ange, accompagné de Baptiste Orsini, d'Olivier Caraffa, Napolitain, et de six cardinaux.

Le roi fit son entrée à Rome, le soir, à la lueur de mille flambeaux. Le défilé de l'armée dura six heures. Nous en trouvons la description dans l'historien contemporain Paul Jove [1], qui probablement en fut témoin. L'avant-garde était composée des Suisses et des Allemands qui marchaient par bataillons, au son des tambours, instruments qui n'avaient pas encore remplacé les trompettes dans l'armée française. Leurs drapeaux nationaux, et de formes variées, flot-

---

[1] Paul Jove, livre II, p. 41.

taient déployés. Leurs habits courts, et de couleurs tranchées, dessinaient leurs formes, souvent athlétiques. Les officiers portaient, comme marques de distinction, de hauts plumets sur leurs casques. Les soldats étaient armés de courtes épées et de lances de bois de frêne, longues de dix pieds, terminées par un fer étroit et acéré. Un quart d'entre eux portait des hallebardes au lieu de lances : le fer de celles-ci ressemblait à une hache tranchante, surmontée d'une pointe à quatre angles. Ils les maniaient à deux mains et frappaient également du tranchant et de la pointe. A chaque millier d'hommes était attachée une compagnie de fusiliers. Le premier rang de chaque bataillon était armé de casques et de cuirasses qui couvraient la poitrine ; c'était aussi l'armure des chefs ; les autres ne portaient pas d'armes défensives.

Après les Suisses marchaient cinq mille Gascons, Bretons et autres soldats recrutés dans les provinces, presque tous arbalétriers. La promptitude avec laquelle ils tendaient et tiraient leurs arbalètes de fer était remarquable. De taille moyenne et plus simplement vêtus, ils fixaient moins le regard que les Suisses. La cavalerie venait ensuite ; elle était composée de la fleur de la noblesse française, et elle brillait par ses manteaux de soie, ses casques et ses colliers dorés. On y comptait deux mille cinq cents cuirassiers et deux fois autant de cavalerie légère. Les premiers portaient, comme les gendarmes italiens, une lance forte, striée, ornée d'une pointe solide, et une masse d'armes de fer; leurs chevaux étaient grands et forts, mais, selon l'usage français, ils avaient la queue et les oreilles coupées; ils n'étaient point affublés, comme ceux des gendarmes italiens, de caparaçons de cuir bouilli pour les mettre à l'abri des coups. Chaque cuirassier était suivi par trois chevaux : le premier monté par un page, armé comme son maître, et les deux autres par des écuyers.

Les chevau-légers portaient de grands arcs de bois, empruntés à la milice anglaise et propres à lancer de longues flèches; leurs armes défensives étaient le casque et la cuirasse. Quelques-uns étaient munis d'une demi-pique pour transpercer à terre ceux que la grosse cavalerie avait renversés; leurs manteaux étaient ornés d'aiguillettes et de plaques d'argent armoriées. Quatre cents archers, parmi lesquels cent Ecossais, marchaient aux côtés du roi. Deux cents chevaliers français, choisis avec soin, l'entouraient à pied; ils portaient sur leurs épaules des masses d'armes de fer semblables à de pesantes haches. Lorsque ces gardes montaient à cheval, ils prenaient l'uniforme des gendarmes; seulement ils étaient distingués par la beauté de leurs chevaux, ainsi que par l'or et la pourpre qui les recouvraient. Les cardinaux Ascagne Sforze et Julien de la Rovère marchaient à côté du roi, suivis des cardinaux Colonna et Savelli. Prosper et Fabrice Colonna, et tous les autres généraux italiens marchaient entremêlés avec les chefs de l'armée française.

L'armée traînait à sa suite trente-six canons attelés. Ces pièces de bronze avaient une longueur de huit pieds, pesaient six milliers et portaient des boulets gros comme la tête d'un homme. Les couleuvrines de douze pieds venaient ensuite, puis les fauconneaux d'un calibre beaucoup moindre. Leurs affûts en bois se rattachaient à un avant-train porté sur deux autres roues.

L'avant-garde avait commencé à franchir la porte du Peuple assez tard dans l'après-midi; aussi le défilé dura jusqu'à neuf heures du soir. Aussitôt le soleil couché, des milliers de torches et de flambeaux avaient été allumés, et leurs reflets projetés sur les casques et les armures étincelantes éblouissaient les yeux de la foule curieuse, groupée sur les places ou pressée aux balcons des palais bordant les rues suivies par l'infanterie et la bruyante cavalerie françaises.

Le roi alla descendre au palais Saint-Marc, sur la place de Venise.

La population romaine avait contemplé avec autant d'admiration que d'épouvante ce long défilé d'hommes de guerre et ces appareils de destruction, aussi formidables par la qualité que par le nombre. Mais elle avait accueilli sans enthousiasme cette armée étrangère et à ses yeux un peu barbare. Rome avait entretenu durant le moyen âge une sorte de municipalisme qui, mêlé à ses antiques et glorieux souvenirs, lui tenait lieu de patriotisme. Ce vague esprit d'indépendance, uni à beaucoup d'orgueil, tout confus et mal défini qu'il était, avait eu d'étranges manifestations, surtout pendant le séjour des papes à Avignon. Mais à tout prendre, sans les querelles sanglantes des Orsini, des Colonna, des Savelli, anciennes et puissantes familles qui avaient construit chacune dans quelque quartier de Rome, souvent au milieu des débris d'un cirque, ou même dans l'enceinte d'un tombeau antique, de véritables forteresses, et qui, trop souvent, s'y livraient des combats acharnés, cette population aurait joui d'une paix plus complète que le reste de l'Europe. « Sans ces différends, remarque le judicieux Comines, la terre de l'Eglise serait la plus heureuse habitation pour les subjets, qui soit en tout le monde, car ils ne paient ni tailles ni guères autre chose, et seraient toujours bien conduits, car toujours les papes sont sages et bien conseillés. »

Le silence du pape, qui se refusait à sortir du château Saint-Ange et à ouvrir une négociation, était-il l'effet des tentatives renouvelées plus vivement que jamais par ses adversaires pour entraîner le roi à se montrer décidément hostile à Alexandre? Il est difficile d'en douter. Quoi qu'il en soit, le cardinal Ascaigne Sforze, vice-chancelier et frère de Ludovic, mis en liberté après avoir été emprisonné, le cardinal de Saint-Pierre-ès-Liens, les cardinaux de Gurke (qu'on appelait de Guerres), de Saint-Denis [1], San Severino, Savelli et Colonna, à la tête d'un parti puissant, travaillaient plus activement que jamais à jeter le roi dans la voie dangereuse d'une révision de l'élection d'Alexandre, et surtout d'une élection nouvelle. Quelques toises des murailles du château Saint-Ange, qui est l'ancien tombeau de l'empereur Adrien, étant tombées de vétusté, on y voyait comme un miracle. Pour agrandir la brèche « deux fois fust l'artillerie prête, raconte Comines comme

[1] Jean de la Grolaye, abbé de Saint-Denis, en France, cardinal en 1493.

le lui ont dit des plus grands ; mais toujours par sa bonté le roi y résista. Le lieu n'est pourtant pas défensable, car la motte est de main d'homme faite et petite [1]. »

Pendant que le roi s'efforce de nouer une négociation sérieuse avec le pontife, promenons-nous dans Rome avec nos soldats émerveillés.

Depuis Charlemagne aucune armée française n'était entrée en amie dans la capitale du monde chrétien, et plusieurs siècles devaient s'écouler avant que des soldats français ne l'occupassent de nouveau. On peut se figurer à quel point les curiosités, les merveilles de Rome excitaient l'étonnement et l'admiration des soldats de Charles VIII. Les piqueurs poitevins, les archers bretons, ces rudes écuyers venus des provinces les plus reculées du royaume erraient au milieu des ruines majestueuses de l'ancienne Rome, sous les arcades des églises et des cloîtres de la ville catholique, associant aux souvenirs de l'antiquité païenne qu'ils ne comprenaient pas bien les traditions chrétiennes qui pour eux dominaient et expliquaient tout le passé. Il y avait cependant à Rome, des savants qui auraient pu leur servir de guides. L'étude des auteurs anciens florissante depuis un siècle en Italie, et

---

[1] Comines, liv. 7, ch. 12.

forcément accompagnée de recherches archéologiques, avait fait connaître l'origine et la destination des principaux monuments antiques. Mais aucun de ces savants n'aurait pu faire comprendre à nos hommes d'armes illétrés ces vestiges de la civilisation ancienne. S'ils trouvèrent des cicerone, ce fut parmi le peuple de Rome qui n'a jamais été lui-même très-fort en chronologie, et chez lequel on remarque encore aujourd'hui une disposition naïve à confondre l'ère chrétienne avec les souvenirs de l'antiquité au milieu desquels il vit.

Un long bulletin publié en France, sous le titre de *Merveilles de Rome*, nous donne le résumé des impressions que les monuments de la ville antique et les édifices de la cité chrétienne produisirent sur nos braves et crédules ancêtres.

On y trouve d'abord l'énumération des tours, des créneaux et des défenses de toute sorte qui garnissaient les murailles de Rome, l'étendue de ces murailles et le nom des portes donnant accès dans la ville. On y relate ensuite le nombre et on donne les noms antiques des sept collines, depuis le mont Janicule, où est saint Pierre, jusqu'au mont Viminal où est l'église Sainte-Agathe. Après la série des ponts jetés sur le Tibre, le bulletin énumère ce que l'on appelle les palais des empereurs où l'on remarque celui de *Romulus*. C'est là, dit la relation fantastique, que Romulus avait placé sa statue en disant : Cette statue ne cheoirra jusqu'à ce que la vierge ait enfanté : aussi incontinent que la benoiste vierge Marie eut enfanté, la dicte statue tomba. Viennent ensuite ce que l'on appelle les arcs triomphants et non triomphants, le tout orné d'historiettes du genre de la légende de Romulus.

Quant aux Thermes, c'était de vastes palais avec de grandes caves souterraines, *ès quelles en temps d'hyver l'on faisait un grand feu et en temps d'esté estaient remplies d'eau afin que les seigneurs qui demeuraient dessus fussent plus à leur aise et se délectassent.*

Les théâtres ne sont pas oubliés. Le Colisée obtient une mention particulière. C'était le temple du soleil (il est vrai qu'il en était voisin) de merveilleuse *magnitude et beaulté.* Il était couvert d'un ciel de cuivre doré, où les tonnerres, foudres et coruscations se faisaient. Les pluies étaient envoyées par tuyaux de plomb. On y voyait les signes du ciel et les planètes avec le soleil et la lune. Mais le pape saint Sylvestre avait commandé de détruire ce temple et aussi plusieurs autres afin que les pèlerins n'allassent plus à Rome pour les édifices anciens et renommés des dieux, mais pour les églises des saints en grande dévotion. Quant à la statue de Phœbus qui s'y trouvait autrefois, sa tête et ses mains, faussement attribuées à Samson, dit notre chroniqueur, se voyaient encore à Saint-Jean-de-Latran.

Il faut lire les curieuses légendes que contient notre bulletin, sur le Capitole, sur plusieurs églises de Rome, et principalement sur le Panthéon d'Agrippa, surnommé Santa-Maria Rotonda, ainsi que sur certaines statues antiques, telles, par exemple, que les chevaux de bronze doré du Capitole.

Faisons une exception en faveur de la légende suivante que l'autorité permet aux imaginations pieuses, qui a servi de texte à de savantes dissertations et où les poètes, les historiens, Bossuet entre autres dans une de ses plus belles pages, et surtout les artistes, ont puisé d'admirables inspirations. C'est à l'occasion de l'église d'Ara-Cœli que notre bulletin la relate. La voici :[1]

---

[1] La Sibylle dont parle notre légende est celle dont les poètes sacrés ou profanes ont invoqué tour à tour le témoignage :

« Teste David cum Sibylla; »

dans la bouche de laquelle Virgile plaçait ces vers :

« Jam redit et Virgo, redeunt Saturnia regna; »

celle que Raphaël, dans ses admirables fresques, plaçait à côté

« Après moult de temps, les sénateurs voyant Octavien de si grande beaulté et prospérité et qu'il avait tout fait tributaire, lui dirent : nous te voulons arier (diviniser, adorer sur un autel) car la divinité est en toi, et si ainsi n'estais, tu ne prospererais pas ainsi. Lequel ce deniant (s'y refusant) requist induces (délais) et termes, et fist appeler (la) Sibylle tiburtine à laquelle (il) récita ce que les sénateurs lui avaient dit et qu'il avait demandé terme de trois jours afin que elle le conseillât. És quels trois jours Sibylle fist grande abstinence. Et après les trois jours respondit à l'empereur..... « Du ciel vient le roy futur qui règne par les siècles. » Et incontinent qu'elle eut ce dit, le ciel s'ouvrit et une grande splendeur vint sur lui, et vit au ciel une vierge

des prophètes et sur le livre ouvert de laquelle le Guerchin écrivait :

« Salve, casta Sion, permuttaque passa puella. »

N'est-ce pas aussi le modèle dont s'inspira le Dominiquin, lorsqu'il traça cette figure pensive, jeune, étrange, idéale, et si admirablement belle qui se voit au musée de Florence, laquelle, à son tour, dit-on, inspira lord Byron, lorsqu'il voulut donner la vie à la plus séduisante de ses créations, la jeune catholique Aurora Raby :

..... She had something of sublime
In eyes which sadly shone as seraphs shine,
All youth, but with an aspect beyond time.
(Don Juan. Canto XV.)

de très-grande beaulté qui entre ses bras tenait ung petit enfant sur l'autel de Dieu. De quoi fut fort esmerveillé, et ouit une voix qui disait : *hæc ara est filii Dei.* Lequel (Octavien) se jetta incontinent à terre et adora Jésus-Christ à venir. La quelle chose récita aux sénateurs de quoi furent fort esmerveillés [1]. »

Laissons nos pieux et naïfs ancêtres se repaitre de ce bizarre mélange du sacré et du profane, et reprenons la suite d'un récit qui, jusqu'au départ de Charles VIII de sa ville de Naples, au mois de mai 1495, consistera surtout dans la reproduction ou l'analyse de documents nouveaux. Ces documents, sans doute, n'altéreront guère les actes et les événements racontés par d'autres historiens, mais ils en montreront mieux la signification et ils y ajouteront parfois de curieux détails inconnus jusqu'ici. Émanant de personnages dont l'histoire ne connaissait guère que le nom, nous avons cru trouver dans ces pièces ce caractère intime, ce cachet de per-

---

[1] *Merveilles de Rome*, imprimé en caractères gothiques, sans date et sans nom d'imprimeur ou de lieu, relié à la suite des poésies de Jehan Meschinot, Bibliothèque de Nantes.

Cette description de Rome servit, sous le titre de *Mirabilia Romæ*, de guide aux voyageurs du moyen âge. Elle a été publiée, croyons-nous, en latin, dans le *Museum italicum* de dom Mabillon.

sonnalité, et parfois ce parfum autobiographique qui donnent tant de prix aux rares mémoires de ce temps. Nous les placerons donc avec confiance, souvent dans leur intégrité, sous les yeux des lecteurs curieux des moindres témoignages de notre histoire nationale.

CHAPITRE VI.

Séjour du roi à Rome, jusqu'au 15 janvier. — Lenteur avec laquelle marchent les négociations. — Le roi reçoit de bonnes nouvelles des corps expéditionnaires qu'il avait dirigés au-delà du Tibre et principalement de celui commandé par le maréchal de Rieux. — Lettres autographes et copies manuscrites de correspondances à ce sujet. — Lettres de l'évêque de Saint-Malo, Guillaume Briçonnet, à l'archevêque de Rheims et à la reine. — Bulletins officiels imprimés en France relatant l'entrée du roi à Rome et le commencement des négociations avec Alexandre VI. — Le duc de Bourbon en fait part à Messeigneurs de l'Hostel-de-Ville de Paris. — Grande procession du clergé de la Sainte-Chapelle, suivi des mendiants et de la Chambre des Comptes de Paris pour remercier Dieu de ces bonnes nouvelles.

E roi, entré à Rome, le dernier jour de décembre, n'eut sa première entrevue avec le Pape que le 17 janvier. Ce long intervalle fut rempli par des négociations épineuses confiées, du côté

d'Alexandre VI, principalement au cardinal de Valence, et du côté du roi, à Guillaume Briçonnet, évêque de Saint-Malo.

Mais ces difficultés n'apportaient aucune entrave au succès des armes du roi. Il lui arriva durant la première quinzaine de janvier 1495, d'excellentes nouvelles des corps qu'il avait expédiés de Nepi et de Bracciano au delà du Tibre et qui auraient réussi à couper la retaite du duc de Calabre, s'il ne s'était pas hâté, après l'évacuation de Rome, le dernier jour de décembre, de gagner les frontières du royaume de Naples. Il paraît cependant, d'après les correspondances que nous allons relater, que divers engagements eurent lieu entre les troupes aragonaises et des corps français, principalement sur le Tibre, dont les premiers essayèrent de défendre le passage. Les Français, sous le commandement du maréchal de Rieux, obtinrent dans ces rencontres de brillants avantages.

Avant de reproduire les bulletins officiels imprimés à Paris et relatant l'entrée du roi à Rome, ainsi que les préliminaires des négociations, nous donnerons intégralement quelques lettres curieuses adressées par des officiers attachés à l'expédition d'outre-Tibre, soit à leurs amis de France, soit à l'évêque de Saint-Malo qui, à ses fonctions diplomatiques et de financier, réunissait aussi, paraît-il, celles de chef de l'état-major de l'armée :

Double des lectres du capitaine dom Jouan envoyées à Monseigneur de Saint-Malo à Romme que la Royne envoye à Monsr le Vicechancelier [1].

Reverendissime père en Dieu très humblement me recommande à vostre bonne grâce. Qu'il vous plaise savoir que depuis derrenierement que je vous ai escript, je me suys trouvé aux champs contre ung numbre de gens

---

[1] Pièce manuscrite provenant des archives de la maison de Rohan, Bibliothèque de Nantes. La reine Anne de Bretagne, à laquelle une copie de cette correspondance avait été expédiée à Moulins, l'avait adressée, en expédition sans doute, au vice-chancelier de Bretagne pour qu'il la propageât à son tour, ou tout au moins la communiquât aux de Rieux et de Rohan, qui y étaient mentionnés. Il n'y avait plus, cependant, de chancelier ni de vice-chancelier en Bretagne. Une ordonnance de Charles VIII, datée du mois de mai 1494 et publiée à Lyon, peu de temps avant son départ pour l'Italie, avait décidé que la chancellerie de Bretagne, déjà abolie par le roi durant son séjour à Nantes, serait remplacée par une commission de quatre membres, laquelle fut, plus tard, portée à six. Philippe de Montauban, gouverneur de Bretagne, devait la présider, assisté, comme vice-gouverneur, de Guillaume Gueguen, évêque de Mirepoix et abbé de Redon. Il n'y avait donc, en 1495, ni chancelier, ni vice-chancelier de Bretagne. Mais probablement ces anciens titres continuèrent d'être donnés, par courtoisie, au gouverneur et au vice-gouverneur chargés de présider la commission du scel

d'armes à pié que le duc de Calabre et le seigneur Virgille (Orsini) envoyèrent à Taillecorsse (Tagliacozzo) pour garder le passage dudit Taillecorsse, et nous nous baptismes avecques eulx tellement qu'ils furent contrains s'en retourner. Et après que les gouverneurs dudit Taillecorsse sçeurent que les gens qui estoient commis à les garder estoient recullez et deffaitz, vindrent devers moy disans qu'ilz se voulloint donner et rendre en l'obeissance du roy, mais qu'ilz n'estoient pas maistres du chasteau, car il y avait forte garnison dedans, de quoy jeudi derain, m'en vins audit Taillecorsse, et feiz tant que je prins le chasteau et quatre vingtz hommes d'armes dedans, et pareillement mis en l'obeissance du roy quinze ou vignt villes et chasteaux autour dudit Taillecorsse, dont il y a troys villes imprenables, et pareillement aujourd'uy suys allé devant Leschelle et devant Perite, lesquelles se sont rendues en l'obeissance

qui remplaçait l'ancienne chancellerie réunie par le fait à celle de France. Ce serait alors à Guillaume Gueguen qu'auraient été adressés, par ordre de la reine, ces duplicata qui, copiés à leur tour, se sont retrouvés dans les archives de la maison de Rohan. Ces copies successives expliquent en partie les erreurs et les altérations qu'on y rencontre et qui rendent souvent fort difficile le rétablissement du texte et du sens primitif.

Il serait possible aussi que la jeune reine, en continuant de donner ces titres à deux Bretons, protestât contre l'annexion de la chancellerie de Bretagne à celle de France; ce qui était, au fond, une violation de la constitution bretonne, garantie par son contrat de mariage.

du roy avecques sept ou huyt autres villes et chasteaulx qui sont des seigneuries desdictes villes.

Escript à Taillecorsse le IXe jour de janvier.

Le tout vostre humble serviteur,

Dom Jouan.

C'est à l'occasion de cette lettre que Mgr de Saint-Malo adressa la suivante à l'archevêque de Rheims :

Double des lectres de Monseigneur de Sainct-Malo escriptes à Monseigneur de Reims, faisant mencion dudit capitaine Dom Jouan [1].

Le dessusdit capitaine Dom Jouan n'a avecques luy que cinq cens hommes de pié et trente lances.

Messire Grassien de Guerres est à dix lieues de luy qui a mille hommes de pié et soixante hommes d'armes.

Le prefait de Romme frère de Monseigneur le Cardinal Sancti Petri ad Vincula est sur les marches d'Acquille (Aquila), qui a, à la *solde* du roy, deux cens hommes de pié et cent arbalaistriers de cheval.

Le roy fait marcher vers l'Acquille (Aquila) et Sienta Ducalle (*Citta ducale*) Monseigneur le mareschal de Rieux avecques six cens hommes d'armes, cinq cens arbalaistriers de cheval et deux mille hommes de pié,

---

[1] Bibliothèque de Nantes. Copies manuscrites provenant des archives de Blain. Le capitaine D. Juan était un gentilhomme lorrain. Il avait combattu à Nancy dans l'armée du duc René.

pour les faire mectre en l'obeissance du roy. Et y a icy gens dudit Rieux qui ont fait faire secrètement les bannières du roy pour mectre sur les autres places deppendans desdictes seigneuries, qu'ils ont envoyées de par delà.

Le duc de Calabre et le prince de Haulte-Meure (Alta-Mira) son oncle sont oudict cartier, aux passages, mais n'ont pas puissance ainsi qu'on dit pour resister.

Nostre Seigneur veuille tout conduyre.

Voici une autre lettre autographe, signée d'un des capitaines de l'armée que nous retrouvons plus tard parmi les chefs du corps d'occupation, laissé par le roi dans le royaume de Naples. Il s'appelait Bernart de Percy, et Comines en parle comme d'un gentilhomme d'Auvergne. Il avait tout au moins de nombreuses relations en Bretagne, et, comme nous allons le voir, il en connaissait les principales villes. Peut-être y avait-il fait la guerre de l'annexion. Il n'est pas douteux qu'il servait en Italie sous le commandement du maréchal de Rieux, qui avait été maréchal de Bretagne sous le duc François II et tuteur de la duchesse Anne[1]. Nous croyons même que quelque lien l'attachait à la maison ou à la famille du maréchal. Le roi avant son départ

---

[1] Il mourut en 1518.

d'Italie lui conféra une riche dotation dans la Pouille.

Monsieur de la Muce[1], je me recommande à vous, mais c'est du meilleur endroit de mon cueur, et pour vous faire savoir les nouvelles de par deçà, je vous advertis que le roy fist son lieutenant général de l'avant garde, Monseigneur (de Rieux), lequel reffuza la charge, mais tant ne se put excuser que elle ne luy demourast, laquelle il a tousjours conduite par un quartier ou l'on l'a mis, sur terre d'ennemys des Ursins, où il a eu beaucoup à souffrir, car en nostre chemin nous avons esté contrains de prandre cinquante villes ou places dont la moindre valloit mieulx que Saint-Malo ni Brest, et oultre avons eu deux grans empeschemens à passer deux rivieres qui estoient en nostre chemyn, dont l'une s'appelle le Tybre et l'autre la Nera[2]; lequel Tybre nous a fallu passer à la nage, et prandre trois places sur le passaige de par delà, avant que seurement l'on peust passer le bagaige. Au regard de la Nera nous y avons cuydé faire ung pont, mais il nous a esté deffendu par les gens du duc de Callabre, et ne le peusmes

---

[1] Hus de la Musse, seigneur de la Musse et de la Perrière en Ligné et de Ponthus en Petit-Mars. C'était le dernier représentant de cette ancienne famille bretonne. Sa fille unique, Françoise, épousa, en 1500, Jean Chauvin, fils de Guillaume, chancelier de Bretagne. Leurs enfants prirent le nom et les armes de la Musse. Fondus en 1678 dans Goyon de Marcé.

[2] La Nera se jette dans le Tibre au-dessous de Narni.

faire pour la force de l'eau et de la montaigne qui estoit de leur costé, et feusmes contraints prandre ung autre chemyn pour passer ladicte ripvière de Nera, là où trouvasmes des villes contre nous et en mismes une à feu et à sang. Et pour la crainte de celle-là la cyté de Terni où estoit le pont pour passer nous donna logeix et passaige, et vous promectz, ma foy, que si n'eust esté cela nous eussions prins le duc de Callabre, et touz ses gens, qui s'enfuyoit de ceste ville à Naples, mais si bien ne sceut il nous éviter qu'il ne luy coustast trante ou quarante hommes d'armes, et quatre ou cinq cens hommes de pié, sans parler des coffres et *hardes* dont l'armée de mondit seigneur en a esté bien refreschie. Et si avançâmes gaigner sur eulx et prîmes à force une ville nommée Monterotondo là où mondit seigneur se logea avec 111 hommes d'armes, et dans huict petites villes qui sont alentour a logé toute son armée où ilz se refreschissent. Et entendez que tout est logé entre cy et Naples, où si affaire nous feust venue le roy ne nous eust sceu secourir, pour ce que la rivière du Tybre est entre les feux.

Dès qu'il (le maréchal) eust logé son armée s'en vint en ceste ville devers le roy, lequel luy fist la meilleure chère du monde, et ne savoit comment le traiter, et m'est avis que il en emporte le bruyt des gens de par deczà, car il n'y en a nulz qui ne desirent estre alentour de luy pour la bonne chère qu'ilz voyent que le roy luy fait, et aussi que sa personne le vault, et que ses ennemys le redoubtent plus que tout autre, car il est aymé et doubté, et large en despense plus que nul autre, et pleust à Dieu que veissez la maison qu'il tient dont vous seriez tout esbahy.

Je vous advertis que demain il s'en part avec l'avant-garde, tirant au royaulme de Naples, et droit à une ville qui se nomme Acquilla (Aquila) qui n'est guères moult moindre chose que Paris, et ay espérance que Dieu luy donnera si bonne fortune qu'il en viendra au dessus, et ne vous sauroye raporter les bonnes fortunes et bruit que Dieu et gens luy donnent, dont par d'autres plus que par moy serez adverty.

Au regard des faiz du Pape et des autres choses de par deçà, je m'en tays, car j'espère que tout yra bien pour le roy. Je vous pry me veillez excuser envers Madame si je ne luy escriptz, et en especial des deux poins dont elle vouldroyt bien savoir, le premier est du retour de Monseigneur, lequel pense qu'il sera le plus brief qu'il sera possible, pour de l'autre point, je vous dirai par ma foy, que nous sommes dans le pays de Lucresse et qu'il n'y a pas plus de faulte que si Penelopes y estait aussi.

Je vous prie, veuillez advertir Madame de Laval[1] de ces nouvelles bien au long, et excuser mon papier qui me fault. En vous disant adieu, Monsieur de la Muce, auquel je prye qu'il vous doint ce que votre cœur désire.

Escript à Rome ce jeudi VIIIᵉ jour de janvier.

Celui qui est le tout vostre,

BERNART DE PERCY.

---

[1] C'était Françoise de Dinan, femme de Guy XIII de Laval. Elle avait porté dans cette maison la baronnie de Châteaubriant. Gouvernante d'Anne de Bretagne, elle conserva un grand empire sur l'esprit de la reine.

Il faudrait, croyons-nous, parcourir beaucoup de lettres de ce temps, et les lettres intimes du xv° siècle sont bien rares, pour trouver dans une missive autant de naturel et de simplicité cordiale.

Mais une des pièces les plus remarquables de cette correspondance, qui provient tout entière des archives de la maison de Rohan, est la lettre suivante adressée de Rome, à la date du 13 janvier, à la reine Anne de Bretagne par Guillaume Briçonnet, évêque de Saint-Malo. Transmise, comme deux des missives précédentes, par la reine à Guillaume Guegen, elle s'est retrouvée, comme elles, dans le chartrier du château de Blain.

Lectres de Monsr. de Sainct Malo escriptes à la royne envoyées de ladicte damme au vice chancelier de Bretaigne.

Madamme très humblement à vostre bonne grâce me recommande, et vous plaise savoir, Madamme, que longtemps a [1] ne vous ay escript pour ce que on ne savoit quel trayn praudroit ce faiz icy de Romme. Il y a xv [2] jours que le roy est icy et il n'a encores riens peu

[1] Pour *il y a longtemps*, forme italienne qui ne nous est pas restée. Elle est regrettable, peut-être, au point de vue de la concision.

[2] Il n'y en avait que treize.

conclure avec nostre dit Saint Père, et ne se sont point encore veuz; j'espère qu'ilz se verront demayn, et que on aura acordé les demandes d'une part et d'autre, et aussitôt que tout sera fait, asseurément en serez advertye. Nostre Saint Père est plus tenu au roy qu'on ne pense, car si ledit seigneur eust voulu obtemperer à la plupart de Messeigneurs les Cardinaulx, ilz eussent fait ung autre pappe en intention de refformer léglise ainsi qu'ilz disaient. Le roy desire bien la reformacion mais ne veult point entreprandre de sa depposicion[1], quelque chose qu'il (Alexandre) luy fait de adhérer à son ennemy et ce qu'il fait contre le roy. Il est en l'appoinctement[3] qu'il (le pape) doibt bailler le turc[4] au roy pour sa seurté durant son entreprinse, et pareillement doit mectre en la compaignie du roy Monseigneur le cardinal de Valence[5], son nepveu ou parant bien pro-

[1] Il est curieux de rapprocher de ce passage les remarques suivantes de Comines à ce sujet : « Je ne saurais dire si le roy fit bien ou mal; toutefois je crois qu'il fit le mieux d'appointer : car il était jeune et mal accompagné pour conduire un si grand œuvre que réformer l'Église, combien qu'il eut le pouvoir; mais qu'il l'eust sceu faire je crois que toutes gens de connaissance et de raison, l'eussent tenu à une bonne grande et sainte besogne. » (Liv. vii, ch. xii.) — L'ambassadeur semble dire que s'il avait été chargé de cette besogne, tout aurait été pour le mieux ! Au reste, toutes les réformes dont il est ici question ne portaient que sur la discipline. Ce furent celles que le Concile de Trente réalisa plus tard à la satisfaction générale.

[3] Dans le projet de traité.

[4] Zizim.

[5] César Borgia.

chain, plus aucunes places de l'Eglise qui sont propres au roy pour son affaire. C'est assavoyr, Civyta Veche (Civita-Vecchia), port de mer pour recueillir les vivres et navires pour le roy, Terrassine, Hostie et Pont de Corve (Ponte-Corvo) qui sont places sur l'entrée du royaulme. Et quant à Messeigneurs les Cardinaulx qui ont adhéré et adhèrent avec le roy, (ils) demourront en leurs estaz et offices, et promect le roy rendre et restituer les choses dessus dictes apres son emprinse faicte, et pareillement ne *l'offendre* (offenser) en temporel et spirituel.

Le roy est allé aujourduy par la ville où il n'avoyt point encores esté, où il y a eu une merveilleuse presse de Rommains à le veoyr; il est aymé et voulentiers veu, plus, en partie, que celluy qui en est seigneur. Si justice regnait mieux qu'elle ne fait on seroit bien venu partout, et adoré; mais les pilleries et rançonnemenz qu'on fait dont pugnicion ou reparacion n'est point faicte, donnent ung mauvais bruyt, et ceulx qui le font sont soustenuz; quoy que ce soit, chascun n'y fait pas ce qu'il doyt.

Les vivres sont merveilleusement chers en ceste ville; aussi je croy que le roy n'y fera pas longue demeure. Hier arriverent à Hostie XXII petiz navires chargez de vivres pour le roy; il en vient bonne quantité sur autres gros navires avec des marchandises, ce qui vient très bien à propos pour le roi et sa compaignie, et aussi à ce que l'argent en retourne en France; à l'occasion de quoy le roy tiendra le plus qu'il pourra le chemyn de la marinne, et aussi que c'est le meilleur pour aller vers

Gayecte (Gaëte) et Napples, qui sont les principalles villes du royaume, où, sur le chemyn, il y a pluseurs places et villes du royaume qui sont ès mains du roy, ainsi qu'il vous plaira veoyr par le double des lettre que on m'a escriptes que je vous envoye[1]. Plus amplement on en a escript au roy.

Madamme devers deux ou troys jours le roy depeschera Messire Jehan Charpentier avec bonnes injonctions pour aller devers le roy d'Angleterre en la compaignie de Monsr. de Bussy, qui est en Normandie, lequel Charpentier aura charge dudit seigneur de tout vous monstrer; pareillement le roy envoyera devers le roy d'Espaigne ung nommé Me. Jehan Merlay qui est... conseiller, pour delà aller avec injonctions que on luy envoyera, devers le roy et royne d'Espaigne pour leur ramentevoyr les promesses qu'ilz ont fait au roy et sermens à ce qu'ilz les vueillent entretenir, que croy bien qu'ilz sont à ceste heure icy à eulx en repentir, car ilz ne pensoient pas que le roy deust venir si avant, dont directement ou indirectement y obvyèrent voulentiers et veullent faire ainsi qu'on dist, en prenant leur coulleur sur l'ayde qu'ils veulent faire à nostre Sainct Père à ce que on ne le troublast pas.

Si ce que dessus est appoincté avec nostre dit Saint Père, ce qu'on espère estre fait enuyt (aujourd'hui), il n'y aura plus cause ni raison s'ilz ne veullent aller contre la promesse et serment de ne pas donner aide au roy Alphonse[2]. Le roy veult aussi envoyer une

---

[1] Lettre de don Juan ci-dessus.

[2] Cette phrase et la précédente ont été évidemment altérées

ambassade vers le roy des Romains, Monsr. du Bous-
chage, ou ung autre, et m'a dit qu'il le veult faire avant
qu'il parte de ceste ville.

Madamme, Dieu mercy selon le temps tout s'est bien
porté jusques icy. Hier mourut Valoys et deux archiers
de la garde; vous avez bien sceu la mort de Sallevert
qui fut tué devant Civyta Veche (Vecchia), dont est
dommaige. Nostredit seigneur vueille le demourant garder et conduyre. Chacun désire qu'on fasse dilligence
de faire ce qui est affaire pour plustost s'en retourner.

Madamme, on n'eust pas pensé que les choses feus-
sent venues si a propos ne s..ost qu'elles sont, et crois
fermement pour abreger que c'est ouvraige de Dieu et
non pas des hommes; car je ne voys personne qui ne
tachât voulentiers que le roy s'en retournast, et mect
on plus de payne à tout rompre que à avancer. J'ay dit
au roy, de par nostre Saint Père, (ce) que luy (le roi
de Naples), vouloyt faire; c'est assavoir, de luy donner
ung million de ducatz pour son deffroy, et quelque
somme tous les ans qui eust été pour le moyns de
cent mille francs, et que ledit seigneur (le roi de France).
se fust désisté de son emprinse de Napples, et de ce
offroyt bailler pleges la seigneurie de Venize, le roy
d'Espaigne et autres, ce que ledit seigneur n'a voulu
accepter. Je crois bien que nostredit Saint Père luy en

par les anciens copistes; avec un peu d'attention, il est cependant possible de les comprendre. Nous verrons avant peu combien le roi et son ministre avaient raison de se defier du roi et
de la reine d'Espagne.

pourra encores parler. On ne saura frapper mauvais coupz, mais que ce soit à l'honneur et avantaige du roy que nous devons tous desirer. Dieu y vueille mectre et envoyer ce qu'il scait estre necessaire, et ramener le roi et sa compaignie en bonne seurté en France.

Madamme, je me recommande tous jours tres humblement à vostre bonne grace, et vous plaira me commander vos bons plaisirs pour les accomplir à mon pouvoir, à layde de Dieu, auquel je prie qu'il vous doint tres longue et bonne vie.

Escript à Romme, le XIIIe jour de janvier.

Cette missive du principal ministre de Charles VIII, la seule, croyons-nous, avec le billet écrit à l'archevêque de Rheims et une lettre adressée de Naples à la reine, le 20 mars suivant[1], qui soit parvenue jusqu'à nous, donne une idée complète de la politique du jeune roi vis-à-vis du Saint-Siége. Elle en montre tous les ressorts. Elle nous permet d'apprécier la modération, l'adresse et la prudence qui y présidaient, malgré tous les efforts et les entraînements contraires. Il ne faut pas oublier, disons-le à l'honneur de Briçonnet, qu'elle est signée d'un prélat accusé par tous les historiens, non-seulement d'avoir conduit le roi en Italie par ambition du

[1] Voir ci-après.

cardinalat, mais d'avoir en mainte occasion sacrifié ses devoirs de ministre et de conseiller intime de Charles VIII, sur lequel il avait sans doute une grande influence, au désir d'obtenir la pourpre romaine. Nous voyons dans cette lettre qu'il avait eu déjà, à la date du 13 janvier, une ou plusieurs entrevues avec Alexandre VI, pour suivre les négociations entamées entre le palais de Saint-Marc et le château Saint-Ange. Le pape, fidèle à son système et à son alliance avec la maison d'Aragon, et il était, comme prince temporel, parfaitement libre d'y persister, s'obstinait à employer tous les moyens de détourner le roi de la conquête de Naples, en se faisant, jusqu'à cette extrémité, l'intermédiaire des offres, de plus en plus séduisantes, de Ferdinand. Si Briçonnet avait été dominé par l'ambition qu'on suppose avoir été l'unique mobile de sa conduite, n'était-ce pas pour le prélat une magnifique occasion d'obtenir, aux dépens de son maître, la faveur du pontife dispensateur de la barette ? Et cependant rien ne se fera, dit-il dans cette lettre à la reine (on ne frappera aucun coup), « si ce n'est à l'honneur et avantaige du roy que nous devons tous désirer. » Souhaitons que cette dépêche, dont l'authenticité n'est pas douteuse, et dont la rédaction n'aurait pas été désavouée par l'habile cardinal Mazarin, serve à réhabiliter, quelque jour, près des historiens futurs, la mémoire d'un homme que la jalousie de Comines et l'injustice des annalistes italiens ont fait descendre, sous le rapport du talent et du caractère, infiniment au-dessous de la place à laquelle il avait droit.

Avant de donner la suite des bulletins officiels adressés par le roi à M. de Bourbon et qui nous mettront au courant des négociations, nous demandons la permission d'insérer ici une lettre du bâtard Mathieu de Bourbon, celui-là même qui resta prisonnier entre les mains des Vénitiens à la bataille de Fornoue. Elle fut adressée de Rome, le 13 janvier 1495, à son frère le bâtard Charles resté en France.

Mon frere, je me recommande à vous, etc. [1].

Jusqu'à ce soir, que la poste est partie de ceste ville, le roy n'avoit point encores parlé à nostre Sainct Père, et ils parlementaient d'un costé et d'autre, et en ces parlemens y a eu des grans debatz. Il y a eu aussi ung des archiers escossays de la garde du roy tué auprès de luy,

[1] Mathieu de Bourbon, ainsi que son frère Charles, était fils naturel de Jean II, duc de Bourbon. Il fut appelé le grand bâtard à cause de ses éminents services, et mourut général de Guienne, gouverneur de cette province et de la Picardie.

d'autres petites folies, et tant que le roy a fait oster la teste à deux Suysses, et pendre ung des archiers de sa garde.

Le Pape a délivré les Cardinaulx qu'il tenoit pricsonniers, et a baillé le turc entre les mains de Monsr. de Sainct Denis, il est question que le Pape donne en hostage le cardinal de Vallence, qu'on dit être nepveu de son frère.

Le roy de Napples tient l'autre filz[1], qui a espousé sa fille, lequel n'est riens que le pape ayme tant, et luy a mandé ledit roy (de Naples) que s'il baille du secours au roy (de France), et luy fait nulle ayde, qu'il luy fera couper la tête, et n'est riens de quoy le pape ait si grant peur.

Le roy fait beaucoup de demandes. Il demande beaucoup de places et des ports de mer, pour se fournir de vivres, et aussi afin qu'il ne luy puyssent nuyre.

Le duc de Calabre s'en est party de ceste ville avec ses gens à sauf conduit, et a mis le feu partout ou le roy doit passer. Il a tout bruslé, et n'est demeuré ni mesons ni burons (chaumières), ni vivres à dix lieux autour où le roy doit passer.

Le roy de Napples amasse le plus de gens qu'il peult, deliberé de se deffendre, et venir au devant à l'entrée du royaume. Là sera le gasteau departy (partagé). Il est mort en ceste dicte ville des gentilz hommes, entre les autres Sallevert, escuier d'escurie, et Valoys, lieutenant

---

[1] Don Guiffré, le plus jeune des Borgia et encore enfant.

du grant seneschal de Normandie. Et à dieu, mon frère, que vous doint ce que vous desirez.

Escript de Romme, le xiii° jour de janvier [1].

Le bruit que Mathieu de Bourbon accueille ici touchant de prétendues menaces du roi de Naples dirigées contre le plus jeune des Borgia, marié, comme on sait, à une des filles naturelles du roi de Naples, n'a été reproduit par aucun historien. C'était une rumeur mal justifiée d'ailleurs par l'obstination d'Alexandre VI à servir jusqu'au dernier moment la cause de la maison d'Aragon, et qui prenait peut-être sa source dans la froide cruauté qu'Alphonse avait montrée depuis son avénement au trône.

Après avoir épuisé les correspondances manuscrites datées de Rome, reprenons la suite des bulletins officiels imprimés et publiés en France.

« Entrée du roi à Rome, » tel est le titre pompeux de la première dépêche que nous rencontrons. Mais, datée du 12 janvier, elle s'occupe principalement, après une courte mention

---

[1] Le manuscrit de la Bibliothèque de Nantes porte en suscription : « A mon tres redoubté seigneur Monseigneur de Rohan. » C'était la suscription de la copie adressée à la maison de Rohan, soit directement par la reine, soit par le vice-chancelier de Bretagne.

de l'entrée du roi dans la capitale du monde chrétien, des négociations non encore conclues avec le château Saint-Ange. La voici :

Le roy fist son entrée à Romme le mercredy dernier jour de decembre avecques grant puissance de gens d'armes armez et bien appoinctez, et les capitaines qui les conduisoient honnorablement par ordre tant à pié que a cheval. Et y entra nostredit seigneur de soir sans que le Pape en sçeust riens jusques au lendemain. Et quand il le sçeut envoya à nostredit seigneur lui requerir donner saufconduit au duc de Calabre, ainsi que cy après plus aplain est desclairé par les lettres qui sensuivent, datées à Romme du douziesme jour de janvier.

S'ensuit la rescription du roy à Monseigneur de Bourbon.

Mon frère, de Neppe (Nepi) [1] vous escripvis bien au long de mes nouvelles, et l'estat en quoy pour l'heure estoient mes affaires. Depuis, nostre saint père le Pape a plusieurs foys envoyé les ambassadeurs devers moi; et moy de ma part j'ay envoyé devers luy des miens. Et tellement ont esté traictées les choses que quant il a veu que j'approuchoie avecques une partie de mon armée de cette ville de Romme, et que en icelle j'avoye bonne intelligence, il a donné chemin au duc de Calabre et à ses gens. Et s'en est allé ledit duc de Calabre

---

[1] Cette lettre a été perdue.

dedens le royaume de Napples. Et avant son partement nostre dit saint père, entre autres choses qu'il demandoit, me fist requerir par plusieurs legatz et cardinaulx bailler seureté et saufconduit audit duc de Calabre et à ses gens pour plus seurement eulx se retirer de peur de la rencontre de noz genz; ce que à sa requeste je lui octroiay liberallement. Et le print et accepta nostredit saint père, en la forme dont je vous envoie le double cy encloz [1]. Aussi nostredit saint père a mys à pleine delivrance les cardinaulx Ascanyo et de Saint-Severin et me les a envoyez au devant avant mon entrée en ceste dicte ville.

Depuis ces choses je me suis tousjours approuchié, et suis entré en ceste dicte ville avec la force de gens d'armes et gens de pié que j'ay voulu. Mais à l'occasion de ce que encores il n'y a rien de conclu entre nostredit saint père et moy touchant ce que je lui ay requis et demandé, pour ma seureté, je ne l'ay veu ni parlé a lui, combien que je m'en soye mis en tout devoir et raison. Toutefois je suis toujours après pour besongner avecques luy, et y conclure. Ce fait, je despescheray la poste par laquelle je vous feray entierement savoir tout ce que fait y sera.

Mon frère, veu la grand declaration que nostredit saint père a faite jusques cy de porter et favoriser mon adversaire en gens, places, argent et autres aides et

---

[1] Ce duplicata manque dans le bulletin imprimé. Du reste, les hostilités commises par le duc de Calabre durant sa retraite avaient annulé radicalement l'acte de générosité du roi de France.

practiques qu'il a menées et conduittes secretement à mon desavantaige et préjudice, je suis conseillié surtout envers lui asseurer mon passage et mon cas. Car si je ne le faisoye vous entendez assez l'inconvenient et mal qui m'en pourrait advenir.

Au demourant, mon frère, j'ay receu une lettre de vous du quinziesme de decembre par laquelle vous me faictes savoir qu'avez mandé aux capitaines estans sur les extremitez du royaume qu'ilz facent les gensdarmes tenir chascun en sa garnison, ce qui a esté très bien fait. Et je vous prie mon frère y avoir l'œil, et vous en donner garde. Aussi je suis seur que bien faire le sçaurez.

Pareillement a esté tres bien advisé de faire mettre sus et tenir prêts les arrières bancs et francs archiers pour si affaire venoit en quelque endroit de nostre royaume que l'on les peust plus promptement recouvrer et s'en servir.

Vous avez bien fait de communiquer au mareschal de Baudricourt touchant les affaires du pays de Bourgogne, et de l'avoir renvoyé pour y veiller et donner ordre au dit pays.

Mon frère, pour ce que je sçay qu'il fault faire des voyages et autres fraitz pour mes affaires, j'escrips aux generaulx Gaillart et de Normendie pour faire payer tout ce que vous ordonnerez.

Au surplus, j'ay sçeu qu'il a esté fait quelque desobeissance au bailliage d'Alençon par les officiers qui y sont et m'a t-on adverty que la desobeissance est grandement contre mon auctorité. A ceste cause je vous prie vous enquerir et informer, et en ce que requerra donner provision. Faictes-le. Et ayez bien regart que telles choses n'ayent point lieu en mon royaume, car vous savez assez les inconvenients et maulx qu'elles peuvent causer en ung pays.

Mon frère, faictes moy souvent savoir de vos nouvelles, de ce que surviendra, et je vous manderay des miennes. Et adieu mon frère. Escript à Romme le XII jour de janvier.

Mon frère, j'ay eu nouvelles et lettres de mes gens que j'ay envoyés devant, que deux comtéz estans en mon royaume de Napples se sont reduictes et mises en mon obeissance et qu'il y a ès dictes comtéz ung grant nombre de bonnes places, desquelles je pourroye estre servy et secouru en mon affaire et entreprinse.

Et pareillement j'ay esté adverty que ceulx de l'Aquille (Aquila) desirent se mettre entre mes mains, et n'attendent sinon que je leur envoye des gens pour ce faire; et espère en briefz jours, à l'ayde de Dieu, vous en mander bonnes nouvelles, et de toutes autres choses. Ainsi signé : CHARLES. Et dessus : *A mon frere le duc de Bourbon et d'Auvergne.*

S'ensuit comme les cardinaulx vinrent parler au roy, luy estant dedens Romme.

Deux jours après que le roy fut entré à Romme, le cardinal de Valence [1] vint par devers luy avecques plusieurs autres cardinaulx. Adonc le roy leur dist que

---

[1] César Borgia.

pour sa demande il vouloit trois choses. La première que le Pape lui donnast conseil et ayde pour conquerir le royaume de Napples. La seconde que pour assurance de ce il luy baillast ledit cardinal de Valence en ostage. Et la tierce qu'il vouloit avoir en sa possession une forte place nommée le castel Saint-Ange pour se retirer quant bon luy sembleroit. Oultre plus il dist qu'il vouloit avoir le Turc, lequel ainsi qu'on dit se veult faire crestien. Laquelle demande fut faicte au Pape, et pour responce le pape dist que à la tierce péticion il n'en feroit riens, et que quant le roy auroit ledit castel Saint-Ange que *Petri ad vincula* vouldroit estre le plus fort dedens : et qu'il ne sauroit ou se retraire : et touchant le demourant qu'il ne demandoit riens au roy : qu'il feist ce qu'il avoit à faire. Et après le roy lui donna encores terme de six jours pour penser aux choses dessusdictes. Il est cheu dudit castel Saint-Ange bien quarante toises de la muraille sans y toucher, dequoy les Rommains se ébahissent grandement, et disent que c'est Dieu qui les veut punyr. On fait tous les jours contreguet dedens Romme nuyt et jour pour garder que les ruffians ne facent plus de meurtres, et aussi pour la seurté du roy. Et tient nostredit seigneur le roy très bonne justice et ne veult nullement qu'on pille Romme. Le prevost de l'ostel du roy nomme Turquer a fait pendre cinq de noz genz en champ de Flore, dont il y avoit deux Mores qui avoient aidé à piller la maison d'un Rommain. Le roy ne veult pas qu'on pille riens en sa court, et en toute l'ordonnance de son ost qu'il n'y ait homme qui osast prendre la valeur d'un denier qui ne soit incontinent puny publiquement, par les prévostz des marechaulx et lieuxtenans [1].

On dit communement en Lombardie, et c'est la voix du commun peuple, que nostredit seigneur le roy sera de brief seigneur des Ytalies et empereur de Constantinople. Et dit on ès parties de Napples et ès environ qu'il subjuguera tout le monde s'il vit encore dix ans. Dieu luy doint bonne prospérité, santé, joye et paradis.

S'ensuyt la rescription que a faicte Mgr de Bourbon à Mgrs de l'ostel de la ville de Paris.

Tres chers et bons amys : il a pleu au roy m'escripre et faire savoir de ses bonnes nouvelles par la poste qui est aujourdhuy arrivée. Et pour ce que je suis asseuré que en desirez fort savoir vous en ay bien voulu advertir, et vous envoye le double des lettres dudit seigneur affin que veyez comment, Dieu-mercy, les affaires se portent très bien, dont je suis très joyeux et croy que si serez vous. Et tousjours de ce que je sauray en serez advertiz. Et très chers et bons amis, messeigneurs, nostre seigneur vous ait en sa digne garde. Escript à Molins le XXIII jour de janvier. Ainsi signé PIERRE.

Et à l'occasion de toutes les choses dessus dictes de la grant puissance donnée audit seigneur par la vertu divine, messeigneurs de la saincte chappelle du Palais

---

[1] Nous avons vu que l'évêque de Saint-Malo n'était pas aussi satisfait de la police de Rome.

à Paris ensemble les ordres des quatre mendiens de Paris en firent notables processions en portant le chief de monseigneur saint Blaise qui fut pape de Romme et après cela messeigneurs de la chambre des comptes en grant devotion [1].

---

[1] Bibliothèque de Nantes. Imprimé en caractères gothiques, sans nom, ni date; relié à la suite des Poésies de Jehan Meschinot.

CHAPITRE VII.

Convention du 15 janvier entre le roi et le pape. — Dépêche du roi à M. de Bourbon. — Entrevue de Charles VIII et d'Alexandre VI. — Lettre du comte de Ligny. — Forme de l'obéissance filiale rendue par le roi au pontife. — La messe pontificale. — Clauses de la convention du 15 janvier. — Le prince ottoman Zizim livré au roi. — Sa mort dans le camp français.

N se figure facilement combien la situation respective du roi, maître de Rome, et d'Alexandre VI, renfermé dans le môle d'Adrien, présentait de difficultés et de dangers, surtout pour ce dernier. La dépêche de Guillaume Briçonnet à la reine nous a fait pressentir la fin de cette épineuse négociation. Ce ne fut que le 15 janvier au soir, c'est-à-dire deux semaines entières après l'entrée du roi à Rome, que le traité définitif reçut la sanction des deux parties. Le roi expédia aussitôt un courrier en France pour en donner, comme il l'avait promis, connaissance à la reine et à M. de Bourbon. Cette dépêche imprimée fut livrée à

une publicité si destructive, que la postérité n'en a recueilli qu'un seul exemplaire. En voici la reproduction [1] :

Mon frère, hyer au soir qui fut le XV⁰ jour de ce présent moys, furent concluz et accordez entre nostre Saint Père et moy les articles dont je vous envoye le double cy encloz. Et par iceulx pourrez veoir bien au long comme je suis demouré envers Sa Sainctité et ce qu'il a fait pour moy et aussi ce que je dois faire pour lui, et comme tous différens sont entre nous pacifiez. Et pour ce que encores je n'avoye veu ni parlé à nostredit Saint Père, je suis ce jourduy matin party du palais Saint Marc ou j'estoye logié et m'en suis venu ouyr la messe en l'eglise Saint Pierre et disner et logier au palais de nostre dit Saint Père, lequel il m'avoit fait préparer : c'est ung très beau logis et aussi bien acoustré de toutes choses que palais ne chasteau que je vis jamais. Et apres disner nostre dit Saint Père qui estoit en son chastel Saint Ange est venu au dit palais et nous sommes entrerencontrez et veuz en ung jardin qui est allentour de la gallerie par laquelle l'on va audit chastel Saint Ange. Il m'a fait grant recueil et de l'honneur largement, et monstré avoir tres bonne affection envers

---

[1] *Le double des lectres du roy nostre sire envoiées à Monsieur de Bourbon depuis son entrée à Romme faisans mencion de l'apoinctement fait entre nostre Sainct Père le Pape et luy selon la forme et manière des articles qui s'ensuivent.* Imp. en caractères gothiques, sans date et sans nom d'imprimeur. Biblioth. de Nantes. Relié à la suite des Poésies de Jehan Meschinot.

moy dont je vous ay bien voulu advertir, et pareillement de la promotion à la dignité cardinale de Monsieur de Saint Malo laquelle ce jourduy par nostre dit Saint Père en ma présence et d'une grant partie des cardinaulx a été faicte à ma prière et requeste.

Mon frère, incontinent que j'auray mis fin à mon affaire d'icy et que j'auray advisé et conclud le chemin que je tiendray au partir de ceste ville de Romme, je le vous feray savoir, et pareillement toutes autres choses qui seront survenues. Faictes moy savoir de vostre part de voz nouvelles, et ce que sera survenu par delà. Et adieu mon frère qui vous ait en sa garde. Escript à Romme le xviie jour de janvier.

Ainsi signé : Charles.   Robertet.

A la suite de la lettre du roi, le bulletin nous donne le récit suivant, intitulé : *La forme de la vue du pape et du roi faite à Romme le* xvie *jour de janvier* :

Le roy alla à la messe à l'eglise de Saint Pierre à Romme et disna au palais de nostre Saint Père, qu'il trouva fort bien acoustré, et où il fut très bien recueilly par les gens de nostre Saint Père. Apres disner vint le Pape qui estoit logié au chasteau Saint Ange, accompaigné de tous les cardinaulx. Quant le roy sceut que le Pape venoit, il marcha au devant de luy dedens ung jardin qui est entre le chasteau Saint Ange et le palais. Et s'approucha le roy pour le vouloir baiser aux piez, et lui fist grant reverence. Mais le Pape marcha en avant et ne donna loysir au roy et ne voulust souffrir qu'il le baisa aux piez ne aux mains, mais le print et le leva et le baisa en la bouche et en la joue, en lui faisant merveilleusement bonne chière. Et ce fait il le print par la main et voulut que le roy le menast par ung costé, et ung cardinal de l'autre, et se retira en sa chambre en laquelle il s'assist en une chaize parée en pontifical, et fist seoir les cardinaulx alentour de luy, comme s'il eust voulu tenir consistoire, et fist asseoir le roy au dessus des cardinaulx. Le roy fist requeste à nostre dit Saint Père qu'il donnast la dignité cardinalle à l'évesque de Saint-Malo. Ce que nostredit Saint Père fist très volontiers, et de l'heure en la présence du roy lui bailla le chapeau et la chappe. Et ordonna qu'il fust logé au palais où est logé nostre dit Saint Père et le roy. Il n'y a entre les deux logis qu'une petite gallerie par où le roy va voir nostre dit Saint Père bien souvent. Nostre dit Saint Père est venu pareillement veoir le roy privément avec un cardinal et deux de ses cabiculaires. Il y a très grande amour et conférence entre eulx deux. Le troisième jour ensuyvant le roy devait faire l'obéissance filiale à nostre dit Saint Père en consistoire.

Avant de relater les articles du traité, ou plutôt d'en donner l'analyse, terminons ce qui a trait aux relations personnelles du pontife et du roi, en insérant ici une lettre de Louis de Luxembourg, comte de Ligny, adressée à son frère aîné. Imprimée à la suite des documents officiels que nous venons de reproduire, elle achève de mettre hors de toute discussion ce qui a été souvent débattu, à savoir la date et la forme exacte de ce qu'on y appelle l'obéissance filiale du roi à l'égard du pontife. Nous avons vu que le pape avait tenu à ce que Charles VIII n'accomplît cette démonstration que comme catholique, et non comme roi. Le témoignage du comte de Ligny concorde parfaitement, sur ce point, avec le bulletin précédent, et ne peut désormais laisser planer aucun doute sur les circonstances qui accompagnèrent un acte de soumission qu'aucun prince de ce temps n'aurait refusé au chef spirituel de l'Église :

LA MESSE PONTIFICALE.

Monsieur je me recommande à vostre bonne grâce.

Au jourduy nostre Sainct Père a créé et publié Monsieur du Mans cardinal lequel est bien tenu au roy de la requeste qu'il en a faicte à nostredit Sainct Père. Car s'il eust esté son bien proche parent il ne l'eust sçeu avoir fait de meilleur cuer, et nostredit Sainct Père et tous messieurs les cardinaulx ont esté aussi contens de le faire et créer, comme ledit sieur a esté de les requerir. Je vous en veulx advertir, car je suis seur que vous n'en serez point marry. Dedans peu de jours nostredit Sainct Père doit envoyer à Monsieur du Mans ledit chappeau.

Monsieur, l'appoinctement de nostredit Sainct Père et du roy est de tous points faict. Lundi le roy fist son obéissance en personne à nostredict Sainct Père en consistoire publique en la grande salle du palais et lui baisa le pié, ce qu'il n'avoit encore fait, et puis parla luy mesmes quelque peu, puis fist dire à monsieur le président Gannay [1] en latin le demourant, lequel parla aussi bien qu'il fust possible. Hier qui fut mardy, nostredit Sainct Père chanta la messe à Sainct Pierre pour l'amour du roy où il y eust la plus belle serimonie que jamais homme vit, comme je croy. Et pour commancer nostredict Sainct Père se fist apporter en une chaire de son palais jusques à ung siege auprès de l'autel comme il a coustume, reservé qu'il avoit la tiarre sur la teste. On dit qu'elle vault troy cens mil ducaz ; il estoit accompaigné à ceste heure là de bien cent evesques qui venoient devant ayans chacun une mytre de tafetas blanc sur la teste et revestuz de diverses chapes ; les cardinaulx venoient après lesdiz evesques au nombre de xx mittres de damas blanc, les evesques cardinaux revestuz de chappes, les prestres cardinaulx de chassubles, et les cardinaulx diacres d'abits de diacres. Et les deux plus anciens diacres de tous eulx le servoient alentour de sa personne. Les cardinaulx qui sont mal contens, combien que leur paix soit faicte, ne gaingnèrent point les pardons ce jour-là, car ilz ne s'y trouvèrent point. Quant nostre dit Sainct Père voullut chanter la messe, mon-

---

[1] Jean de Gannay, seigneur de Persans, premier président au parlement de Paris. Il devint chancelier de France sous Louis XII et mourut en 1512.

sieur de Foix lui apporta jusques à sondit siege les bassins pour laver et fut revestu tout assis en sondit siege. Et après se leva pour aller devant l'autel dire le *Confiteor*. Cela fait s'en alla mettre en son grant siege ou on monte cinq ou six degrés et n'en bouja tout le long de la messe, réservé quant vint à lever Dieu. On chanta deux evangiles et deux epitres en latin et en grec. Il fut servi durant ladicte messe de monsieur de Montpensier, parfoys de monsieur de Bresse, et puis du roy qui donna à laver après qu'il eust usé le corps de Nostre Seigneur de quoy il fist troys pièces et n'en prit que l'une. Les autres furent usées par le diacre cardinal et soubz diacre. Et pareillement du sang en eurent leur part. Pour advertir quant il eust levé Nostre Seigneur il s'en retourna en son dit grant siege et le luy aporta t'on là à recepvoir. Au costé droit du pape près les cinq ou six degrés y avoit deux chaires; en la prouchaine de luy estoit assis le roi et en l'autre le cardinal de Naples, qui est doyen des cardinaulx; et du costé droit, à quatre ou cinq brasses de luy, estoient assis sur un bout les cardinaulx evesques, chacun selon son rang. A la main gauche estoient assis les cardinaulx prestres et les diacres; mais entre deux estoit le despote [1] de la Morée, que vous avez veu, qui apporta à Tours ung autour blanc au roy. Soubz les evesques dont je vous ay parlé estoient assis sur cinq ou six bancs bas les cardinaulx derniers nommez. Nostredict Sainct Père, après

[1] Les princes de Morée et de Servie avaient conservé le nom de Despotes, traduction de leur titre grec.

que la messe fut dicte, donna sa bénédiction en sondit siége à tout le monde. Je croy qu'il y avoit, tant à l'église que dehors, pour veoir ce mistère, plus de xx mil personnes dont il n'y avoit pas cinq cens Rommains que touts ne fussent des gens du roy. Comme nostredit Sainct Père et le roy s'en retournaient, fust monstré le fer de la lance et la véronnique qui sont à l'autre bout de l'église. Et puis nostredict Sainct Père monta en une gallerye de son palais qui est faicte tout à propos regardant en la grant place là où il donna l'absolucion de peine et de coulpe. Et fust ladicte absolucion après publiée par troys cardinaulx en latin, ytalien et en françois, ce qui n'avoit jamais esté fait jusques à ceste heure là.

Monsieur s'il est plaisir ne service que je vous puisse faire, advertissez moy et de bon cueur m'y emploieray, à l'aide de Notre Seigneur, lequel je prie, Monsieur, qu'il vous doint bonne vie et longue. Escript à Romme au palais Sainct Pierre, le xxie jour de janvier.

Le tout vostre serviteur et amy,

LOYS DE LUXEMBOURG [1].

---

[1] Louis de Luxembourg, comte de Ligny, était fils de Louis, connétable de France, et de sa seconde femme, Marie de Savoie, sœur de Charlotte de Savoie, mère de Charles VIII. Le roi le maria richement à Naples. Philippe de Luxembourg, évêque du Mans, dont Louis annonce la promotion au cardinalat, était fils de Thibaud de Luxembourg et de Philipote de Melun. Ils étaient cousins germains.

La lettre du roi, en date du 17 janvier, était accompagnée du texte même du traité conclu avec le pape deux jours auparavant. Ce texte fut imprimé avec la dépêche qui l'annonçait, et il se trouve mêlé à nos documents. Comme on le rencontre dans nos grands recueils, nous n'en donnerons ici qu'une analyse.

Alexandre VI et le roi, après avoir commencé par déclarer que tout ce qui avait été fait de part et d'autre ne l'avait point été avec l'intention de se nuire mutuellement, stipulaient que « nostre dict Saint-Père demeurerait bon père du roi et le roi bon fils et dévôt dudit Saint-Père. »

Alexandre ajoutait qu'il serait content de voir monseigneur le cardinal de Valence « aller avec le roi pour l'accompagner avec décent et honorable état ainsi qu'il était accoutumé, et le roi pour l'honneur du Saint-Siége le recevoir humainement comme il appartient à son état et dignité. » Le terme d'otage n'était pas prononcé. La présence du cardinal dans le camp du roi devait être au moins de quatre mois.

Six longs paragraphes réglaient les conditions concernant la remise au roi de Zizim, frère du sultan Bajazet, lequel se trouvait alors au pouvoir d'Alexandre. Cette clause, pour être comprise, exige quelques éclaircissements.

A la mort de Mahomet II, en 1481, ses deux fils, Bajazet II et Zizim, ou Gem, s'étaient disputé son héritage. Vaincu, le 16 juin 1482, près d'Iconium, le second, ne trouvant point de sûreté sur le continent de l'Asie, était venu chercher un asile à Rhodes même.

« Le grand-maître, Pierre d'Aubusson, et ses » chevaliers, dit Guillaume de Jaligny, se sai- » sirent de sa personne, étant fort joyeux de » l'aventure qui leur était advenue; et espérant » bien d'en faire leur profit, ils donnèrent bon » et sûr ordre pour la garde de sa personne [1]. » Bajazet envoya aussitôt une ambassade au grand-maître de Rhodes pour obtenir qu'on lui livrât Zizim, ou qu'on s'engageât à le retenir prisonnier. C'est cette dernière condition qui fut acceptée par les chevaliers, moyennant le paiement annuel d'une somme considérable destinée à subvenir tant à la garde qu'à la dépense personnelle du prince ottoman.

Pierre d'Aubusson conduisit Zizim en France, où ce prince habita quelque temps une commanderie dans le comté de la Marche. Puis, en 1489, il le céda au pape Innocent VIII, avec la pension que continuait de payer Bajazet. Pendant son séjour en France, Zizim avait repoussé

---

[1] G. de Jaligny, *Histoire de Charles VIII*.

les propositions de Louis XI, qui lui avait offert sa protection s'il consentait à se faire chrétien. Au moment où le grand-maître se disposait à remettre son prisonnier au pape, un envoyé turc vint offrir à Charles VIII toutes les reliques existant à Constantinople, s'il voulait livrer Zizim à son frère le sultan. Charles, sachant que c'était envoyer à la mort ce malheureux prince, dont la personne d'ailleurs ne lui appartenait pas, refusa, mais avec l'intention de le redemander au pape, s'il exécutait un jour son projet, déjà formé, d'attaquer les Turcs et de les chasser de Constantinople.

D'après le traité du 15 janvier, le pape s'engageait, de l'avis du conseil des cardinaux, à livrer au roi le malheureux prince turc, à condition qu'il serait gardé dans le château de Terracine, ou dans une place de l'Etat de l'Eglise choisie par le roi et le pontife. A l'époque du départ de Charles VIII de l'Italie, Zizim devait être remis entre les mains du pape. De son côté, le roi de France s'engageait à défendre le domaine du Saint-Siége, dans le cas où le sultan ferait une descente sur les côtes de la Marche ou sur un autre point. Quand à la subvention payée par le sultan au Saint-Père pour la garde de son frère, et qui s'élevait, déclare-t-on, à la somme considérable de quarante mille ducats, elle devait continuer d'être touchée par la chambre apostolique.

Ostie et Civita-Vecchia étaient consignées dans les mains du roi, comme ports de ravitaillement, mais sans les revenus de ces villes et sans que les Français pussent s'y ingérer dans le fait de la justice. Il était même stipulé que les sujets d'Alphonse pourraient y commercer, munis de sauf-conduits d'Alexandre, condition suffisante pour démontrer avec quelle obstination le pape s'était refusé à toute transaction concernant la couronne de Naples.

Viennent ensuite de nombreux articles où le roi stipule avec Alexandre, qui y consent formellement, des conditions de sûreté, de restitution d'offices, de dédommagements de toute sorte, de restitution de places et de châteaux, de remises en possession de terres et biens, de rentrée en faveur et dignités, de pardon et d'oubli des fautes passées en faveur de plusieurs cardinaux, de Julien de la Rovère, entre autres, de son frère, le préfet de Rome, des barons romains, surtout des Colonna, Vitelli, Sabelli, d'Estouteville, Hieronimo et autres.

Le roi, de son côté, promettait, après avoir fait l'obéissance filiale, de « n'offenser ledit Saint-Père ni en temporel ni en spirituel. » Le pape s'engageait, en retour, à ne permettre à aucun de ses sujets de nuire au roi ou de favoriser ses ennemis « en argent, gendarmes, ni en quelque façon que ce soit. »

Comme on le voit, cette convention, qu'on ne saurait appeler un traité, puisqu'elle ne contenait que des articles transitoires et ne réglait que des difficultés de détail nées à l'occasion du passage de l'armée française dans les États du pape, ne méritait pas d'arrêter si longtemps Charles VIII dans la capitale du monde chrétien. On a essayé d'en expliquer l'insignifiance par la faiblesse ou la condescendance intéressée des négociateurs. On oublie que les conditions en furent discutées durant quinze jours par le roi lui-même, entouré de ses ministres et des principaux chefs de son armée. Il vaudrait mieux avouer qu'Alexandre, bloqué dans le tombeau d'Adrien, se refusa constamment, et avec une courageuse fermeté, à transiger sur la question de l'investiture, question qui était la seule importante, et dont, pendant quinze jours, on espéra vainement la solution. Nous verrons bientôt que la conquête de Naples, la fuite des princes en Sicile et la soumission facile et presque complète du royaume ne réussirent même pas à ébranler la fidélité du pape à la cause aragonaise.

Arrivés au point où nous en sommes, apparaît clairement la faute que l'on avait commise en prenant son chemin par Rome. Il aurait beaucoup mieux valu, partant du quartier général de Bracciano, passer le Tibre vers son embouchure et se jeter hardiment, comme le ferait une armée moderne, entre Naples, qui nous ouvrait les bras, et l'armée du duc de Calabre, qui s'était déjà montrée incapable de nous opposer une résistance sérieuse. Au lieu de ce mouvement décisif, le roi, entouré de son armée, perdit plusieurs semaines à solliciter en vain d'un vieillard renfermé dans un tombeau l'investiture d'un royaume sur lequel il avait des titres réels, suffisants, et conformes au droit public du temps. Je m'empresse d'ajouter néanmoins qu'arracher par la violence ce que le pontife refusait d'accorder librement, c'eût été commettre une faute bien plus grave encore.

Quant au prince ottoman, dont le sort était si minutieusement réglé par la convention du 15 janvier, il est probable que Charles VIII tenait surtout à sa possession, dans l'espérance d'en tirer grand parti à l'époque où il exécuterait la croisade projetée. Mais le malheureux captif ne devait plus servir d'instrument à aucun dessein exécutable en ce monde. A peine sorti de Rome, il mourut, le 20 février, dans le camp français. Les historiens affirment que sa mort ne fut pas naturelle, en ajoutant toutefois que le poison qui lui avait été administré n'avait pas été préparé par des mains françaises. Aucune preuve d'un crime, dont le premier résultat aurait été la suppression du tribut de 40,000 ducats payés par Bajazet, et que la chambre apostolique s'était réservé, n'a été apportée à l'appui de cette allégation. Ne serait-il pas beaucoup plus naturel de penser que cet infortuné, usé par une longue captivité et par un exil de treize années, succomba à quelque lente consomption, dont son pâle et mélancolique visage présentait tous les symptômes ?

CHAPITRE VIII.

Départ de Charles VIII de Rome. — Changement de règne à Naples. — Impopularité d'Alphonse et de son père, Ferdinand Ier. — Prise de Montefortino et de Monte di San-Giovanni. — Lettres du roi publiées en France. — Défection de l'armée napolitaine. — San-Germano livré sans combat. — Ferdinand II à Naples. — Il délie ses sujets du serment de fidélité et s'enfuit de Naples. — Entrée de Charles VIII à Naples.

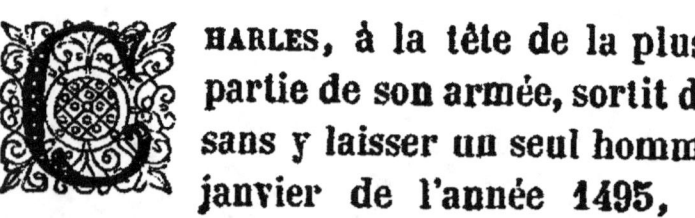

CHARLES, à la tête de la plus grande partie de son armée, sortit de Rome, sans y laisser un seul homme, le 28 janvier de l'année 1495, après y avoir passé près d'un mois. Il se proposait de traverser le Latium et de prendre sa route vers Naples par Ceprano, Aquino et San-Germano, en s'éloignant un peu plus de la mer que ne le fait la voie directe suivie aujourd'hui par les voyageurs et construite depuis cette époque à travers les Marais-Pontins.

Une nouvelle révolution, ou, du moins, un changement de règne, s'opérait en ce moment à Naples.

De tous les symptômes que nos ambassadeurs avaient recueillis, et dont on avait tenu compte pour calculer les chances de succès de notre expédition en Italie, il n'y en avait pas de plus certain que la désaffection profonde des Napolitains pour les princes régnants de la famille aragonaise.

Alphonse, associé au règne de son père, Ferdinand, longtemps avant de monter lui-même sur le trône, héritait de l'impopularité de celui-ci, bientôt accrue par sa propre cruauté.

A peine couronné, il avait fait conduire dans l'île d'Ischia plusieurs princes et barons longtemps retenus prisonniers par son père dans des culs de basse-fosse, et là il les avait fait assommer par des Maures à son service. Parmi eux se trouvait le duc de Sessa et même le prince de Rossano, qui était le propre beau-frère du roi Ferdinand. Le fils de celui-ci fut retrouvé par les Français dans les cachots de Naples.

« Nul homme, dit Comines, n'a été plus
» cruel que luy, ni plus mauvais, ni plus vi-
» cieux et plus infect, ni plus gourmand. Le
» père était plus dangereux, car nul ne se con-

» naissait en luy ni en son courroux ; en faisant
» bonne mine il prenait et trahissait les gens. »

Quant à Alphonse, père de Ferdinand de Calabre, il était d'une avarice dont les historiens ont cité de curieux exemples. N'étant encore que prince, il avait des troupeaux de porcs qu'il donnait à garder; il fallait qu'on les lui rendît engraissés et qu'on les remplaçât quand ils crevaient. Parfois il achetait, surtout dans la province fertile de la Pouille, la récolte de froment en vert, et les olives avant leur maturité; puis il revendait ces deux produits, de première nécessité, le plus cher qu'il pouvait. S'ils baissaient de prix, il employait la violence, soit pour contraindre les acheteurs à prendre son grain ou ses olives au taux fixé par lui, soit pour défendre aux autres propriétaires de vendre leurs produits avant qu'il eût écoulé les fruits de son monopole. Si quelque seigneur passait pour économe, il le contraignait à lui livrer ses épargnes. Il confisquait les haras de chevaux, que beaucoup de barons avaient formés avec grand soin, et les faisait nourrir, sans indemnité, dans des pâturages appartenant à des particuliers. Comines assure qu'Alphonse avait, avec le consentement de son père, vendu treize mille ducats l'évêché de Tarente à un juif pour son fils qui se disait chrétien. Selon le même, il avait donné une abbaye à un fauconnier, en lui disant : « Vous entretiendrez tant d'oiseaux et les nicherez à vos dépens, et tiendrez tant de gens à vos frais [1]. » Ces traits d'avarice et de cruauté avaient complétement effacé dans la mémoire du peuple le souvenir du règne du grand Alphonse, lequel avait autrefois, et à juste titre, joui de l'affection de ses sujets.

En apprenant la retraite, ou plutôt la fuite de son fils Ferdinand, duc de Calabre, devant l'armée française, Alphonse, si arrogant jusque-là, fut frappé d'une véritable stupeur. « Il entra en telle peur que toutes les nuits il ne cessait de crier qu'il voyait les Français ; que les arbres et les pierres criaient : France ! [2] » Désespérant de faire face à l'orage, il résolut d'abdiquer et de remettre la couronne à son fils le duc de Calabre. Il se flattait que sa retraite désarmerait la haine publique, et que ses sujets, en voyant sur le trône un jeune prince de grande espérance et doué de brillantes qualités, retrouveraient en eux un reste d'affection pour la maison d'Aragon. Cette résolution, prise plus tôt, aurait peut-être produit l'effet qu'Alphonse en attendait. Mais il était trop tard. Tout annonçait à la

---

[1] Comines, liv. VII, chap. XI.
[2] Comines, liv. VII, chap. XI.

maison d'Aragon, sans même ajouter foi à des présages funestes recueillis de toutes parts, une catastrophe prochaine et que rien ne pouvait conjurer.

A peine Ferdinand II eut-il été couronné à Naples, avec le cérémonial usité, qu'Alphonse communiqua secrètement à sa belle-mère, Isabelle de Castille, son projet de s'enfuir en Sicile sans vouloir en instruire son fils ni même son frère, Don Frédéric. Il partit de Naples avec quatre galères remplies surtout de vins précieux, sans rien ordonner de ses meubles et de ses biens. Il y avait un an moins trois jours qu'il avait succédé à son père. Il s'enfuit, chargé de la haine de deux règnes, à Mazzari, en Sicile, ville que sa belle-mère avait reçue en dot de Ferdinand, roi d'Espagne, et alla s'y cacher dans un monastère d'Olivetains, où, sans prendre l'habit de moine, il adopta toutes les pratiques et s'imposa toutes les austérités commandées par la règle. Il ne tarda pas à y mourir d'une maladie cruelle. On lit encore dans le réfectoire de ce couvent une inscription faisant foi de l'humilité profonde avec laquelle le fastueux Alphonse, oubliant sa vie passée, mangeait avec les moines, les servait à table et couchait sur un grabat. Il y a cependant trois mots de trop gravés sur ce marbre. Ce sont ceux d'après lesquels il aurait été sur le trône le plus juste, le plus invincible et le plus magnifique des rois [1].

Charles VIII venait d'atteindre Velletri. C'est dans cette dernière ville que César Borgia, cardinal de Valence, s'évada du camp français où il devait rester comme légat. De son équipage, formé de douze fourgons, il n'avait emmené qu'un chariot. C'était celui qu'il avait affecté d'ouvrir publiquement et qui était rempli de vaisselle d'or et d'argent. Quant aux autres, ils ne contenaient que des pierres.

Cette évasion avait tout l'air de se rattacher à une notification que l'ambassadeur d'Espagne près de Charles VIII, Antonio de Fonseca, fit au roi à Velletri même, de la part de ses maîtres, Ferdinand et Isabelle. Cette déclaration avait pour but de protester au nom des rois catholiques (tel était le nom que l'on donnait à Ferdinand et à Isabelle), contre l'ambition des Français. Les époux-rois s'étaient engagés, disait-on, dans ce manifeste, à ne point troubler Charles VIII durant son expédition en Italie, parce que le roi de France avait annoncé qu'il se proposait uniquement de faire valoir ses

[1] Alphonso Aragonio II, regi justissimo, invictissimo, munificentissimo, olivetanus ordo ob singularem beneficentiam cum quâ vixit ut, regiâ majestate depositâ, cum eis unâ cibum caperet, ministris Dei ministraret, lectitutaretque.

droits sur le royaume de Naples pour attaquer ensuite l'Empire turc. Les rois d'Espagne avaient entendu par là que Charles soumettrait humblement ses prétentions à l'arbitrage du pape suzerain et qu'il respecterait sur son passage les autres Etats indépendants de l'Italie. Au lieu d'adopter cette marche conciliante, ajoutait-on, il avait encouragé des révoltes à Pise et à Florence, levé des contributions énormes à Lucques et à Sienne, occupé une chaîne de places fortes, des frontières du Milanais aux confins du royaume de Naples, et enfin violenté le chef de l'Eglise, dont il retenait le fils plutôt comme un ôtage que comme légat. Fonseca parlait au roi en présence de tous les chefs de l'armée sans se laisser intimider par leurs murmures et leurs reproches. Bientôt une violente altercation s'ensuivit. L'ambassadeur termina en déchirant l'original même du traité de Barcelone qu'il avait entre les mains, et enjoignit à deux capitaines espagnols qui servaient dans l'armée française de la quitter dans un délai de trois jours, sous peine du crime de lèse majesté. Ces menaces n'intimidèrent ni le roi l'armée. De Velletri, l'avant-garde fut portée à Monte-Fortino, ville située dans la campagne de Rome et appartenant à Jacques Conti, baron romain, qui avait quitté notre parti pour ne pas servir avec les Colonna, nos alliés et ses mortels ennemis. Cette défection fut cruellement punie. Monte-Fortino, foudroyée par l'artillerie française, fut prise d'assaut et saccagée.

L'armée atteignit ensuite Monte di San-Giovanni, fief du marquis de Pescaire, attaché à la famille aragonaise. Comme Monte-Fortino, cette place était située dans la campagne de Rome, qui, appartenant presque tout entière à des barons à peu près indépendants, ne jouissait guère du gouvernement plus régulier des papes. Les Français y donnèrent un si furieux assaut, qu'après l'avoir battue quelques heures, ils l'emportèrent le jour même sous les yeux du roi.

Les suites de ces assauts furent terribles pour la garnison et les habitants qui s'étaient associés à la défense de ces places. Cette manière de faire la guerre acheva de répandre l'épouvante, mais elle commença peut-être aussi à nous aliéner les cœurs. « Les Italiens, depuis plusieurs siècles, dit Guichardin, se contentaient dans leurs guerres de dépouiller les vaincus qu'ils renvoyaient ensuite, de piller les villes prises d'assaut, d'en faire les habitants prisonniers pour en tirer des rançons, mais ils épargnaient toujours ceux qui survivaient à la défaite [1]. »

[1] Guichardin, liv. I, chap. IV. L'*Histoire d'Italie* n est divisé

Il faut remarquer cependant que Monte-Fortino et Monte di San Giovanni se trouvaient dans des positions tout à fait irrégulières. Elles n'appartenaient point au pape, bien que situées dans ses États. C'étaient, à dire vrai, des fiefs et des propriétés particulières, l'une aux Conti et l'autre à la famille des marquis de Pescaire. S'opposer au passage de l'armée du roi de France, c'était pour ces barons agir un peu en forbans ; il ne faut donc pas s'étonner qu'à une époque où les lois de la guerre s'écartaient si souvent de celles de l'humanité, l'armée française, où l'on comptait beaucoup de Suisses et d'Allemands, ait exigé non-seulement l'accomplissement de la vengeance à laquelle elle croyait avoir droit, mais aussi toutes les conséquences lucratives du sac d'une ville prise d'assaut.

C'est sous le bénéfice de ces explications que nous allons donner deux lettres où Charles VIII

en livres et chapitres que dans les traductions françaises. Nous citons ici celle de Buchon.

« La prinse de Napples, avec les lettres que le roy a envoyées à monsieur de Bourbon, depuis son partement de Romme, et premierement celle du ix⁰ jour de février. » Imprimé en caractères gothiques, sans lieu ni date, ou nom d'imprimeur. Bibliothèque de Nantes; relié à la suite des Poésies de Jehan Meschinot.

raconte lui-même ces événements. Elles figurèrent dans les bulletins imprimés à Paris et c'est là que nous les retrouvons.

Mon frère, pour tousjours continuer à vous faire savoir de mes nouvelles, aujour d'huy j'ay fait mettre le siége devant une des places de tout ce pays la plus renommée, tant pour la force que pour le lieu ou elle est assise, nommée la ville de Mont Sainct Jehan, qui estoit au marquis de Pescaire, tenant party contre, et près de mon chemin. Laquelle combien que je l'aye fait sommer de me donner vivre et passage pour mon emprinse, a respondu autrement qu'elle ne devoit.

Et desjà, depuis longtemps elle ne cessoit de faire la guerre, brusler, prendre, et dommaigier entour d'elle tous ceux qu'elle savoit estre mes amys et alliez, et qui tenoient mon party : mesmement ceulx de la terre de l'Esglise, depuis que j'estoye entré dedans Rome. Devant moy est au jourd'huy arrivé à la dicte place mon cousin de Montpensier avec mon artillerye pour les approches et après avoir tiré ma dicte artillerie par l'espace d'environ quatre heures tellement que la bréche sembla estre assez raisonnable pour l'assaillir, j'ay fait donner l'assault par les hommes d'armes et autres gens d'une si bonne approche que combien qu'il y avoit de six à sept cens bons hommes de guerre, oultre les gens de la ville, à la fin, grâces à Dieu, du premier assault, elle a esté emportée et prinse à mon petit dommage et à leurs despens, punition et grant exemple pour ceux qui vouldroient faire semblablement à l'encontre de moy. Et je croy que la peine qu'ilz m'ont donnée leur a esté bien cher vendue.

Mon frère, en tirant tousjours mon dit chemin j'ay espoir à l'aide de Dieu d'estre dans deux ou trois jours pour gaigner le passaige de Saint Germain que garde le duc de Calabre, entrée du royaulme, avec grant nombre de gens. Je vous feray tousjours savoir ce que viendra de nouveau. Je vous prie que de vostre part veuillez pareillement faire, vous disant à Dieu, mon frère, auquel je prie vous avoir en sa garde.

Escript à Veroli, le neuvième jour de février.

Ainsi signé :

Charles.

Autres lettres datées du XIe *jour de février.*

Mon frère, depuis les dernières lettres que je vous ay escriptes et pour tousjours vous advertir des choses ainsi qu'elles surviennent, tirant mon chemin au pays Saint Germain, j'envoiay mon cousin le comte de Montpensier et sa bande à une ville qui est à IIII mil d'icy; laquelle tenait contre moy, et est une des places de ce pays très renommée de force [1]. Touteffois pour ce qu'elle eust peu porter quelque dommage, se je l'eusse laissée derrière, j'ay trouvé par conseil que je la desvoye avoir en obéissance fust ce par amitié ou par force. J'ordonnay à mondit cousin ou son lieutenant

---

[1] Monte Fortino.

de l'envoyer sommer ainsi qu'on avoit fait aux autres par où je suis passé, ce qu'il fist par deux foiz, mais ilz n'ont jamais voulu faire ouverture. A ceste cause, je partis hyer matin d'icy, et m'en allay disner au logis de mondit cousin. Et l'après disner je descendys devant ledit Mont Fortino, lequel estoit desjà par mon ordonnance assiegé par ung nombre de mes gens d'armes. Et à mon arrivée je feis tirer mon artillerie et en peu de temps donner l'assault en telle manière que de la prémière poincte ilz n'arrêsterent oncques une heure que mesdits gens d'armes ne fussent entrez dedans, et la prindrent par force en ma présence, dont je vous en ay bien voulu advertir. Je vous asseure, mon frère, que je veis le plus bel esbat du monde et ce que jamais n'avoye veu, c'est à dire aussi bien et hardiement assaillir et combatre qu'il est possible.

Au surplus j'espère partir demain pour retourner au logis de mondit cousin de Montpensier, auquel se trouveront tous les capitaines de sa bande et ceulx que j'ay avec moy pour, avec eulx et par conseil, prendre conclusion de ce que j'auray à faire pour aller passer ce pas de Saint-Germain, lequel on dit estre fortifié par le duc de Calabre qui y est en personne avec ung grand nombre de gens.

J'ay ce jour d'huy receu lettres de ceulx de l'Aquila, lesquelz m'escrivent comme subgetz et continuent de plus en plus en leur bon vouloir, et desjà en se declarant ouvertement ont commencé à forger monnoye où sont mes armes ainsi que vous pourrez veoir par une piéce que je vous envoie cy dedans enclose.

Pareillement j'ay receu lettres de la cité de Salerne qui est une belle et grant cité comme on dit, et j'ay sçeu qu'ilz m'ont fait serment de toute fidelité comme subgetz. De ce qui surviendra serez tousiours adverty. Aussi je vous prie, mon frère, que de vostre part vous me fassiez souvent savoir de vos nouvelles, et sur tout donnez ordre au fait et recouvrement de mes deniers et à les faire monnoyer pour subvenir à mon afaire. Et à Dieu, mon frère, qu'il vous ait en sa garde. Escript à Veroli le 11e jour de fevrier.

Signé CHARLES et ROBERTET.

Autres lettres du XIIe jour de février.

Mon frère, dès hyer au matin je vous ay fait scavoir la prinse de Monte Fortino et la façon comment elle fut prinse d'assault, et au soir je reçeus vos lettres qui faisaient seulement mention que vous avez receu les articles de l'appointement fait avec nostre saint père, et comment vous l'avez fait publier par le royaume.

Mon frère hier soir à deux heures de nuyt mon cousin le comte de Guise me fist savoir comment il avoit mis en mon obéyssance deux places nommées l'une Roquesecque (Roccasecca) et l'autre Roqueguillerme qui sont deux très bonnes places, ausquelles estoient de troys à quatre mil hommes d'armes de guerre qui de bonne chière les ont abandonnées. Et depuis, environ la minuit, mondit cousin m'a escrit que le jeune roy Ferrant, qui estoit à Saint Germain, s'en est allé avec toute sa puissance abandonnant la ville et chasteau. Et dès l'heure plusieurs de mes gens d'armes sont entrez dedans, ce qui me vient bien à point, car c'estoit toute l'entrée du royaume pour tirer avant, et pour l'achèvement de mon entreprinse.

Mon frère d'autre part je receuz lettres hier de mon cousin le mareschal de Rieux, par lesquelles il me fist savoir que mardy dernier il saillit environ deux cents hommes darmes de mes ennemys pour venir voir sa contenance et ce qu'il faisoit, mais il sortit sur eulx IIIIxx ou cent hommes d'armes des miens, qui les mirent en fuyte. Il en est demeuré des leurs environ cinquante ou soixante tant morts que prisonniers. Je m'en pars au jourd'uy de ceste ville de ......, et dedens deux jours je seray, si Dieu plaist, audit lieu de Saint-Germain.

Mon frère, je vous feray tousiours savoir le plus souvent que je pourray de mes nouvelles. De vostre part faictes m'en aussi savoir. Et adieu mon frère. Escript à ...... le douzième jour de février.

Ainsi signé Charles et Dubois.

Autres lettres du xive jour de février.

Mon frère, j'ay fait tarder jusques icy le partement de la poste, pour ce que je vous voulois bien escrire et advertir de mon entrée en ceste ville de Saint Germain, laquelle est la première de mon royaume de Napples. Et par les habitans d'icelle m'a esté fait obéissance, serment de fidelité et recongnoissance comme vrais subgetz en me donnant très bonne espérance. Au surplus de ma conqueste le roy Alphonse, depuis XV jours ença, est sorty de Napples, et l'on dit qu'il s'en est allé par mer avec une grande somme de ducatz, ou en Espaigne, ou en l'isle de Cecylle, mais jusqu'ici il n'y a point de certaineté où il est. Avant son partement il a laissé le tyltre de roy au duc de Calabre son filz. Je faiz et feray au demourant de mon affaire la plus grande diligence que je pourray.

Et ce jour d'huy j'ay avec mon armée et la pluspart de mes capitaines fait assemblée pour adviser et conclure ce que j'auray à faire. Et j'espère à l'aide de Dieu vous aller veoir plus tôt que vous ne pensez.

Escript en ma ville de Saint-Germain, le quatorzième jour de fevrier.

Ainsi signé : CHARLES et ROBERTET.

Et au-dessus : A mon frère le duc de Bourbonnois.

Comme on le voit par ces lettres, le roi et ses lieutenants ne rencontraient plus aucune résistance. Ferdinand, après la solennité un peu triste de son couronnement, s'était porté à Saint-Germain. Son armée, encore composée de cinquante escadrons de cavalerie et de six mille hommes de pied, commandés par d'excellents capitaines, occupait une position bien choisie. Saint-Germain est entouré d'un côté par de hautes montagnes, et de l'autre par des marécages. Enfin, la rivière du Garigliano, parfois guéable à la vérité, en défend les approches du côté des États romains. Ferdinand n'avait pas oublié de faire garder sur la montagne voisine le pas de Cancelle par où la position aurait pu être tournée.

Mais l'armée napolitaine était déjà démoralisée. La fidélité de ses chefs commençait à chanceler. Convaincus de l'inutilité de la résistance, les uns désiraient s'assurer de la conservation de leurs biens, tandis que les autres voyaient, en traitant des premiers avec les Français, le moyen d'en acquérir. La prise de Monte di San-Giovanni, l'approche du maréchal de Gié, avec trois cents lances et deux mille hommes d'infanterie suffirent pour que l'armée napolitaine évacuât Saint-Germain, et se retirât à Capoue, mais avec tant de précipitation et de frayeur qu'une partie de la grosse artillerie fut abandonnée par les chemins.

Frédéric comptait encore sur l'affection des habitants de Capoue, grande ville bien fortifiée, et défendue par la rivière du Vulturne, plus profonde que le Garigliano. Enfin, il avait derrière lui Naples et Gaëte sur lesquelles il pouvait se retirer s'il était forcé dans Capoue.

Mais à peine entré dans cette dernière ville,

une lettre de la reine-mère lui annonça que les esprits étaient tellement émus dans la capitale même, que sa présence y devenait indispensable pour éviter une révolution. Il partit donc à la hâte de Capoue en promettant d'y revenir le lendemain.

Jean-Jacques Trivulce, chargé de la défense de Capoue, avait déjà pris son parti. Il avait demandé secrètement à Charles VIII un sauf-conduit et une entrevue au camp de Calvi, quartier-général du roi. Il s'y rendit avec quelques-uns de ses lieutenants. Introduit tout armé devant le roi, il lui déclara au nom des Capouans et de l'armée qu'ils étaient résolus à suivre sa fortune pourvu qu'on leur fît des conditions convenables. Il ajouta qu'il n'avait aucune mission de Ferdinand, mais qu'il ne désespérait pas de l'amener lui-même à composition si le roi consentait à le traiter comme il convenait à un prince de son rang.

Charles s'empressa de répondre qu'il acceptait les offres des Capouans et de l'armée, et que si Ferdinand voulait se contenter des établissements et des honneurs qu'il lui assurerait en France en dédommagement du trône de Naples, il le recevrait dans son camp avec tous les égards dus à sa personne.

Trivulce était un gentilhomme milanais représentant une des familles les plus puissantes de la Lombardie. Ennemi mortel de Sforze et des San Severini, tout puissants près de Ludovic, il avait offert, suivant l'usage en Italie, ses services à la maison d'Aragon. On a supposé avec quelque raison que, dans la prévision d'une rupture prochaine entre Charles VIII et le duc de Milan, il était bien aise de hâter le moment où le roi de France, maître de Naples, pourrait tourner librement ses armes contre son ancien allié. S'il abandonna un des premiers, et un peu trop tôt, la maison d'Aragon, il resta fidèle à la France jusqu'à sa mort. Il la servit sous trois rois dans les plus hautes positions militaires et il mourut de chagrin d'avoir reçu de François Ier, dit Brantôme, un léger reproche qu'il n'avait même pas mérité [1].

A son retour dans Capoue Trivulce apprit que les soldats débandés avaient déjà pillé les meubles de la maison de Ferdinand et enlevé ses chevaux. La cavalerie s'était dispersée. Virginio Orsini et le comte de Petigliano s'étaient dirigés avec leurs compagnies sur Nola, ville appartenant au dernier de ces seigneurs. Ils se rendi-

---

[1] Jean-Jacques Trivulce vint à Nantes sous Louis XII, chargé de quelque mission militaire. Les archives de la ville renferment un état des dépenses faites par la communauté pour sa réception.

rent plus tard aux Français, mais les conditions de leur soumission furent mal comprises. Restés prisonniers sur parole jusqu'à la bataille de Fornoue, ils profitèrent de cette journée pour s'évader du camp français.

Ferdinand n'apprit ces tristes nouvelles qu'à deux milles de Capoue où il s'empressait de revenir après avoir rétabli, en apparence du moins, le calme dans sa capitale. Vainement, il conjura les habitants de le recevoir dans leur ville. Repoussé malgré ses supplications, il revint à Naples, persuadé que le royaume entier allait suivre l'exemple des Capouans. Il ne se trompait guère. Averse se hâta d'imiter Capoue, et Naples brûlait d'en faire autant.

Ferdinand II qui, durant ce règne si court, ne manqua ni d'énergie ni de dignité, convoqua une nombreuse assemblée sur la place du Château-Neuf, qui était alors la résidence des rois. Il déclara devant cette réunion, où figuraient beaucoup de gens du peuple, qu'il se sentait assez de courage pour terminer son règne et même sa vie avec la dignité d'un souverain descendu de plusieurs générations de rois, mais que ce parti extrême exposerait la patrie à trop de calamités. Abandonné par l'armée, et trahi par ses chefs, il conseillait donc aux Napolitains de traiter avec le roi de France, et, dans ce but, il les dégageait du serment de fidélité qu'ils lui avaient si récemment prêté. Ces paroles touchantes n'excitèrent même pas la compassion des assistants. Le souvenir du père et de l'aïeul fermait tous les cœurs à la pitié. A peine Ferdinand fut-il rentré dans le château que le peuple se mit à piller ses écuries, situées dans le voisinage. Outré de cette indignité, il sortit suivi de peu de monde et chargea les pillards qui s'enfuirent en désordre.

Il ne lui restait plus qu'à préparer sa fuite. Il fit brûler ou couler à fond les vaisseaux qui restaient dans le port. Craignant, d'après quelques indices, que la garnison allemande du Château-Neuf ne songeât à le livrer aux Français, il lui abandonna les meubles précieux qui s'y trouvaient, et, profitant du moment où ces avides mercenaires s'occupaient à en faire le partage entre eux, il s'évada par la porte del Soccorso, après avoir fait ouvrir les prisons aux barons échappés en petit nombre à la cruauté de son père et de son aïeul. Il s'embarqua sur une galère, suivi de son oncle, don Frédéric, de la reine, veuve de Ferdinand son aïeul, de Jeanne, sa fille, et d'un petit nombre de domestiques, et fit voile pour l'île d'Ischia[1]. Tant qu'il aperçut sa capi-

[1] Il ne s'évada du Château-Neuf qu'après l'occupation de la ville par l'avant-garde française.

tale, il répéta plusieurs fois à haute voix le verset du psaume CXXVI, où il est dit : « C'est en vain qu'on garde la ville, si Dieu lui-même ne veille à sa défense. »

Après la fuite de Ferdinand le nom seul du roi vainqueur lui soumit le reste des provinces. La présence de d'Aubigny, sans armée, et celle de Perron de Baschi amenèrent la reddition de plusieurs villes de la Calabre. Celles des Abruzzes en firent autant, sauf Gallipoli et une autre place. La Pouille députa vers le roi. Otrante, Monopoli, Trani, Manfredonia et même Tarente se soumirent sans résistance. « Ils venaient trois journées, au-devant de nos gens, des cités pour se rendre, et tous envoyèrent à Naples et y vinrent tous les princes et seigneurs du royaume pour faire hommage, excepté le marquis de Pescaire; mais ses frères et neveux y vinrent[1]. » C'est à Averse que les députés de Naples s'étaient rendus pour offrir au roi les clefs de sa nouvelle capitale. Dès le lendemain, 21 février, il y fit son entrée. Il y fut reçu avec une si grande allégresse et de si bruyantes acclamations, qu'on eût cru, dit Guichardin lui-même, qu'il était le père et le fondateur de cette ville. La population y accourut tout entière sans dis-

[1] Comines, l. VII, chap. XIII.

tinction d'âge, de sexe, de condition et même de parti, car on y remarquait les amis les plus connus de la maison d'Aragon, mêlés aux restes de ce qu'on appelait auparavant la faction d'Anjou.

On remarquait auprès du roi les représentants de presque toutes les grandes familles du royaume. En première ligne figuraient, à bon droit, le prince de Salerne et celui de Bisignano, revenus de France. A côté d'eux, on signalait le duc de Melfi, le duc de Gravina, le vieux duc de Sora, les frères et les neveux du marquis de Pescaire, le comte de Montorio, les comtes de Fondi, d'Atripalda, de Celano, de Troïa, celui de Popoli que l'on avait trouvé dans les prisons, le marquis de Venafro, tous les Caldoreschi, et les comtes de Matalora et de Merillano.

Entouré de cette pompe et ravi de cet enthousiasme, le roi, après avoir fait une station à la cathédrale, s'établit au château de Capoue, ancienne résidence des rois de la maison française d'Anjou.

Charles VIII n'avait mis que quatre mois et dix-neuf jours pour venir d'Asti à Naples à la tête d'une nombreuse armée. A cette époque, où les voyages se faisaient lentement, un ambassadeur avec sa suite en eût mis presque autant. Aussi,

Alexandre VI disait-il que les Français avaient traversé l'Italie avec des éperons de bois, précédés de fourriers la craie à la main pour marquer leurs logis.

Ce ne fut pas sans une vive satisfaction, sans doute, que l'ambassadeur de Charles VIII à Venise et son futur historien, Comines, apprit l'entrée de son maître dans la capitale de son nouveau royaume. Moins fâcheux ou plus sincère, c'eût été pour lui le moment de faire amende honorable devant la postérité de cette sorte de parti pris touchant ce qu'il appelait le voyage d'Italie. Aussi regrette-t-on de voir le vieil ambitieux déclarer de nouveau que l'on avait pu voir « dès le commencement de l'entreprise de ce voyage que c'était chose impossible aux gens qui le guidaient, si le secours ne fût venu de Dieu seul qui voulait faire son commissaire de ce jeune roi, bon, si pauvrement pourvu et conduit pour châtier rois si sages, si riches et si expérimentés et qui avaient tant de personnages sages à qui la défense du royaume touchait, et qui étaient tant alliés et soutenus. » C'était, il faut le dire, pousser trop loin le regret de jouer un rôle subalterne dans cette entreprise. C'était adopter en tout cas et avec bien peu de patriotisme le rôle de détracteur et devancer les fautes qui ne tardèrent pas à nous faire perdre les fruits d'une conquête, laquelle, pour avoir été facile, n'en constitue pas moins un des plus brillants faits d'armes de notre histoire.

CHAPITRE IX.

Le maréchal de Gié et le comte de Montpensier entrent à Naples à la tête de l'avant-garde. — Bulletin expédié du quartier-général du roi à la date du 20 février. — Description du château de Capuana. — Entrée du roi à Naples. — Le roi assiége les châteaux Neuf et de l'Œuf. — Prise des châteaux. — Bulletin qui en rend compte. — Situation des Français à Naples. — Négociations entamées par don Frédéric, oncle de Ferdinand. — Elles restent sans effet malgré la générosité du roi. — Lettre du cardinal de Saint-Malo. — Poésies françaises composées pour célébrer la conquête de Naples. — Leur infériorité si on les compare aux œuvres des poètes italiens de la même époque.

EVENONS sur les derniers événements. Ferdinand était encore renfermé au château Neuf avec les siens lorsque l'avant-garde française avait occupé les faubourgs de Naples qui était déjà à cette époque une immense ville.

Le roi avant d'y faire son entrée s'était logé

d'abord au château de Poggioreale, puis au château de Capuana ou Capoue, ancienne résidence des rois de la maison d'Anjou, adoptée aussi par les princes aragonais.

Il s'était fait précéder dans sa nouvelle capitale par le comte de Montpensier, le maréchal de Gié, le sénéchal de Beaucaire et avait eu soin de cantonner les Suisses en dehors de la ville afin qu'ils ne fussent pas tentés de se rallier à la populace qui, après avoir attaqué les écuries du roi Ferdinand, avait dévalisé les Juifs et les Maures.

Voici du reste un bulletin imprimé qui nous donne à la date du 10 février des nouvelles précises du quartier-général du roi [1].

La prinse de Napples.

Le roy estant à Verse (Averse) ce xxme de fevrier, qui est à trois petites lieues de Napples, toute la noblesse de Napples est venue vers lui. Et semblablement les cinq siéges qui sont les cinq lignées nobles de ladicte ville. Et entre les autres la principalle..... qui est celle qui a esté tousiours Aragonnoise; les prisonniers nobles

---

[1] Bibliothèque de Nantes. Imp. en caractères goth., sans nom. ni date, ni lieu, relié à la suite des Poésies de Jehan Meschinot.

qui estoient dans la ville ont esté relachez, et sont venuz au devant du Roy. Il y avoit tel qui avoit esté xviii ans prisonnier. Le roy Ferdinand s'est retiré au chasteau neuf de Napples, dom Frederic avec lui et dom Géofroy nepveu du pape, ensemble leurs femmes, avec ce qu'ilz ont peu reserver, et ils mettent la plus grant diligence qu'ilz peuvent de se mettre en gallées subtilles et coursères[1] pour s'en aller en Cicille après le roy Alphonce.

Le roy Ferrand a retenu prisonnier le filz du prince de Salerne et le filz du prince de Rossano avec le comte de Cossa[2]. Affin que le roy ne s'aydast des grosses navires, ilz en ont bruslé trois des plus grandes. L'autre nommée Capello, le roy Ferrand l'a donnée au cardinal de Gênes[3], et à messire Biette[4].

Dedans la ville de Napples sont entrez de par le roy messeigneurs le comte de Montpensier, le marechal de Gyé, le seneschal de Beaucaire et monsr de Clérieux qui a la charge de garder les portes afin que les Souysses n'y entrent.

Ils ont appoincté que ledit cardinal de Gênes et messire Biette nonobstant leurs robbes (bagages) chargées attendront la venue du roy pour quelque propos.

[1] Galéres légéres et propres à la course.
[2] Ils furent relâchés.
[3] Paul Fregose, créature de Sixte IV. Il était cardinal archevêque de Gênes, après y avoir été doge.
[4] Obietto de Fieschi. Il était, comme le cardinal, banni de Gênes et chef de parti dans la ville et dans le canton de la Rivière.

Ceulx de la ville de Napples avoient pillié l'autre chasteau, qu'on appelle Capouana, la maison de dom Frederic et toute l'escurye où estoient les grans chevaux du roy Ferrand. Est attendu le roy à faire son entrée audit Napples, comme les Juifs attendent leur messias. Qui ne lui peut baiser la main lui baise le pié. Il fera son entrée le XXII de fevrier.

Le seigneur Virgille des Ursins et le comte de Petilane n'ont peu avoir saufconduit du roy. Ils sont a XV. mille de Napples. Ils y sont pour faire mal leurs besongnes si le roy n'a pitié d'eulx. Le sire Jehan Jacques (Trivulce) a eu saufconduit pour lui, ses biens, femme et famille.

Les Juifs et marrans (Maures) ont esté pilliez; les Juifs tuez et les marrans sauvez en navires.

Le chasteau neuf où s'est retyré le roy Ferrand est assiegé, et le fera on bien haster de s'en fouyr s'il ne veult attendre sa prinse.

Fait devant Napples le .XX. fevrier.

Quant à l'entrée à Naples du maréchal de Gié et à la prise de possession du château de Capouana, nous en trouvons le récit, assez curieux, dans une lettre adressée, croyons-nous, au cardinal de Saint-Malo, alors en mission à Florence, par un de ses principaux subordonnés. Cette lettre, transmise en France par le cardinal, trouva sa place dans un des premiers bulletins expédiés de Naples et imprimés à Paris.

Lettres envoyées à Monseigneur le général faisant mention des richesses et grandes beaultez qui sont au chasteau de Capouana.

Monseigneur le maistre, toutes recommandations prémises, j'entray le jeudy XIXᵉ jour de ce mois dedans ceste ville et le second en la compagnie de Mᵍʳ le mareschal de Gyé qui y entra avec quarante ou cinquante chevaulx seulement. Vinrent au devant de luy des gens de la ville au nombre de trois ou quatre cent à cheval crians : France. Combien que le duc de Calabre qui se disoit roy couronné étoit encores dedens le chasteau neuf avec grant compaignie d'Altemore et plusieurs autres seigneurs. Et nonobstant les gens d'icelle ville menèrent descendre mondit seigneur le mareschal à l'église Saint Laurens, qui est fondée des cordeliers au millieu de la dicte ville, et où il y a une chappelle de fondacion royalle où on a acoustumé de mettre en possession les roys de la seigneurye; et malgré lui le firent seoir en une chaize, et le mirent en possession du royaume et de la seigneurie au nom du roy. De là nous en vinsmes logier chez ung comte des principaulx de la ville. Après disner nous veinsmes au chasteau de Capouanne qui est à l'entrée de la ville, belle maison de plaisance devant plusieurs autres, où j'ay esté trois nuys devant que le roy y arrivast. Mondit seigneur le mareschal me defendit sur mon honneur que on n'y feist aucune violence ès biens qui y estoient, et il me bailla six archiers. A mon entrée, je trouvay en deux caves deux cens pipes de vin le meilleur du monde. En une chambre je trouvay bien trois ou quatre mille mors de chevaulx tout neufs de toutes sortes penduz et acoustrez le plus honnestement qu'on saurait faire. En après me tiray en une autre grant chambre où je trouvay de la vaisselle de cristal, de pourcelaine, d'albastre, de jaspe et de marbre à si grant quantité qu'on dit qu'ilz avoient cousté plus de dix mille ducatz. En une autre chambre je trouvay tant de beau linge de table qu'on sauroit souhaictier. Avant que le roy entrast en la ville, il a couchié une nuyt à Poge royal (Poggioreale) qui est une maison de plaisance que le roy Ferrand et ses prédecesseurs ont fait faire, qui est telle que le beau parler de maistre Alain Chartier, la subtilité de maistre Jehan de Meun, et la main de Fouquet[1] ne sauroient dire, escripre, ni peindre. Elle est assise loing de la ville aussi loing que de Tours au Plesseix, et depuis la porte de la ville jusques-là, on va par grans sentiers et allées de tous costez. Elle est environnée d'orengers et de rommarins et de tous autres arbres fructueux tant en yver que en esté à si grant quantité que c'est chose inestimable. Ledit jardin est clos de murs en carré, et il est si beau que je ne vous sauraye escripre en la vie d'homme. Environ ceste maison sont les belles fontaines, les viviers pleins d'oyseaulx de toutes sortes et si estranges qu'on ne sauroit penser. De l'autre costé le beau parc où sont les grosses bestes à foison, la garenne de connins et de lièvres, l'autre garenne de faisans, de perdrix, et il semble que tout y soit fait par desir humain. Car par mon sou-

---

[1] Fouquet, né à Tours, était le meilleur peintre miniaturiste du temps.

hait ni par celui d'homme vivant rien ne pourroit advenir de plus à nature humaine. Je croy que c'estoit là toute la felicité des prédecesseurs roys.

Au surplus du povre roy Alphonce on ne sait où il est. Les ungs disent qu'il s'est rendu cordelier en la religion de l'oncle de monseigneur d'Odesse, les autres disent qu'il est allé en Espaigne, les autres en Cecille et a emporté tout son avoir. Au surplus nous sommes en ceste ville avec cinq cens lances, quatre mille Souysses et deux mille hommes de pié seulement, et le demourant de noz gens aux champs et autres villes voisines. Nostre artillerie n'est pas grande, mais nous en avons trouvé en ceste ville et des poudres largement; mais nous avons faulte de voultes de fer[1] pour ce qu'ilz n'ont que pierres icy. Nous avons deux forts chasteaulx contre nous; c'est assavoir : le chasteau Neuf et le chasteau de l'Œuf où il y a force gens et artillerie, et le siége est devant ledit chasteau Neuf, qui est comme la Bastille. Je croy que à la fin nous l'aurons, mais il coustera bien chier. Nous y sommes tousjours depuis le matin jusques au soir tant pour faire asseoir le guet que pour tenir....

Le duc de Calabre s'en est party par mer et est allé, ainsi qu'on dit, mener les dames et autre menu peuple en Cecille. Il a laissé le marquis de Pescaire dedens ledit chasteau, ung capitaine avec six cens Souysses, et ung espaignol que vous avez veu autrefois. Il est fort roux, et on le disait ladre. Il vint avec le frère de

[1] Boulets.

monseigneur de Foix. Aujourd'huy ils auront assault à la basse court. Le roy a deliberé d'aller en Pouille et en Calabre tenir les Estas pour conclure de toutes les affaires du pays. Il a assez promis de choses à beaucoup; mais, à ce que j'entens, il ne donnera rien sans assembler son conseil, ainsi qu'il a ordonné. Il donnera les offices à gens qui seront de l'estat d'icelles et qui se tiendront sur le lieu. Plusieurs officiers et des principaulx sont allez avec l'autre roy, et pour ce leurs offices sont vacants et impétrables.

Ce ne fut que quelques jours après le départ de Ferdinand, qui avait confié la défense du château Neuf à Alphonse d'Avalos et celle du château de l'Œuf à un capitaine italien, que Charles VIII fit son entrée solennelle dans la nouvelle capitale. Le bulletin suivant imprimé à Tours nous en donne la description.

Lettres envoyées par nostre sire le roy à monseigneur de Bourbon, escriptes à Napples le XXII de fevrier.

Mon frère, depuis les autres lettres que dernierement vous ay escriptes par lesquelles je vous faisoye savoir mon entrée à Capoue, je vous advertis que je suis venu à Averse et l'ay mise en mon obéissance, et ce jourd'huy je suis entré en ceste ma cité de Napples; et me suis venu logier au chasteau de Capouana, lequel est près de la porte de la dicte cité de Naples; pour ce que je n'ay voulu, pour le jour, faire ne tenir forme d'entrée. Je vous asseure que de ce que j'ay veu jusques icy du royaume, c'est ung bon et beau pays plein de biens et de richesses. Au regart de ceste cité, elle est belle et gorgiasse en toutes choses autant que ville peut estre.

Domp Ferrand et domp Frederic se sont retirez au chastel de l'Œuf, et ont laissé dedens le chasteau Neuf le marquis de Pescaire et quelque nombre de gens, mais j'ay fait dresser et asseoir mon artillerie devant. Et j'espère que en bien peu de temps je le reduiray en mon obeissance; et desja la batture leur a osté toutes leurs deffenses. Et estoit toute leur espérance en quelques gallées qui estoient au pié du dit chasteau de l'Œuf, esquelles ilz se sont mis en l'extremité. Et ont prins les ditz Ferrand et Frederic la mer pour leur dernier reffuge.

Mon frère, vous ne pourriez croire la grant affection et bonne voulenté que les gentilz hommes et le peuple desmontrent avoir en moy. Car de chascune ville du royaume m'ont esté apporté les clefz des portes, et m'ont fait les gentilz hommes et citoyens dicelles toute fidelité et serment comme bons et loyaulx subgetz doivent et sont tenuz de faire.

Au surplus j'envoieray d'icy partout pour remettre le demourant de mon entreprinse en mon obeissance et donner ordre ès affaires et seuretéz d'icelles et toujours vous escriray et feray savoir de mes nouvelles et autres choses, ainsi qu'elles surviendront. Je vous prie, mandez moi des vôtres. Et advertissez les bonnes villes et autres lieux de mon royaulme de France ainsi que vous verrez estre à faire, de ce que je vous escripz ci dessus, affin qu'ilz sachent la bonne prospérité et victoire qu'il a pleu à Dieu me donner en ceste mon emprinse et recouvrement de mon royaulme de Napples. Et adieu mon frère, qu'il vous ait en sa garde. Escript en mon chasteau de Capouana en ma cité de Napples, le. XII. de fevrier, ainsi signé : CHARLES et ROBERTET.

Le roy retournera incontinent les chasteaulx prins c'est assavoir : Chasteau Neuf qui est dedens ladicte ville de Napples, près la marine, et chasteau de l'Œuf qui est tout enclos dedens la mer, et donne ordre en ses besongnes.

Monseigneur de Montpensier demeure lieutenant general du roy; monseigneur d'Aubigny, conestable. Le seneschal de Beaucaire, admiral et comte d'une comté valant douze mille ducatz de revenu, et capitaine des chasteaulx de Napples et Gayette, et monseigneur de Champereux, mareschal.

S'ensuyt l'entrée et couronnement du roy nostre sire en la ville de Napples faicte le XXIIe jour de fevrier 1495 [1].

Le jour du dymanche XXIIe jour de fevrier qui était la fête de la chaire saint Pierre, ainsi qu'il fut élevé à

---

[1] Bibliothèque impériale, imprimé en caractères gothiques, sans nom ni date. Recueil provenant de la Bibliothèque Hébert, N° 34540 du catalogue. Cette pièce manque au recueil de la Bibliothèque de Nantes.

Rome et mis en la haute chaire du pontificat lieutenant de Dieu en terre, pareillement a pris notre sire le Roy la couronne et possession de son royaume de Naples. Ledit jour le roy ouyt la messe environ une petite lieue de Napples lui et son noble exercite et là baisa les reliques de saint Barthelemy et puis dist : « Or allons, au nom de Dieu nous sommes assurés. » Et à icelle heure marchèrent tous devant et derrière en grant ordonnance vers la dite ville, les avant gardes et les arrières gardes, le roy au milieu, les gens de son conseil ecclésiastique comme légats, cardinaux, archevesques, évêques et autres notables clercs. Et incontinent ceux de la dite cité, par bon ordre, environ demye lieue, marchèrent hors de la ville ainsi qu'il s'ensuit : premièrement les quatre mendians, avec les croix, eau benoiste, et consequamment toutes les paroisses, les banières, et tous les prestres revetus de riches chappes et après les abbés, prélats, chanoines et ceux des autres dignités en chantant louanges à Dieu et à toute la cour de paradis et ils tenaient grant pays (grand espace). Il fut présenté au roy une croix qu'il adora et baisa en approchant de la dite ville. Item après marchèrent les dits prelats et ils portaient en grant triomphe le corps du prophète Isachar qui donna la circoncision à Notre Seigneur J.-C. en presence de la Vierge Marie, de saint Joseph et de ses amys. Item après vinrent les bourgeoys et enfans de bourgeoys en grant état. Et après vinrent les cinq lignées qui sont les gouverneurs et principaux de la dite ville bien accoutrés à grandes robes de velours et de damas, qui avaient grands richesses sur elles et leurs chevaulx sont couverts de décors et draps de soie, jusques à terre. Tout chacun faisait la reverence, ainsi qu'il appartient et presentèrent au roy les clefs de rechief ainsi qu'ils avaient fait paravant. Les uns baisaient les piés du roy, les autres les mains, touchaient son cheval, puis le baisaient, et crièrent à haulte voix, Noël, Noël. Les autres : « Benedictus qui venit in nomine Domini. » Et quant le roy fut à la porte, il y fut faict une belle harangue de par lesdits seigneurs habitans de la dicte ville. La dicte harangue faicte, descendit deux enfans en habit de deux anges par subtils engins, et présentèrent au roy la couronne du royaume de Napples qui fut portée tout le long des rues jusqu'à la grant église cathedrale. Le roy entra et marcha lui et tout son triomphe jusqu'à la dicte église et là lui furent faictes deux belles propositions, l'une en latin, l'autre en français qui durèrent un grant quart d'heure. Et après le roy fist serment de garder et defendre l'église et incontinent les portes furent ouvertes et commença tout le clergé, qui durait une demye lieue, chanter à haulte voix : « Te Deum laudamus. » Toutes les cloches sonnaient, les orgues, trompettes, clerons et toute manière d'instrumens : « Louange à Dieu soit faicte.» Le roy fut mené au palais du roy Alphonse qui était paré de diverses tapisseries et là estait le siége royal mis en grant pompe et paré richement. Et incontinent le roy fut pris et eslevé par les princes, comtes, barons et chevaliers dudit pays et fust eslevé en majesté royale et lui fut baillé le sceptre royal en sa main et mise la dicte couronne et par un legat[1] et cardinal sacré et établi roy naturel et légitime du royaume de Napples.

Incontinent tous les seigneurs dudict royaume, qui là estaient, luy firent foy et hommage en baisant le roy aux pieds et aux mains, ainsi qu'il était chascun tenu de faire.

Et pour ceste cause, ces nouvelles étant venues à Florence, il y a esté ordonné par grant solennité de fermer les boutiques durant trois jours, faire processions générales et sermons, sonner cloches et faire feu de la grant joye qu'ils avaient. Par plusieurs grandes raisons devrait-on faire plus grands choses au royaume de France et par ce peut-on connaître la bonne affection de ceux de Florence.

De ces nouvelles joyeuses sont venues les lettres à messeigneurs les gens du roy à Tours le XIIII jour de mars escriptes à Naples le XXVIII de février l'an mil CCCC. IIII. XX et XIIII dont a esté procession generale et sermon en rendant louange et grâce à Dieu et en priant Dieu, Nostre Dame de Pitié, monseigneur saint Gratien et saint Martin pour la bonne santé et prospérité du roy et de tout son exercite.

S'ensuyt la belle ordonnance faicte en ladite cité de Naples, et pour ce que je ne says pas le langage du pays, je laisse les mystères qui furent joués en plusieurs car-

---

[1] Ce bulletin ressemble un peu trop, dans ce passage, à quelques-uns de ceux qui l'ont suivi de nos jours. Aucun légat ne sacra Charles VIII roi de Naples avec le pouvoir légitime de lui conférer ce titre.

refours et aultres grandes louanges que je n'entendoye pas :

Et premièrement :

Les rues estoyent tendues si honorablement, qu'on n'en pourrait estimer la grant richesse. Le roy alloit soubs ung poële d'or frangé de frange d'or et estoit porté par quatre chevaliers.

Item devant toutes les maisons de renom il y avait table ronde de vins grecz, vins de Rosete, vins cuits, vins muscadez et malvoisie qui estoient si forts qu'ils eschauffoient comme qui eust mangé fortes espices. Les grandes tasses et vaisseaulx d'or et d'argent estoient toujours remplis de vins frais, et gettait t'on le demeurant (le restant) d'aucun, quand on avait bu, à bas en la rue, tant qu'on marchait parmy la rue par dessus les souliers dans le vin.

Item je vis choses nouvelles, pois, febves, bons à manger, cerises et les grandes grappes de verjus bien gros aux vignes.

La manière du soupper du roy.

Le roy souppa au palais et là fust faict ung banquet merveilleux auquel banquet servaient les comtes jusqu'au nombre de XII. Au milieu de la salle, il y avait ung buffet qui fut donné au roy où il y avait linge non pareil. On y voyait de degré en degré les richesses d'or et d'argent qui appartenaient au buffet du roy de Naples : aiguières, bassins d'or, escuelles, plats, petits potz, flacons, grands navires, coupes d'or chargées de pierreries, gril, broches, landiers, pallettes, tenailles, soufflets, lanternes, tranchoirs, salières, cousteaux, chaudrons et chandeliers, tous d'or et d'argent.

Dès le lendemain de son entrée solennelle à Naples le roi fit dresser ses batteries contre le château Neuf et celui de l'Œuf qui tenaient encore après le départ de Ferdinand et celui de sa famille. La défense du premier avait été confiée par ce prince à Alphonse d'Avalos qui avait sous ses ordres le capitaine allemand Gaspard et une garnison en grande partie composée de soldats de la même nation. Malgré l'injuste défiance que Ferdinand lui avait montrée, cette garnison tint jusqu'au six mars. Le château de l'Œuf, bâti dans la mer sur un rocher isolé, et séparé de la terre ferme par la main des hommes, avait été remis à la garde d'Antonello Piccioli, capitaine dévoué à la maison d'Aragon. Cette forteresse passait pour imprenable du côté de la mer. Mais dominée du côté de la terre par une hauteur appelée Pizzifalcone, où les Aragonais avaient construit une redoute que les Français désignaient sous le nom de Tour Saint-Vincent, elle fut foudroyée par notre artillerie et contrainte à se rendre le 15 mars.

Après ces deux siéges, la supériorité de notre artillerie, reconnue déjà dans les batailles, fut proclamée comme irrésistible par nos adversaires. Quoique les Aragonais fussent pourvus de nombreuses pièces de divers calibres, ils ne savaient point, comme nous, en faire usage la nuit. Pendant ce temps, ils étaient donc désarmés et silencieux devant le feu de nos batteries. Ils se servaient d'ailleurs, le plus souvent, de boulets de pierre dont la portée était moindre et la direction beaucoup plus irrégulière que celles de nos projectiles de métal. Quoique les bombes ne fussent point encore inventées, un tir plongeant produisit dans l'intérieur du fort de l'Œuf des effets comparables à ceux que l'on obtient aujourd'hui par l'emploi de l'obus ou de la bombe. C'est ainsi qu'il s'alluma dans cette forteresse un incendie effroyable qui, alimenté par l'énorme quantité de poix et de résine qu'on accumulait alors dans les châteaux assiégés pour les verser bouillantes sur les assaillants, remplit de flammes toute la partie du fort qui avait résisté aux batteries françaises.

Le roi qui avait dirigé ces deux siéges en rendit compte à Mgr de Bourbon dans la lettre suivante qui, avec le bulletin du XIII mars, fut imprimée et répandue à Paris et en France[1].

---

[1] Bibliothèque de Nantes, pièces imprimées en caractères gothiques, sans nom, ni date, ni lieu. Reliées à la suite des Poésies de Jehan Meschinot.

Les Nouvelles Lettres datées du 8me iour de mars, envoyées de par le Roy à Mgr de Bourbon avec les Ambassades.

Mon frère, hier qui fût lundi ceux de la place du Chastelneuf que nous tenons assiegez, depuis onze jours en ça, requirent à parlementer, et demandèrent trêves jusques au jourd'huy matin, ce qui leur fut accordé. A quoy, à la dicte heure, ils n'ont failly. Et pour leur parler ont esté commis Engilbert monsr de Montpensier, le baillif de Dijon, Lornoy, dom Jullien, messire Gabriel de Montfaucon, Jacques de Silly et Buzet; lesquelz ont accordé auecques eulx que si dedens samedi, tout le jour compris, le jeune roi Ferrand ne vient pour nous combattre, ilz bailleront franchement ladicte place avec l'artillerie qui y est, et tout leur meuble. Et, par ce qu'ilz sont tous Allemands, ilz s'en retourneront en Allemaigne, reservé ceulx qui me vouldront servir. Pour seurté de ce, ilz ont baillié ostages de leur capitaine et jusques au nombre de six.

Mon frère, je suis asseuré que ledit jeune roy n'a garde de venir combattre, pour ce je suis seur d'avoir ladicte place. Au regart du chasteau de l'Œuf, je ne fais nulle doubte que bien tost ilz n'en facent autant; car je tiens la tour Saint-Vincent qui est entre lesdits deux chasteaulx, et tout ce qui est alentour. Ce dont je vous ay bien voulu advertir, vous priant me mander de voz nouvelles. Escript à Napples le iiie jour de mars. Ainsi signé : CHARLES, et DUBOIS.

Depuis mon entrée à Napples sont venues par devers moy les ambassades de Venise, de Rome, de Florence, du roy des Rommains, d'Angleterre, du roy Alphonse de Portugal, l'ambassade de Millan, l'ambassade de Savoie, l'ambassade du duc de Ferrare, du Turcq, du Soudan, et d'autres plusieurs à grant nombre, auxquelles encores n'avons fait nulle response.

A l'occasion de toutes les nouvelles dessus dictes furent faites les processions generalles en la ville et cité de Paris le mercredy XVIIIe jour dudit moys de mars à grant sollempnité, et les feuz commandez à faire en ladicte ville. Après disner fut chanté *Te Deum laudamus*, à Nostre-Dame de Paris.

Lettres nouvellement envoyées de Napples, datées du xiii jour de mars.

Monseigneur, au jour d'huy vme jour de mars dom Frederic[1] est venu devers le Roy au dehors de ceste ville entre le Chastelneuf et le chastel de l'Œuf, et ont parlé bien l'espace d'une heure ensemble tous deux, tous seulz; et lui a requis dom Frederic que son plaisir fust ne vouloir deshériter son nepveu, le roi Ferrand, et qu'il se voulsist contenter de la conqueste qu'il avoit faicte du royaume, et qu'il lui pleust le rendre à sondit nepveu qui le tiendroit de lui à tel devoir qu'il lui plairoit, le roi retenant pour seurté telles places qu'il lui plairoit du pays.

---

[1] Duc de Tarente, oncle de Ferdinand et frère d'Alphonse.

Le roy de luy mesme, sans appeler personne, lui a fait response et lui a dit que, au regard du royaume, il ne le lui rendra jamais, et qu'il lui appartenoit. Mais que s'il vouloit venir devers lui qu'il le contenteroit et qu'il lui donneroit en France si bon et si grant appareil qu'il auroit cause de s'en contenter. Mais que de lui il n'auroit jamais rien de par decà. Ledit Frederic s'en est retourné à temps pour le faire savoir à sondit nepveu, assurant que dedens dimenche ou lundi il en viendra dire responce.

Le VIIe jour de cedit mois de mars, environ sept heures du matin, est entré monseigneur le mareschal de Gyé et monseigneur le seneschal d'Armagnac dedens le Chastelneuf de ceste ville pour le roy. Et s'en sont allez ceulx qui le tenaient pour le roy Ferrand, qui pouvaient estre jusques au nombre de cinq cens hommes, et sont demourez les Allemans en notre solde.

Monseigneur, aujourd'hui est revenu dom Frederic demye heure devant soleil couché parler au roy au lieu où il parla l'autre jour. Ledit Frederic doit encore revenir en peu de temps. Le roy besoigne tous les jours au fait de l'ordre qu'il veult mettre en ce royaume, et des gens qu'il a vouloir d'y laisser. Monseigneur de Montpensier demeure vicegerent du roy; le seneschal de Beaucaire, grant chambellain; monseigneur d'Aubigny, connestable; monseigneur de Champeroulx, mareschal et capitaine de cent hommes d'armes; monseigneur de Percy, grant seneschal, et monseigneur de l'Espare, mais je ne scay encore quelle dignité lui sera ordonnée. Je croy aussi que messire Gabriel demourra et d'autres capitaines dont il n'est mencion pour cette heure. Je croy bien que Georges de Sully en sera.

Monseigneur, aujourd'hui viiie jour dudit moys j'ay sceu que le roy a fait offrir au prince de Tarente pour son nepveu le roy Ferrand de lui donner xxx mille livres de rente, xxiiii mille de pension et cent hommes d'armes, et que si son père vouloit venir qu'il lui feroit quelque autre bon appoinctement, mais que deçà il ne lui donneroit pas ung ducat. Ledit prince devoit revenir à ce soir, et a esté le roy sur le lieu esperant qu'il vint, touteffois, il n'y vint point. Sitôst qu'on a sceu qu'il ne venoit point, toute nostre artillerye qui est assise devant ledit chastel de l'Œuf a tiré à ung coup : vous ne vistes oncques tel mesnage. Ceulx de dedens n'ont pas tiré un seul coup. Je croy que demain ledit prince pourroit bien encore revenir.

Monseigneur, à ce matin, est venu le jeune Maumont devers le roy. Il estoit allé devers monseigneur d'Aubigny lequel est en Calabre pour prendre possession du pays. Maumont dit qu'il ne vit oncques de si bons François, et que tout le monde apporte les clefz, criant: Noël et France, et que une toute seule place du pays ne montre signe de désobéissance. Ung gentilhomme de monseigneur de Lespare est arrivé après disner. Il vient de la Pouille et dit que partout sont ainsi obéissans, ce qui me fait croire que le roy Ferrand pourra bien prendre l'appoinctement qu'on lui offre.

Monseigneur, aujourd'hui x^e jour de cedit moys a commencé l'artillerie à fort battre le chasteau de l'Œuf et ne tiroyent ceulx de dedans un seul coup. Il faut voir tout le monde sur le penchant d'une montaigne examiner nostre artillerie à aussi grande presse et aussi sûrement comme s'ilz estoient aux jeux. Le roy n'en bouge depuis qu'il a disné jusques à la nuyt, et joue aux flux auprès des canons et si près de la passe, que Jehannot de Triondes a tiré une fléche de trousse jusques au dedens des meurtrières du fort. On fait si bonne diligence de tirer qu'au jour d'huy on a abatu un pan de muraille.

Monseigneur au jour d'huy le roy est allé disner à l'artillerye, et ont fait les canonniers en peu de temps si bonne diligence de battre qu'ilz ont rué une tour qui est au bout du pan de muraille, laquelle fut hyer abatue et mise par terre, mais le roc est si hault que quant il ne seroit point en mer si fauldroit-il cent piés d'eschelles pour y atteindre. Escript à Napples le XIIIe jour de mars.

Nous ne saurions passer sous silence la lettre suivante du roi à Mgr de Bourbon. Elle résume complètement la situation des Français après la prise des deux châteaux et nous fournit de plus des détails précis sur les négociations que Ferdinand essaya, en désespoir de cause, de lier avec Charles VIII par l'intermédiaire de son oncle Frédéric.

Lettres nouvellement envoyées de Napples de par le Roy, nostre sire, à Mr de Bourbon, du XXVIIIe jour de mars.

Mon frère, par les lettres que dernierement vous ay escrites, vous avez bien sçeu la composition de Castel-

Neuf de cette cité de Napples, et comme il est entre mes mains et obeissance.

Depuis est venu dom Frederic avecques sept ou huyt gallères dedans le castel de l'Œuf non pas pour combattre, mais pour traiter de la paix. Il me fist supplier et requerir de vouloir luy parler de par dom Ferrand son nepveu, ce que je luy ay accordé volontiers. Après plusieurs parolles et dolléances il me supplia et requist, entre autres choses, que je voulusse bien laisser à son dit nepveu le tiltre du royaume et quelque pension pour vivre telle qu'il me plairoit adviser. Sur quoy je luy fis responce que, avant mon partement du royaulme de France, j'avoye fait consulter mon droit et querelle, et que j'avoie trouvé par l'opinion de tous les sages princes et chevalliers de cedit royaume que, à tort et contre raison, il avoit esté usurpé sur mes prédécesseurs, et pareillement que j'en avoie pris le tiltre et requis la vestiture à nostre saint père le pape quand je passay à Romme[1]. Parquoy je n'estois point deliberé de riens laisser ni quitter de mon héritage et dudit tiltre; mais pour l'honneur de la maison dont il estoit, je ne le voulois laisser desherité. Et que s'il s'en vouloit venir en France, je luy donneroye pour son estat xxx mille livres de rente et xxx mille livres de pension chacun an, et des gens d'armes, avecques ce que je le maryerois en quelque lieu de mon royaume de manière qu'il auroit cause de se contenter. De quoy il ne me fist aucune responce et me dist qu'il s'en yroit savoir la

---

[1] Charles ne dit pas que le pape avait jusque-là repoussé sa requête. Dom Frédéric savait sûrement ce qu'il en était.

voulence de son nepveu, ce qu'il fist. Il retourna le lendemain pour avoir responce, cuidant gaigner le point qu'il demandoit, ce que je ne lui voulus accorder par les raisons dessus dictes, et il se retira à tant.

Ce fait, je fis incontinent asseoir mon artillerye devant ledit castel de l'Œuf, et faire telle diligence et batterie du costé devers la ville que ceulx qui estoyent dedens se trouvèrent si fort pressez, que le jeudy ensuivant, XIIIe jour de ce present moys, ils requirent parlementer et requirent quinze jours de trèves pour se rendre ou pour combattre. Je ne leur en vouloys donner que huyt, à quoy ilz se decidèrent; et dès lors baillèrent hostages pour mettre ladicte place entre mes mains, ce qu'ilz ont fait dès vendredy, xx de cedit moys, et s'en sont allez leurs bagues sauves.

Pareillement fut hyer pris et mis en mon obéissance le chasteau de Gayette, et se sont ceux qui estoient dedens renduz par composition, leurs vies sauves et leurs biens à ma volonté. Ils ont esté tellement presséz de mon artillerye qu'ilz n'ont eu loisir de faire ladicte composition à leur avantage.

Au regard de Tarente et autres places qui sont sur les extrémitéz de ce royaume du costé des Turquains, messire Camille (Orsini) a déjà envoyé devers moy ung chevallier de Rhodes lequel a entre ses mains les places de la principaulté de Tarente, et il m'a fait savoir que je lui veuille envoyer sureté pour venir devers moy afin qu'il mette entre mes mains toutes les places; et il me servira comme son roy, seigneur et souverain, ce que je lui ay octroyé.

En oultre sont venuz icy ung grand nombre des plus gens de bien des dictes places et pays pour me faire serment et toute obéissance depuis mon arrivée en ceste ville jusques à present. Tous les jours, sans cesser, j'ay fait et fais donner ordre au fait de la justice de ce royaume.

Lequel royaume j'ay trouvé en si grant desordre et les gentilz hommes et subjetz tant oppressez que plus n'en pouvoyent. Pour leur donner à congnoistre le bon vouloir et affection que j'ay envers eulx, je leur ay, par délibération du conseil, osté ung tas de charges et exactions extraordinaires, jusques à la somme de deux cens soixante mille ducatz par an dont ilz ont esté fort contens. Dès que j'auray pourveu aux places et seurté du royaume je prendray mon chemin pour m'en retourner et gaigner les monts avant que les grandes challeurs viennent.

Mon frère j'ai receu plusieurs lettres de vous par lesquelles vous me faictes savoir bien au long l'estat et disposition en quoy sont mes affaires de delà dont je vous remercye. Je vous prie, en continuant ce qu'avez fait jusques icy, que souvent m'en veuillez escripre.

Au demourant je vous prie d'advertir les prélatz, gens de bien, bonnes villes et citéz de mon royaume de France des grandes grâces que Dieu m'a faictes et de la victoire qu'il luy a pleu me donner à la conquête et recouvrement de mon royaume de Napples, et leur ordonner lui en rendre la louange ainsi qu'il appartient. Que partout ilz en façent processions, prières et autres sollempnitez accoustumées estre faictes en semblables cas, car je vous assure, mon frère, qu'il n'est plus de nouvelles en Ytalie du...... du cymetière des Françoys qu'ilz disoient y estre, mais y a acquis la nation de l'honneur et renommée largement, et autant qu'il est possible. On parle sans cesse de mon exploit et de mon artillerie, laquelle, à ceste fois, ilz ont congneue autrement qu'ilz ne cuidoient.

Mon frère, comme je vous ay escript, j'ai trouvé par deçà la justice en si mauvais ordre que pis ne pouvoit estre. Il me reste a trouver quelque nombre de gens clercz et savans pour la redresser, car ceulx du pays le desirent singulierement. De ma part, je le veuil bien faire. A ceste cause, je vous prie, mon frère, enquerez vous par delà quelz gens de robe longue il y a qui voulussent venir servir de par deçà. Je desireroye singulièrement que le premier president de Bourgongne y vint. Je luy donneroye l'office de protonotaire du royaume qui est le chief du grant conseil à grant et honorable estat. Cela vault de gages par chacun an deux mille cent et quatre vingtz ducatz. Vous lui en pourrez escripre oultre ce que je lui en escripz, et vous me ferez savoir par la poste de sa voulonté en toute diligence, et semblablement les noms de ceulx qui y voudront venir pour que je puisse ordonner de leur fait et appoinctement.

Mon frère, je vous advertiz que pour habillier mon visaige il ne suffisoit pas que j'eusse eu la petite verole, mais j'ai eu la rougeole de laquelle Dieu mercy je suis guery.

Au surplus vous ne pourriez croire les beaulx jardins que j'ay en ceste ville. Car sur ma foy il semble qu'il n'y faille que Adam et Eve pour en faire un paradis terrestre, tant ils sont beaulx et pleins de toutes bonnes et singulières choses comme j'espère vous en conter, mais que je vous voye. Avec ce j'ay trouvé en ce pays des meilleurs peintres, je vous en enverray pour faire d'aussi beaulx planchers qu'il est possible. Les planchers de Beauce, de Lyon et d'autres lieux de France ne sont en riens approuchans de beaulté et richesse ceulx d'icy, c'est pourquoy, je m'en fourniray et les meneray auecques moy pour en faire à Amboise.

Mon frère, j'ay intencion de faire mon entrée et couronnement entre cy et Pasques, et ce fait, incontinent après Quasimodo, je monterai à cheval pour m'en retourner sans arrêter ni séjourner en l'eu que je ne soye par delà. Cependant faictes moy sauoir s'il y a riens en Ytalye ou à mon royaume de Napples de quoy ayez envie, et je le vous envoyeray. Et à Dieu mon frère, qu'il vous ait en sa garde. Escript à mon chasteau de Capouana en ma cité de Napples le xxviiie jour de mars. Ainsi signé : CHARLES et ROBERTET. Et au-dessus : *A mon frère le duc de Bourbon et d'Auvergne.*

Ceulx d'Albanye incontinent qu'ilz ont sçeu la victoire du roy ont tué les Turcqs qui les tenoient en servage. Et audit pays d'Albanye il y a une grosse cyté devant laquelle les Turcqs furent deux ans avant qu'ils la peussent avoir, et la prindrent par famine. Depuis ils l'ont possédée jusques après qu'on a tué lesditz Turcqs; et ont mys les banières du roy sur les murailles crians vive France, et ont envoyé devers monseigneur de Guyse, qui est ès pays d'Otrante pour supplier le roy qu'il envoie de par delà une armée, qu'ilz se mettroient entre ses mains et recouvreroient la Grèce. On dit aussi que les marchands florentins et venissiens estant dedens Constantinople ont escript que le grant Turcq est bien esbahy et a grant peur : il a fait venir devant lui ses plus grans clercs en sa loy et leur a commandé d'aller preschier la loi macommetique, mais en la cuidant preschier, ilz ont preschié celle de Jésus-Christ, dont ledit Turcq les a fait mourir de cruelle mort.

Et est très belle chose ce qu'ilz ont preschié.

Cy finissent les nouvelles que le roy a envoyées de Napples à monseigneur de Bourbon, datées du vingt-huitièsme jour de mars.

Nous appelons l'attention sur la missive suivante; bien que non signée, elle doit, sans aucun doute, être attribuée au cardinal de Saint-Malo. Ce prélat avait été envoyé par le roi à Florence, à l'époque de son départ de Rome, pour y conduire des négociations difficiles dont nous aurons plus tard occasion de parler. Il rejoignit Charles VIII à Naples vers le mois de mars, comme il le dit lui-même dans cette lettre, adressée, sans doute par ordre du roi, à la reine Anne de Bretagne. Cette pièce unique s'est retrouvée manuscrite dans les archives de la maison de Rohan à laquelle la reine avait probablement voulu la communiquer¹.

Madame, si très-humblement, etc., etc.

J'ay reçeu voz lectres qu'il vous a pleu m'escripre lesquelles j'ay leues au roy, où il a prins plaisir du desir que par icelles avez de savoir de ses nouvelles; il a incontinent commandé la provision que vous demandez, laquelle il vous envoie par ce présent porteur.

Madame, je vouldroye que vous eussiez veu ceste ville et les belles choses qui y sont, car c'est ung paradis terrestre. Le Roy de sa grace m'a voulu tout monstrer à ma venue de Florence, et dedens et dehors la ville, et je vous asseure que c'est une chose incroyable que la beaulté des lieux si bien apropriez en toutes sortes de plaisances mondaines. Vous y avez esté souhaictée par le roy, à ceste heure yci il n'estime Amboyse ni lieu qu'il ait par delà. Si ce royaulme est beau il est encores meilleur, je croys qu'il vault de XII à XIII^c mil livres nettement, sans cinq cent mil livres que le roy leur a fait rabaiz qu'ilz paioient aux autres roys d'Aragon et sans plusieurs autres pilleries, injustices et rançonnemens qui leur estoient faitz.

Madame, le roy se diligente le plus qu'il peut pour s'en retourner par delà, et il m'a donné charge expressement pour ma part d'ayder à depescher ses affaires pour plustôt s'en retourner. François monseigneur de Luxembourg partit hier pour aller à Rome devers

¹ Bibliothèque de Nantes, archives de Blain.

nostre Saint Père et messeigneurs les cardinaux, à çe que on luy envoie l'investiture et couronnement de ce royaulme.[1] Et incontinent, il est délibéré faire son

[1] Cette mission nous est confirmée par la lettre suivante, également inédite, que nous avons trouvée au British Museum, fonds Egerton. Elle prouve avec quel soin et quelle tenacité Charles VIII poursuivait cette affaire de l'investiture, dont l'insuccès avait été si complet à Rome, et qu'il ne devait jamais mener à bonne fin. A la distance où nous sommes de ces temps, il nous est difficile de nous rendre compte de l'illusion dans laquelle le roi et ses ministres étaient restés sur ce point. On espérait sans doute que la prise de Naples, la fuite de Ferdinand et les négociations ouvertes par dom Frédéric, négociations où l'on offrait à Charles VIII le titre de roi et de seigneur suzerain, avaient produit sur Alexandre VI une assez forte impression pour faire chanceler sa fidélité, jusque-là inébranlable, à la famille d'Aragon. Voici la lettre, adressée par le roi, au cardinal de Carthagène (qui était, croyons-nous, un Savelli), pour lui annoncer l'arrivée de François de Luxembourg, vicomte de Martigue et de M⁰ Fetar, conseiller au parlement de Dauphiné, et le prier de les seconder dans leurs efforts près du Pontife.

« Monsʳ le cardinal, j'envoie promtement par devers notre
» Saint-Père et messʳ du collége mon cousin le vicomte de
» Martigue et maistre Jehan Fetar mon conseillier en ma court
» de parlement du Dauphiné pour luy dire et déclarer aucunes
» choses qui très-fort nous touchent, lesquelles je leur ay char-
» gé vous comuniquer comme à celluy en qui j'ay seureté et
» toute fiance. Si vous prie que les veuillez croire de ce qu'ilz
» vous diront de par moy, et vous emploier à leur despeche
» de tout votre pouvoir en manière que notre Saint-Père m'oc-
» troye ce que je luy requiers qui est raisonnable. Et vous me
» ferez en ce faisant très-grant plaisir, lequel je recongnoistray

entrée *gorgiasse* et pompeuse à la récepcion des choses dessusdites. Pleust à Dieu que vous y fussiez pour y avoir une part de plaisir, honneur et récepcion de cette seconde couronne.

J'espère avec l'aide de Dieu, qu'il pourra partir d'ici environ le VIII⁰ jour d'avril, et que avant la fin d'iceluy mois il partira de Rome pour aller en France avant les grandes chaleurs; il pourra bien estre, à l'aide de Nostre Seigneur, à Grenoble ou Lyon, environ la Saint Jehan : je vous asseure que c'est la chose au monde que plus je desire que de l'y veoir. Ledit seigneur y a semblablement grande et bonne affection et non sans cause, tant pour vous veoir, madame, que son royaulme. Il vous comptera bien de ses nouvelles de par deçà et vous donnera belle envie de le venir veoir. Vous ferez bien cet appoinctement ensemble, mais que vous fassiez ung beau filz ou une belle fille, car ce royaulme est une belle provision pour eulx.

Madame, le roy laisse par deçà monsieur de Montpencier, son lieutenant, et monsieur le seneschal de Beaucaire, grant chambellan, et monsieur d'Aubigny, connestable, monsieur de Champeroux, mareschal. De plus, il laisse le baillif de Dijon, messire Gabriel de Montfaucon, domp Jullien, Georges de Sully et autres

» envers vous. Et Adieu, mons' le cardinal, escript en nostre
» chastel de Capouane, en nostre ville de Napples, le XVIIme
» jour de mars. »

CHARLES.

Pour Mons' le cardinal de Cartagena,

NOBLET.

cappitaines, avec mil ou XII^c lances tant franczoises que
de ce pays, XVe Suysses et mille arbalestriers francois.
Tous lesdiz chefz dessusdiz qui demeurent, ont duchez
et comtez en don et en grant valleur; et le demourant
de son armée le roy la ramenne avec luy. Si l'on ne se
presse, on aura des challeurs largement, avant que
d'estre là, car il fait yci aussi grant chault qu'à la
Saint-Jehan par delà. Je vous ay cuidé envoier des
febves et pois nouveaulx de ce pays cy par ce porteur,
mais je me doubte qu'ilz eussent esté gastez et perduz;
toutefoiz à l'avanture je vous en envoiray quelque peu
pour la nouveaulté.

Madame, le roy fait, Dieu mercy, très bonne chière.
Il s'est trouvé un jour quelque peu ennuyé de la peine
qu'il avait eue de s'estre trouvé aux tranchées, jour et
nuyt, à la prinse des deux chasteaulx, Chasteauneuf et
Chasteaudel'œuf, mais, Dieu merci, il est à present
aussi gay qu'il fut oncques, et ne fait que deviser de ses
housseures (bottes) et acoutremens pour faire son entrée et feste d'investiture.

Madame, je prie Dieu qu'il vous doint très longue et
bonne vie et accomplissement de vos très nobles désirs.
Escript en votre cité de Naples, ce XXe de mars.

Ces nombreux bulletins, imprimés et répandus dans les villes, ces lettres particulières communiquées aux grandes familles et colportées dans les provinces, ces fêtes religieuses et ces réjouissances ordonnées par les autorités locales avaient non-seulement rassuré la cour,

Paris et l'opinion publique sur les dangers que l'armée avait affrontés en Italie, ce cimetière des Français, mais, de plus, ces nouvelles officielles et glorieuses avaient donné à tous une haute opinion de la sagesse du roi et de ses ministres, ainsi que de la valeur de notre armée. Les poètes devaient naturellement s'inspirer de ces grands événements. On dit que Pontanus, lauréat de la maison d'Aragon, abandonnant ses maîtres en fuite, s'était tourné vers le jeune roi et lui avait souhaité la bienvenue en composant à son honneur des poésies et des sonnets en langue italienne. Ces vers du poète napolitain ne sont pas venus jusqu'à nous. Nous ne retrouvons dans nos bulletins que d'informes essais, fruits de l'inspiration de quelques rimeurs français. Ces strophes furent-elles composées par quelque poète français attaché à l'expédition ? Est-ce en France qu'elles virent le jour ? Cette dernière opinion est la plus probable. Quoi qu'il en soit, la presse française les offrit à l'admiration de nos ancêtres, et c'est grâce à cette publicité que nous en retrouvons un exemplaire à côté de nos autres bulletins en prose [1].

---

[1] Bibliothèque de Nantes. Imprimé en caractères gothiques, sans lieu, ni nom d'imprimeur, relié à la suite des *Poésies* de Jehan Meschinot.

Une première pièce, composée de vingt strophes de huit vers, est intitulée : *Les regrets et complaintes du roy Alphonse d'Aragon à son parlement de Naples.*

Alphonse, suivant notre troubadour, se plaint d'abord des Florentins, qui devaient garder « fermement le passage. »

> « Mais.....................................
> » .... de ce faire n'ont eu cœur ni couraige.

Il en est ainsi des Vénitiens et des Romains :

> « Venissiens m'ont failly au besoing,
> » Si ont Romains quand ont vu sa puissance.
> (Celle de Charles VIII.)

Aussi s'écrie-t-il :

> « Adieu, adieu, de Naples la cité
> » Partir me faut plutôt huy que demain. »

Cependant il espère, mais faiblement, dans la valeur de son fils :

> « Je vous lairray icy mon lieutenant
> » Bon roy Ferrant, jeune, puissant et fort ;
> » .... mais vous tiendrez au port
> » Auprès de vous toujours une gallée
> » Pour vous sauver du péril de la mort. »

Puis, il adresse sa plainte aux dieux mêmes :

Je me complains de Mars dieu des batailles
Et de Mercure faire le dois vraiment,
Car ils sont cause de la perte et dommaige
Que m'a fait France par son hardiment.

Plus de poésie, elle ne convient point à un roi détrôné :

« Laisser nous faut la challemye (la lyre)
» D'Amphion, ne la sonner mye,
» Qui Argus feist sommeiller
» Ne la vueillez point reveiller,
» Mais faisons chiére piteable. »

Il regrette de n'avoir pas reçu de meilleurs conseils et surtout de n'avoir pas mieux étudié l'histoire :

« Si j'eusse bien lu les chroniques
» Des Troyens grandes et petites,
» Et mesmement celles de France
» Pas ne feusse en telle balance. »

Que son exemple serve aux autres rois et aux nations étrangères! Que personne n'ose à l'avenir tenir tête aux Français et

« ...... contre eulx se mettre aux champs
» Car ils sont trop accoutumés
» De coucher nuit et jour armés,
» Tôst montés et tôst descendus. »

Aussi a-t-il prudemment agi en prenant la fuite :

> Si point ne les ai attendus
> Je croy que ce a été grand sens,
> Car contre eulx pas fort ne me sens,
> Et sus ces termes adieu dis
> A tous mes anciens amys
> Qui êtes delà demourez ;
> Je crois que plus ne me verrez.

Une autre pièce, de vingt-trois strophes de six vers chacune, est intitulée : *Louanges de la victoire du très-chrétien roy de France, obtenue en la conquête de sa ville et cité de Naples, avec les regrets et lamentations du roy Alphonse.* Elle offre beaucoup de ressemblance avec celle que nous venons d'analyser. Nous nous contenterons de donner ici le rondeau qui la termine [1] :

RONDEAU.

ALPHONCE.

> A gens francois ceste terre est promise
> Et selon droit elle leur appartient
> En long en lez, en tout ce quel contient.
> Aussi par droit leur a esté submise.

[1] Voir la pièce entière aux *Pièces justificatives.*

Amour et paix l'un à l'autre est requise.
Mais ce royaume laisser il me convient
   A gens francois, etc.

Charles, Charles, noble filz de l'Eglise,
Prudent conseil ta majesté soustient.
Perte et malheur de tous costez me vient;
Mais j'ay laissé toute mon entreprise
   A gens francois, etc.

      Adieu cyté,
      D'auctorité
      Très excellente
      Je suis bouté [1]
      Et orfenté [2],
      Dont je lamente.
      Je me tourmente.
      Force est que sente
   Dueil, courroux et perplexité.
   Car je n'ay pour toute ma rente
   Que desconforts qui me presente
      Desespoir et crudelité.

      Las je me voy
      A tout par moy
      Comme une beste.
      J'ay esté roy
      Tenant arroy
      Noble et honneste.

---

[1] Sous-entendu dehors.
[2] Mis dans la position d'un orphelin.

Mais je proteste
Que ceste queste
M'a mys en ung pitueux conroy.
Çà et là feray ma conqueste,
Et cognois bien que sur ma teste
Plus couronne ne porteroy.

L'ACTEUR.

Le roy Alphonce se mist en ung navire
Quand il se vit en ce point desconfire,
Par grant yre
Il souppire
Du cueur moult tendrement,
Piteusement
Faisant departement.
Il ouyt chevaux bruyre
Harnois reluyre,
Son fils Ferrant laissa pour introduire
Et reduire
Ou conduire
Napples à son entendement.
Mais les François honnestement,
Joyeusement,
Prudentement,
Y sont entrez sans mot dire.
Prions à Dieu du firmament
Que le roy revienne briefment
En France ses subgects instruire.
                              Amen.

Cy finent les lamentacions et regrets du roy Alphonce.

Cette pièce ne manque pas d'un certain mouvement. Le morceau principal et le rondeau étaient destinés, sans doute, à être récités sur un théâtre puisque les premiers vers sont placés dans la bouche d'Alphonse lui-même et les derniers dans celle d'un *acteur*. Cette composition ressemble évidemment beaucoup à ces pièces de circonstance arrangées pour des fêtes publiques et que des personnages costumés récitaient sur des théâtres ou échafauds dressés aux carrefours de Paris, à l'époque de l'entrée des rois dans leur capitale ou à propos de réjouissances ordonnées pour fêter quelque grand événement, tel que le fut certainement aux yeux des Parisiens la conquête du royaume de Naples.

S'il arrive, après avoir lu quelques chapitres de Comines et admiré la sagacité naturelle du chroniqueur français, s'il arrive, disons-nous, de chercher le récit des mêmes faits dans François Guichardin, ce Florentin, maître d'une langue formée, émule pour la sobriété, la clarté et la méthode de Tite-Live, lequel notre historien français regrettait tant de ne pouvoir lire dans le texte latin, on est étonné, après cette comparaison, de la distance littéraire, si l'on peut s'exprimer ainsi, qui séparait alors deux nations si voisines, la France et l'Italie. Si l'on compare les vers que nous venons de citer, je ne dis pas avec ceux de Dante et de Pétrarque, grands hommes ensevelis depuis plus d'un siècle dans leur gloire, mais avec les œuvres des nombreux poètes italiens du xv° siècle, cette distance paraît bien plus grande encore. Nous trouvons, en effet, chez ces derniers, tout ce qui manque à nos rimeurs: clarté, élégance, correction, euphonie, souvenirs classiques, connaissance de l'histoire, en un mot tout ce qui est absent dans les œuvres grossières de nos rudes poètes de carrefours, contemporains de Villon, mais ses inférieurs.

Si, pour compléter cette comparaison, on se souvient que Michel-Ange, Léonard de Vinci, le Titien étaient nés avant notre entrée en Italie, que les peintres de la manière primitive de l'école italienne, ces artistes remarquables par la grâce et la correction tout à la fois, avaient déjà produit leurs œuvres, on voit, on sent quel contraste la civilisation française, à peine ébauchée, présentait à la fin du xv° siècle, avec l'élégance et les goûts de ces petits Etats si curieux d'art et de raffinements de toute sorte. Cela ne sert-il pas à faire comprendre, du même coup, la supériorité de nos armées sur celles d'un peuple affaibli par le luxe et le repos. Aussi l'on ne s'étonne guère, après avoir fait ces réflexions, de la facilité avec laquelle ces Gaulois et ces Celtes cuirassés accomplirent en quelques mois leur trouée à travers la péninsule, semant partout l'effroi sur leurs pas ou le faisant marcher devant eux.

La véritable vengeance de l'Italie, vengeance éclatante, fut l'admiration même qu'elle nous inspira pour les chefs-d'œuvre de sa littérature, pour les œuvres de ses peintres et de ses artistes. Nous en voyons le germe apparaître dans les lettres du roi, dans celles des seigneurs qui l'accompagnaient, et nous venons de voir Charles VIII annoncer à son beau-frère qu'il emmènera avec lui, pour reconstruire et embellir le château d'Amboise, objet de son affection jusque-là, au dire du cardinal, d'habiles ouvriers de toute sorte, choisis par lui à Naples et dans d'autres villes d'Italie. Cette impulsion, donnée par le roi lui-même, fut suivie par la noblesse qui l'accompagnait. Aussi les dernières années du xv° siècle et les premières de l'ère suivante doivent-elles être considérées comme la véritable date de la Renaissance en France. Louis XII et François I⁰ʳ, qui venant immédiatement après Charles VIII et continuant sa politique d'agrandissement, prolongèrent le contact fécond de la France avec l'Italie, accélérèrent ce mouvement. Alors le germe importé par le premier de ces rois, et développé par ses deux successeurs, éclata de toute part et s'épanouit merveilleusement. Ces manifestations littéraires et artistiques modifièrent profondément notre langue, un peu nos mœurs et complètement nos meubles, nos vêtements, nos édifices publics et nos demeures particulières. Cela est si facile à constater, en ce qui concerne l'architecture, que quand, par exemple, on recherche la date de la construction de beaucoup de châteaux épars dans nos provinces, même les plus éloignées, et qui attestent par le voisinage ou la superposition des meneaux, des gâbles associés aux corniches ovées, aux rinceaux élégants, aux colonnes engagées ou non terminées par des chapitaux grecs, aux niches gracieusement fouillées dans les entrecolonnements et ornées parfois d'un buste mythologique ou de l'effigie d'un empereur romain; quand, dis-je, on recherche à quelle date les fondements de l'édifice ont été jetés, ainsi que le nom de son constructeur, on trouve fréquemment que cette date remonte à l'une des années qui suivirent l'expédition de 1494, et que le nom du chatelain bâtisseur est celui d'un compagnon de Charles VIII. On ne saurait le nier, ce commencement d'éducation de l'esprit français, cette notion du beau dans l'art qui, en dehors de la naïveté gothique, nous était alors inconnue, l'épuration de notre langue, le raffinement de nos usages et de nos mœurs furent évidemment des conséquences de l'expédition de 1494. Et si, à la mort de Charles VIII, nous ne possédions plus un pouce de terrain de nos conquêtes en Italie, du moins peut-on dire que les précieux trésors artistiques et littéraires que nous en avions exportés durant notre courte occupation, nous restaient tout entiers.

CHAPITRE X.

Dispositions hostiles des cabinets. — Maximilien ordonne des rassemblements de troupes sur les frontières d'Allemagne. — Lettre du roi à ce sujet à l'amiral de Graville. — Comines, chargé d'observer à Venise les dispositions des ambassadeurs étrangers, raconte son arrivée et sa réception dans cette ville. — Le doge lui parle en bons termes du roi. — Intrigues de Ludovic Sforze. — Il retient à Gênes douze galères armées pour le roi. — Le roi des Romains envoie le premier un ambassadeur à Venise pour y préparer la ligue. — Mensonges des envoyés de Ludovic. — Efforts de Comines pour rompre la ligue. — Propositions du doge. — Charles VIII ne les accepte pas. — La ligue est formée. — Réjouissances publiques à Venise, au sujet de la coalition hostile à la France. — Quelques relations nouées avec les chrétiens d'Orient. — Elles échouent par suite de l'entente des Vénitiens avec le sultan Bajazet.

 ANDIS que le roi et son armée se livraient aux plaisirs, admiraient les palais et les jardins de Naples, et jouissaient des charmes du printemps, à une époque de l'année où l'hiver sé-

vissait encore dans leur patrie, les dispositions hostiles hautement manifestées par les rois d'Espagne se propageaient sourdement dans presque toutes les cours d'Italie, excepté toutefois le Piémont. Ces intrigues aboutissaient à Venise, dont le gouvernement, tout en se disant neutre, n'avait pu voir qu'avec une extrême jalousie les rapides progrès de l'armée du roi, l'occupation des principales forteresses de l'Italie par des détachements français, la fuite des princes napolitains, et enfin le triomphe définitif de Charles par la prise des châteaux de Naples et la reddition des ports et des places fortes du royaume abandonné par la famille aragonaise.

Dès le mois de février, et au moment même où l'ambassadeur d'Espagne jetait pour ainsi dire, au nom de ses maîtres, le gant au roi au milieu de son armée, Charles recevait de France la nouvelle que le roi des Romains, Maximilien, ordonnait sur ses frontières des rassemblements de troupes. Nous en trouvons la preuve dans une lettre adressée par le roi à l'amiral de Graville, à la date du 13 février 1495.

« Monsieur l'amiral, disait-il, j'ay receu vos lettres du xxviiie jour de janvier, escriptes à Amyens, touchant l'assemblée des gens de guerre que fait le roy des

Rommains au quartier là où il est, et vous me dictes que l'on ne sçait encores au vray de son intencion. Je me donne merveilles de ce qu'il fait la dicte assemblée, vu les bonnes parolles qu'il m'a fait porter par ses ambassadeurs qui sont icy avec moy. Toutesfois je vous mercie de ce que m'en avez adverty. J'ay bien fiance que vous donnerez si bon ordre à tout au quartier là où vous estes, que, avec l'ayde de mes bons serviteurs et nobles hommes du pays, estans par delà, il ne se fera rien à mon desavantage. Vous pouvez vous adresser pour les choses qui vous seront nécessaires au general (des finances) Gaillard auquel j'ay escript qu'il face ce que vous lui ordonnerez, et je scais bien qu'il ne vous laissera avoir faulte de rien. De ce qu'il vous surviendra, faictes moy savoir des nouvelles à toute diligence. Vous m'avez escript d'autres lectres de la dicte assemblée, les quelles je n'ay point eues. Il faut dire que les postes ont été détroussés en chemyn [1]. »

Mais nous avons, pour étudier le principe et la formation de cette ligue, un maître expérimenté dans Philippe de Comines, que nous savons avoir été chargé par son maître de surveiller la politique vénitienne et d'observer dans la riche capitale de l'Adriatique, principal foyer de l'activité italienne, les indices et les symptômes

[1] Copie d'une lettre du roi, écrite de Saint-Germain, au royaume de Naples. Bibliothèque de Nantes, archives de la maison de Rohan.

de nature à indiquer, non-seulement les dispositions des cours d'Italie, mais encore celles de l'Espagne et de l'Allemagne.

Comme le dit lui-même notre diplomate, en se préparant à rendre compte des négociations qu'on avait essayé de dérober à sa clairvoyance, « ce n'est point un discours hors de la matière » principale de parler brièvement de la seigneu- » rie des Vénitiens » et de la réception qu'elle lui avait faite comme ambassadeur français. Elle fut, selon la coutume, gratuite et magnifique. L'usage particulier de Venise était de défrayer les ambassadeurs étangers dès leur arrivée et durant tout leur séjour sur le territoire de la république, « qui compterait bien, dit » Comines, ce qu'il faut donner aux tambourins » et aux trompettes, il n'y a guère de gain à » ce deffray, mais le traitement est honora- » ble [1]. »

En arrivant à Fusine, notre envoyé y avait trouvé des barques élégantes couvertes en dehors de tapisseries et drapées de tissus veloutés à l'intérieur, destinées à le recevoir et à le transporter, lui et sa suite, à travers les lagunes. Vingt-cinq gentilshommes vêtus de riches habits de soie écarlate, lui souhaitèrent la bienvenue et le con-

---

[1] Comines, ch. xv, liv. viii.

duisirent, près de la ville, à l'église de Saint-André, où vingt-cinq autres gentilshommes, accompagnés des ambassadeurs étrangers, lui adressèrent une harangue et le firent embarquer dans une de ces vastes gondoles d'honneur couvertes de satin cramoisi et contenant chacune une quarantaine de personnes. Il suivit, dans ce somptueux équipage, le grand canal bordé de palais dont les plus anciens étaient peints avec soin, tandis que ceux qui ne dataient que d'un siècle présentaient des façades de marbre blanc d'Istrie mêlé de porphyre et de serpentine. Ces somptueuses demeures, qu'il visita plus tard, avaient, pour le moins, au dedans, deux chambres à plafonds dorés, de riches manteaux de cheminées de marbre sculpté, et contenaient des lits, des paravents et d'autres meubles dorés. Ce fut donc dans cette compagnie de cinquante gentilshommes que Comines, émerveillé de tant de richesses et de luxe, fut conduit à son logement, c'est-à-dire à l'abbaye de Saint-Georges. Dès le lendemain de son arrivée, il fut présenté au doge qui préside à tous leurs conseils, honoré comme un roi, et auquel s'adressent toutes requêtes et toutes lettres, « mais qui ne peut guères de lui seul, » bien que celui qui était alors en charge eût beaucoup d'autorité à cause de son âge et de son expérience dans les choses d'Italie. C'était Auguste Barbarigo. Comines resta huit mois à Venise, défrayé de tout, ayant à sa disposition trois gondoles avec leur équipage, et recevant, de plus, cent ducats par mois, comme les autres ambassadeurs.

Le doge tint à l'ambassadeur français les meilleurs discours du roi et de toutes ses affaires. Comines avait été chargé d'offrir aux Vénitiens les villes de Brindes et d'Otrante, dont ils devaient être mis en possession aussitôt que le roi aurait été maître de son royaume de Naples, mais à cette condition, qu'en leur donnant de meilleures places en Grèce, ils eussent été tenus de les rendre. La Seigneurie avait répondu qu'elle ne voulait point acheter l'amour du roi, et pour rehausser sa générosité, elle n'avait pas manqué de faire observer que le roi Alphonse de Naples la suppliait tous les jours, par son ambassadeur alors à Venise, de lui pardonner ses torts envers la république, et d'accepter, en territoire et en argent, toutes les compensations qu'elle fixerait elle-même. Le sultan, de son côté, leur avait expédié un ambassadeur que Comines vit plusieurs fois, et qui, de concert avec Alexandre VI, ajoute-t-il, menaçait la république si elle ne se déclarait pas contre le roi. Mais la Seigneurie, fidèle jusque-là à son système de neutralité, répondait à chacun avec beaucoup de réserve. Il est vrai que, suivant notre diplomate qui ne croyait guère à la sincérité des Vénitiens, Ludovic Sforze (était-ce une ruse de sa part?) leur faisait dire par son propre ambassadeur qu'ils ne s'inquiétassent point, qu'il savait bien la façon de renvoyer le roi, sans qu'il conservât rien en Italie. Quand Pierre de Médicis se réfugia plus tard à Venise, il raconta à notre historien que Ludovic lui faisait, en même temps, parvenir, dans les mêmes termes, des assurances semblables.

Entrait-il alors dans les vues du duc de Milan de rassurer Florence et Venise sur les intentions du roi? Quoi qu'il en soit, il est certain que ce prince ne tarda pas à travailler sérieusement à expulser les Français de l'Italie, dont il leur avait ouvert les portes. A son départ de Sarzana, où il avait pris congé du roi, Ludovic, on s'en souvient, avait pu remarquer de quelle défaveur il était entouré dans l'armée française. Il avait vainement demandé que les places de Sarzana et de Pietra-Santa fussent rendues aux Génois, ses vassaux, qui prétendaient y avoir des droits supérieurs à ceux des Florentins, et il n'avait pu pardonner au roi l'insuccès de sa requête.

Après la reddition des châteaux de Naples et la soumission des provinces, Charles, dont la défiance était éveillée à l'égard de Ludovic, avait refusé de le mettre en possession de la principauté de Tarente, qui lui avait été promise comme sa part dans la conquête. A ce refus, s'ajoutait une offense vivement ressentie par Ludovic. Il voyait, enrôlés dans l'armée française et jouissant de la faveur du roi, ses ennemis personnels, et surtout Jean-Jacques Trivulce, chef des émigrés et des mécontents milanais, ainsi que le cardinal Fregose et Obietto de Fieschi, chefs de l'opposition expatriée de Gênes, lesquels avaient fini, après la fuite de Ferdinand, par se rattacher au roi de France. Enfin, le duc d'Orléans, resté à Asti avec un corps de troupes, ne cachait plus son hostilité. Il se laissait donner, par son entourage, le titre de duc de Milan, et l'on disait assez ouvertement, dans cette petite cour, que le complément de l'expédition d'Italie serait la facile expulsion du Milanais, par le roi vainqueur, des usurpateurs du duché et la restitution de cette principauté à l'héritier des Visconti.

Le duc de Milan ne tarda pas à laisser percer son mécontentement par un acte qui, de la part d'un allié, avait déjà le caractère d'une véritable hostilité. Il fit retenir à Gênes douze galères, qu'on y armait pour le compte des Français, et il défendit qu'on y équipât aucun bâtiment pour leur service. Charles, blessé au vif, prétendit que c'était à ce contre-temps qu'il devait l'insuccès de l'attaque dirigée contre l'île d'Ischia et sa citadelle, où Ferdinand était toujours réfugié.

L'empereur Maximilien n'avait oublié ni sa haine contre la France, ni la double offense qu'il avait reçue personnellement de Charles VIII. Aussi regardait-il avec autant de jalousie que les puissances italiennes elles-mêmes l'agrandissement des Français dans la péninsule. On ne manquait pas de lui dire, ce qui n'était pas fondé, que Charles avait l'ambition de se faire proclamer roi des Romains et qu'il sollicitait le pape de poser sur sa tête la couronne de Charlemagne.

Quant aux rois d'Espagne, Ferdinand et Isabelle, nous avons dit avec quel éclat leur ambassadeur avait rompu avec le roi au camp de Viterbe. La prise de Naples n'avait fait que les fortifier dans leurs dispositions hostiles. Ils craignaient même que Charles n'ajoutât bientôt à ses conquêtes la Sicile et la Sardaigne.

Le roi des Romains envoya le premier un ambassadeur à Venise : c'était Ulric de Freundsperg, évêque de Trente, accompagné de deux chevaliers et d'un docteur. Lorenzo Mendoça y vint de la part de l'Espagne ; et, outre son ambassadeur habituel, le duc de Milan y expédia comme envoyé extraordinaire l'évêque de Côme, accompagné de messire François Visconti. Ces derniers vinrent voir Comines. Pour lui cacher le but de leur mission, ils inventèrent un gros mensonge, dont notre ambassadeur ne fut pas dupe. Ils lui dirent que les Vénitiens avaient envoyé deux ambassadeurs à Milan, et que Ludovic, ne voulant pas rester dans les dettes de la Seigneurie, s'était empressé de lui rendre honneur pour honneur. Il poussèrent la duplicité jusqu'à la dernière limite en demandant à Comines ce qu'étaient venus faire à Venise ces envoyés du roi des Romains et des rois d'Espagne, « afin, ajoutaient-ils d'un air naïf, qu'ils pussent en instruire leur maître. » Ils étaient vraiment bien tombés. Le vieux compère, qui avait souvent partagé le lit de Louis XI, de ce roi passé maître en fait d'intrigues, le rusé diplomate, qui avait pratiqué dans sa vie tant de gens cauteleux, et qui, d'ailleurs, dans la circonstance, comme il nous le dit, « dépensait quelque chose pour en être averti, et en avait de bons moyens, » savait déjà, tant de serviteurs d'ambassadeurs qu'autrement, que l'envoyé d'Espagne était passé par Milan, déguisé ; que l'ambassadeur allemand tenait ses instructions de Ludovic Sforze, et que tous les deux recevaient à chaque instant des paquets de lettres par l'entremise du représentant de la cour de Naples. Bien plus, Comines, servi comme son ancien maître, se faisait servir en pareil cas, c'est-à-dire pour son argent, connaissait déjà les éléments du traité projeté entre les coalisés. Jugeant que le moment était venu de ne pas accepter plus longtemps le rôle de dupe, il répondit aux envoyés de Ludovic que le duc de Milan, leur maître, s'engageait dans une voie des plus dangereuses; que les rois de France n'avaient jamais été ingrats, et qu'il ne fallait pas, à propos de quelque malentendu, rompre une alliance si profitable pour les deux parties. Comines termina ces reproches en priant l'évêque de Côme de demander, avant tout, à son maître l'état de ses griefs et doléances, afin qu'il les transmît au roi, qui y aurait grand égard. Les Milanais affirmèrent avec de grands serments la fidélité de Ludovic à ses engagements vis-à-vis du roi, et leur propre bonne foi, assertions mensongères et très-propres à redoubler la défiance de notre ambassadeur.

Le lendemain, Comines se rendit à la Seigneurie. Il parla de la ligue projetée; il représenta qu'aux termes du traité encore en vigueur, passé entre Louis XI et les Vénitiens, ils ne pouvaient s'allier aux ennemis l'un de l'autre, et qu'entrer dans l'alliance dont on essayait de jeter les bases, ce serait violer leurs engagements. Sorti de la chambre du conseil, il y fut rappelé quelques instants après. Alors le doge, prenant la parole, lui fit remarquer qu'avant tout, à Venise, il ne fallait point ajouter foi à ce qui se disait par la ville, parce que chacun y jouissait de la liberté, et surtout de celle de dire ce qu'il voulait. Nul n'y songeait à former une ligue contre le roi de France, ajouta le doge ; au contraire, le projet en question était le suivant: le roi de France, Venise, toute l'Italie, le roi des Romains et les rois d'Espagne se seraient ligués contre le Turc. Chacun y aurait contribué selon ses ressources. Quant à la question de Naples, ils proposaient à Charles VIII de se contenter de la suzeraineté, d'un tribut annuel et de trois places à son choix. Il ajoutait que, moyennant l'acceptation de ces conditions, les Vénitiens avanceraient une somme au roi, qui leur remettrait en gage les places de la Pouille. De plus, ils se faisaient forts d'obtenir l'assentiment du pape à cette convention. L'ambassadeur français, auquel cet arrangement ne déplaisait pas, déclara qu'il n'avait pas les pouvoirs nécessaires pour l'accepter immédiatement ; mais il demanda un délai pour le porter à la connaissance de son maître, tout en conjurant la Seigneurie de ne se hâter en rien et d'exposer franchement ses griefs avant de prendre aucun engagement hostile au roi de France. Alors le doge se plaignit de l'occupation par l'armée française des places de l'État de l'Église, et surtout de celles des Florentins. Il fit remarquer combien cette chaîne de forteresses et de garnisons françaises était menaçante pour l'indépendance de l'Italie, que le roi avait tant promis de respecter, pourvu qu'on le laissât reconquérir son royaume de Naples, et plus tard attaquer les Turcs, ennemis de la chrétienté. Le doge ne passa point sous silence ces hostilités sourdes contre le duc de Milan, dont Asti était devenu le foyer depuis que le beau-frère du roi s'y était fixé. Il termina néanmoins en assurant notre envoyé qu'il ne serait pris aucun parti définitif avant d'avoir reçu une réponse du roi.

Comines transmit au roi, qui était alors en chemin pour Rome, un état détaillé de la situation des affaires et de celle des esprits. Nul doute qu'il penchait vers un accommodement du genre de celui proposé par les Vénitiens. Tout ce que nous savons, c'est qu'il eut « maigre réponse. » Mais l'abandon par le duc de Calabre de l'excellente position de Viterbe, sa retraite sur Rome, puis l'évacuation de cette ville sans combat, enfin les succès continus de l'armée française, déconcertèrent pendant quelque temps les combinaisons hostiles des ambassadeurs assemblés à

Venise. Il y avait chaque jour des réunions à la Seigneurie, mais chaque jour aussi notre courageux chargé d'affaires faisait du mieux qu'il pouvait pour dissoudre la coalition naissante.

L'entrée du roi à Naples ne fut pas vue de bon œil par la Seigneurie de Venise. Dans une conversation à ce sujet entre notre ambassadeur et le doge, celui-ci, dissimulant son dépit, s'étendit fort au long sur la force des châteaux de Naples et sur la résistance qu'ils étaient en état d'opposer à une armée maîtresse seulement de la ville. Comines s'aperçut facilement qu'ils avaient bonne espérance de la résistance de ces forteresses, dont l'une, celle de l'Œuf, passait pour imprenable. Il sut même que l'on avait autorisé l'ambassadeur napolitain à enrôler des gens d'armes à Venise, pour les envoyer renforcer la garnison de Brindes.

Enfin un matin, informés par leurs ambassadeurs de la prise des châteaux de Naples, ils envoyèrent de nouveau quérir notre représentant. Comines, entré dans la chambre du conseil, y trouva une soixantaine de personnes réunies. « Le doge, qui était malade de la colique, me conta ces nouvelles, le visage joyeux, dit-il, mais nul, en la compagnie, ne se sçavait feindre si bien comme luy. Les uns étaient assis sur un marche-pied de banc et avaient la tête appuyée entre leurs mains, les autres d'une autre sorte, tous démontrant avoir grande tristesse au cœur, et crois que quand les nouvelles vinrent à Rome de la bataille perdue à Cannes, contre Annibal, les sénateurs qui étaient demeurés, n'étaient ni plus esbahis, ni plus espouvantés qu'ils étaient... Le duc (doge) me demanda si le roi lui tiendrait ce que toujours leur avait mandé et que leur avais dit. Je les assurai fort que, oüy; et ouvris les voix pour demeurer en bonne paix et m'offris fort à la faire tenir espérant les ôter de soupçon et puis me départis. »

La ligue, cependant, n'était pas encore signée, malgré les instances des Allemands et celles de Ludovic, mais elle était à la veille de l'être. Aussi Comines envoyait-il courrier sur courrier au roi pour le presser de prendre une résolution et de se mettre à l'abri d'une surprise. Il fallait, à son avis, ou se pourvoir de renforts et d'argent, ou se retirer sans retard en laissant, en tout cas, les places bien gardées. Il avertissait aussi le duc d'Orléans, à Asti, de se tenir sur ses gardes, l'assurant qu'il serait le premier attaqué. Enfin, dans ses dépêches à Monseigneur de Bourbon, lieutenant pour le roi en France, Comines insistait pour qu'on expédiât des renforts considérables à Asti, car, cette place perdue, toute communication avec le roi était interceptée. Il n'oubliait même point d'écrire à la marquise de Montferrat, aussi bonne Française qu'ennemie du duc de Milan, pour lui représenter qu'Asti au pouvoir de Ludovic, c'en était fait de ses principautés de Montferrat et de Saluce et que personne, évidemment, n'avait plus d'intérêt qu'elle à envoyer au duc d'Orléans tous les renforts qu'elle pourrait réunir. Nous verrons dans les lettres du roi à Monsieur de Bourbon, écrites de Naples, que le roi prit en sérieuse considération les avis de son ambassadeur.

Cette redoutable coalition fut enfin conclue après de longues délibérations, prolongées ce jour-là fort avant dans la nuit, peu de temps avant le dimanche des Rameaux 1495. Un des morceaux les plus curieux, sans doute, que nous puissions sertir dans cette mosaïque est le récit même que nous donne Comines, de la conclusion de ce traité et des fêtes officielles qui en accompagnèrent la proclamation à Venise. Essayer d'en donner une analyse en langage plus moderne, ce serait le priver de tout le charme dont notre historien a su le revêtir. N'est-il pas évident, d'ailleurs, que ce récit est la reproduction de quelque dépêche adressée au roi durant son séjour à Naples et dont l'original, qui, du reste, n'était pas de nature à être publié dans les bulletins officiels, n'est pas parvenu jusqu'à nous. Voici ce passage [1] :

La ligue fut conclue un jour bien tard. Le matin, me demanda la Seigneurie, plus matin qu'ils n'avoient coutume. Comme je fus arrivé et assis, me dit le duc, qu'en l'honneur de la saincte Trinité, ils avoient conclu ligue avec nostre Sainct-Père le pape, les roys des Romains et de Castille, euz et le duc de Milan, à trois fins; la première pour defendre la chrestienté contre le Turc; la seconde à la defense d'Italie; la tierce à la préservation de leurs estats, et que je le fisse sçavoir au roy; et estoient assemblés en grand nombre comme cent ou plus, et avoient les testes hautes, faisoient bonne chère, et n'avoient point contenances semblables à celles qu'ils avoient le jour qu'ils me dirent la prise du château de Naples. Me dist aussi qu'ils avoient escrit à leurs ambassadeurs, qui estoient devers le roy, qu'ils s'en vinssent et qu'ils prissent congé. L'un avait nom messire Dominique Loredan et l'autre messire Dominique Trevisan. J'avois le cœur serré et estois en grand doute de la personne du roy et de toute sa compagnie, et cuidois leur cas plus prêt qu'il n'estoit et aussi faisoient ils eux, et doutois qu'ils eussent des Allemands prests, et si cela y eut été, jamais le roy ne fut sailly d'Italie. Je me déliberai ne dire point trop de paroles en ce courroux; toutefois ils me tirèrent un peu aux champs. Je leur fis response que dès le soir avant

[1] Comines, chap. XV, livre VIII.

je l'avois escrit au roy, et plusieurs fois, que luy aussi m'avoit écrit qu'il estoit adverty de Rome et de Milan. Il me fist tout estrange visage de ce que je disois l'avoir escrit, le soir, au roy; car il n'est nulles gens au monde si soupçonneux, ni qui tiennent leurs conseils si secrets, et par soupçon seulement confirment souvent les gens et à cette cause leur disois : outre ce, je leur dis l'avoir aussi escrit à Monseigneur d'Orléans et à Monseigneur de Bourbon afin qu'ils pourvussent Asti, et le disois esperant que cela donneroit quelque delai d'aller devant Asti; car s'ils eussent esté aussi prêts comme ils se vantoient et cuidoient, ils l'eussent pris sans remède : car il estoit et fut mal pourvu de longtemps après. Ils se prirent à me dire qu'il n'y avoit rien contre le roy, mais pour se garder de luy, et qu'ils ne vouloient point qu'il abusât ainsi le monde de paroles; de dire qu'il ne vouloit que le royaume et puis aller contre le Turc, et qu'il montroit tout le contraire, et vouloit détruire le duc de Milan et Florence et tenir les terres de l'Église. A quoy je respondis que les roys de France avoient augmenté l'Église, accreue et deffendue, et que cettuyci feroit plustôt le semblable que de rien leur oster; mais que toutes ces raisons n'estoient point celles qui les mouvoient, mais qu'ils avoient envie de troubler l'Italie et faire leur profit, et que je croyois qu'aussi feroient-ils, ce qu'ils prinrent un peu à mal, ce me dit-on, mais il se voit, parce qu'ils ont eu Pouille en gage du roy Ferrand pour luy aider contre nous, que je disois vray. Sur ce poinct je me voulois lever pour me retirer, mais ils me firent rasseoir et me demanda le duc si je ne voulois faire nulle ouverture de paix, parce que le jour de devant j'en avois parlé : mais c'estoit pour condition qu'ils voulussent attendre à conclure la ligue, de quinze jours, afin d'envoyer devers le roy et avoir response. Après ces choses dictes, je me retiray à mon logis, et ils mandèrent les ambassadeurs l'un après l'autre, et au saillir de leur conseil, je rencontray celui de Naples, qui avoit une belle robe neufve et faisoit bonne chère et en avoit cause : car c'estoit grandes nouvelles pour luy. A l'après dinée tous les ambassadeurs de la ligue se trouvèrent ensemble en barque (qui est l'esbat de Venise, ou chacun va, selon les gens qu'il a, et aux dépens de la seigneurie) et pouvoient estre quarante barques qui toutes avoient pendeaux aux armes de leurs maisons; et vis toute cette compagnie passer devant mes fenestres et y avoit force menestriers; et ceux de Milan, au moins l'un d'iceux, qui m'avoit tenu compagnie beaucoup de fois, faisoit bien contenance de me cognoistre plus, et fus trois jours sans aller par la ville, ni mes gens, combien que jamais ne me fut dite en la ville, n'y à homme que j'eusse, une seule mal gracieuse parole. Le soir firent une merveilleuse feste de feux, sur les clochers, force fallots allumez sur les maisons de ces ambassadeurs et artillerie qui tiroit; et fus sur la barque couverte, au long des rives, environ dix heures de nuict, et par espécial devant les maisons des ambassadeurs, où se faisoient banquets et grande chère. Ce jour là n'estoit point encores la publication, ni la grande feste : car le Pape avoit mandé qu'il vouloit qu'on attendit encores aucuns jours, pour la faire à Pasques flories, qu'ils appellent le dimanche de l'Olive; et vouloit que chascun prince, où elle seroit publiée, et les ambassadeurs, qui y seroient, portassent un rameau d'olivier en la main et le dissent *signe de paix et d'alliance*, et qu'à ce jour elle fust publiée en Espagne et Allemagne. A Venise firent un chemin de bois haut de terre comme ils font le jour du sacre, bien tendu, qui prenoit du palais jusques au bout de la place Saint-Marc; et après la messe que chanta l'ambassadeur du Pape, qui à tout homme donna absolution de peine et de coulpe qui seroit à la publication, ils allerent en procession par ledit chemin, la seigneurie et ambassadeurs tous bien vestus; et plusieurs avoient robes de veloux cramoisy, que la seigneurie avoit données, au moins aux Allemands, et à tous leurs serviteurs robes neuves; mais elles etoient bien courtes. Au retour de la procession se montrerent grand nombre de mystères et de personnages, et premièrement Italie, et après tous ces roys et princes, et la reyne d'Espagne; et au retour, à une pierre de porphyre, où l'on fait les publications, firent publier ladite ligue; et y avoit un ambassadeur du Turc present, à une fenestre caché; et estoit depêché, sauf qu'ils vouloient qu'il vit ladite fête; et la nuit vint parler à moi, par le moyen d'un Grec, et fut bien quatre heures dans ma chambre, et avoit grande envie que son maître fut nostre amy. Je fus invité à cette fête, par deux fois, mais je m'excusay, et demeuray en la ville, environ un mois depuis, aussi bien traité que devant; et puis m'en partis mandé du roy, et de leur congé conduit en bonne seureté, à leurs despens, jusqu'à Ferrare. »

Celui qui a vu Venise telle qu'elle est aujourd'hui, ses infortunes n'ont point encore entièrement effacé sa beauté, peut se la figurer facilement telle qu'elle était à la fin du xv° siècle, portant fièrement, en souvenir de ses conquêtes, sa couronne tout à la fois moresque et byzantine, fille opulente de l'Adriatique, mollement caressée par sa mère, épouse fidèle et soumise alors des doges. Mais à celui qui ne l'a jamais vue, nous conseillerons de lire la description de cette fête publique devant un de ces tableaux, nombreux dans nos musées, où l'un de ses enfants, Canaletti, a si bien reproduit les aspects variés de sa chère patrie. Cette image devant les yeux et Comines à la main, ne voit-on pas Venise dans ce jour d'allégresse populaire, n'y prend-on pas son gouvernement sur le fait? Le peuple sanctionne par son admiration pour les décorations officielles, par la part qu'il prend aux réjouissances publiques, les profondes combinaisons de l'oligarchie qui le gouverne sans le consulter, mais à condition de l'amuser. La brillante procession se déploie sur le chemin de bois tendu de tapisseries à partir du palais ducal jusqu'à l'autre bout de la place Saint-

Marc. Nous passons au pied de la colonne qui porte le lion ailé. Voilà la Zecca. Voilà le haut Campanile, beffroi et phare tout à la fois. Voilà les mâts vénitiens et leurs banderolles agitées par les brises de la mer. Quant aux riches costumes du doge, de la Seigneurie, des ambassadeurs étrangers et des Vénitiennes, laissons, pour nous en faire une juste idée, Canaletti pour un autre peintre de la même école, pour Paolo Veronese qui, on le sait, a placé partout, même autour de la table dressée pour les noces de Cana, même sous la tente où Alexandre reçoit la famille éplorée de Darius, des doges, des provéditeurs, des artistes, ses contemporains, parfois lui-même, et toujours de grandes dames vénitiennes aux robes de drap d'or, couvertes de perles et de pierres précieuses, en un mot, des Catherine Cornaro ou des Bianca Capello. N'oublions pas surtout dans cette revue les blonds serviteurs de l'ambassade allemande, mal payés par leur maître, l'artiste nécessiteux, Maximilien. Ne les voyons-nous pas s'avancer gravement, fiers de ces robes neuves, mais trop courtes, dont la Seigneurie les avait gratifiés en spéculant sur l'aunage ?

Cherchons aussi, vers le soir et *par especial* devant les palais des ambassadeurs, d'où s'exhalent en bruit et en lumières les manifestations de la joie la plus vive, une barque se détachant de l'îlot de Saint-Georges, puis glissant dans l'ombre, silencieusement, le long du grand canal et du quai des Esclavons. Sous la draperie noire de la gondole, n'apercevons-nous pas la figure intelligente de celui qui nous représentait alors fidèlement près de la Seigneurie, prédécesseur, à la distance de trois siècles, des signataires d'un traité vengeur et à jamais regrettable cependant, de celui de Campo-Formio?

Le doge n'avait pas tout dit à l'ambassadeur français, et le traité d'alliance contenait des clauses plus hostiles que les trois points énoncés par lui. On était convenu secrètement, mais expressément, que Ferdinand, roi de Naples, qui, toujours réfugié à Ischia, s'occupait déjà à nouer des relations avec les mécontents de la Calabre, se servirait des troupes de débarquement fournies par l'Espagne pour essayer de rentrer en possession de ses États, et que, dans le même temps, les Vénitiens, avec une armée navale, menaceraient les places maritimes du littoral napolitain. Ces mouvements devaient être combinés avec ceux du duc de Milan qui attaquerait le duc d'Orléans dans Asti, et s'emparerait de cette ville afin d'intercepter tout secours venant de France. Enfin, les autres confédérés s'engageaient à fournir aux rois d'Espagne et au roi des Romains des subsides considérables, afin que l'un et l'autre pussent mettre sur pied deux armées destinées à attaquer la France par ses deux frontières opposées.

Quant à l'un des buts ostensibles de la ligue énoncés par le doge, à savoir la défense de l'Italie contre les Turcs, ce n'était qu'un faux prétexte et même un mensonge. Il est certain, au contraire, que la ligue avait été conclue de concert avec un envoyé de Bajazet II, présent à Venise, celui-là même qui, secrètement et perfidement sans doute, faisait part à Comines du regret avec lequel il voyait son maître entrer dans une coalition hostile au roi de France.

Ce serait peut-être ici le lieu de parler des suites que Charles VIII avait données à son projet, hautement proclamé dans ses manifestes, d'organiser, une fois en Italie, une expédition contre le sultan en faveur des chrétiens d'Orient et des Grecs soumis aux Turcs dans leurs possessions d'Europe.

Peu de temps après son entrée en Italie, mais avant son arrivée à Rome et la remise entre ses mains de Zizim, Charles VIII avait noué des relations avec les chrétiens albanais, esclavons et grecs, en les tenant au courant de ses intentions. Ses succès en Italie surexcitèrent bientôt les espérances de ces populations. Tout était préparé par elles, assure-t-on, pour une prise d'armes aussitôt qu'elles auraient reçu un message certain du roi de France. Le roi avait confié ses instructions à un Albanais, l'archevêque de Durazzo, homme léger et sans discrétion. Cet émissaire, assez mal choisi, devait s'embarquer à Venise pour traverser l'Adriatique et donner à ses compatriotes le signal d'une prise d'armes. Il est probable que la police vénitienne, plus soupçonneuse que ne le disait le doge, qui vantait, on s'en souvient, à Comines la liberté de paroles dont on jouissait sous le gouvernement de la Seigneurie, avait été tenue au courant de quelques indiscrétions de l'archevêque albanais. Toujours est-il que celui-ci, la nuit qu'il voulut sortir de Venise, sur un bâtiment chargé d'armes et de munitions, fut arrêté avec sa correspondance et mis en une prison d'Etat.

La Seigneurie s'empressa de dévoiler le complot aux commandants turcs des places menacées. Elle poussa l'entente cordiale jusqu'à communiquer à Bajazet II la correspondance interceptée. Cette nouvelle parvint à Constantinople en même temps que l'annonce de la mort de Zizim. Cette coïncidence est une des assertions fort vagues invoquées à l'appui de l'accusation d'empoisonnement du prince ottoman par une des mains qui plus tard signèrent la ligue.

CHAPITRE XI.

Le roi informe M. de Bourbon de la conclusion de la Ligue. — Il lui donne des instructions à ce sujet. — Le roi projette de quitter Naples. — Refroidissement des populations à l'égard des Français. — Symptômes de désaffection à Naples même. — Le roi réunit un conseil. — La majorité opine pour le retour en France en laissant de fortes garnisons à Naples et dans les principales villes du royaume. — Composition de l'armée d'occupation. — Le roi, désespérant tout à fait d'obtenir l'investiture papale, se décide à faire son entrée solennelle à Naples. — Il jure les franchises du royaume napolitain. — État comparatif des troupes emmenées par le roi et de celles laissées dans le royaume conquis. — Lettre d'un seigneur français sur l'état de ce royaume. — Le roi part de Naples, son passage à Rome abandonnée par le pape. — Il ne peut se rencontrer avec Alexandre VI qui se retire successivement dans plusieurs places fortes. — Le roi, arrivé à Sienne, fait remettre au pape les places occupées par les Français.

USSITOT que le roi connut, dans les premiers jours d'avril 1495, par les dépêches de son ambassadeur à Venise la nouvelle de la conclusion de la ligue, il en fit part à Monsieur de Bourbon

par une missive qui ne nous est pas parvenue. Mais il nous est facile d'en deviner la teneur par une nouvelle dépêche du 9 mai, où Charles, répondant à une lettre de M. de Bourbon du 22 avril lui donne des instructions complémentaires en le remerciant d'avoir mis à exécution ses recommandations antérieures. Voici cette missive :

Mon frère j'ai veu la lettre que vous m'avez écrite de Moulins le 22me jour d'apvril dernier, par laquelle vous me faictes savoir la réception de celles que je vous avois envoyées touchant la ligue qui a esté faicte en ceste Ytalie et les bonnes et diligentes provisions que vous avez données, tant à la seureté de mon royaume de France que à renforcer à Asti mon frère le duc d'Orléans, dont je vous remercye. Il me semble, mon frère, que vous avez très bien fait d'envoyer audit lieu d'Asti le Bastard et deux cens hommes d'armes, mais il est requis que vous leur fassiez faire diligence de s'y rendre le plus tost que possible pour eviter que aucun inconvenient ne puisse advenir à mondit frère faulte de quelque secours.

Pareillement, mon frère, est besoing de haster les francs archiers de tirer en toute diligence audit Asti s'ils n'y sont de ceste heure, car si mon frère avoit lesdiz deux cens hommes d'armes et lesditz francs archiers avecques ce qu'il a, il seroit en bonne seurté et garderoit ainsi qu'il m'a escript les passaiges à ceulx qui les vouldront empescher à mon retour.

J'ay eu nouvelles certaines que la compaignie du mareschal de Gyé y est pieçà ce qui est très bien venu pour ce que, en attendant les aultres, elle servira bien audit Asti.

Au regart des bans et arrière bans que vous avez mandé mettre sus en Languedoc et autres endroiz de mondit royaume, cela a esté bien advisé et aussi d'escripre à mon cousin le comte d'Angoulesme, le seigneur d'Allebret, de Candale et autres bons personnaiges desditz pays pour eulx tenir prets pour servir quant l'affaire surviendra, ce que je suis seur qu'ils feront voulentiers et de tres bon cueur. Je leurs escriptz et les mercye du bon vouloir qu'ilz ont en mesdites affaires comme vous voyrez. Je vous prie de leur envoyer mes lettres.

Vous avez bien fait de faire venir vers vous les gens des firances pour trouver argent et pour veoyr à toutes autres choses requises et necessaires. Au regart de l'offre que vous m'avez faite de vous y employer corps et biens et de vous tirer en personne devers moy s'il en est besoing, je vous en mercye de très bon cueur, mon frère. Mais pour ceste heure, si autre chose ne me survient, il n'est jà requis que vous bougiez, car par delà au lieu où vous estes vous servez bien. Toutefois selon que les nouvelles surviendront, je vous en advertirai et ferai savoir ce que aurez à faire. Combien que j'espoire estre si bien acompaigné qu'il n'en sera nul besoing et que je passerai par tout qui que le veuille veoyr, attendu, mesmement, que je ne demande rien à personne qui ne me demandera.

Cependant je vous prie, mon frère, faire tenir prestz

lesditz arrière bans et gens d'armes affin que s'il est mestier j'en soye promptement secouru et aydé quant je vous le manderai.

Mon frère, je donne chascun jour ordre et expedition en nos affaires d'icy tant pour mettre en seureté le royaulme que au fait de la justice, et dedens deux ou trois jours je ferai mon entrée comme roy et après avoir reçu les hommaiges et serment de fidelité de mes subiectz et leur avoir fait faire remonstrations de mon vouloir et intention du soulagement que je leur faictz, qui est de deux cents soixante mille ducas par an et autres choses qui seront necessaires pour le bien de moy et dudit royaulme, je partirai pour m'en retourner en telle compaignie et ordre que je pourrai passer partout et obvier aux empeschements que l'on me vouldroit faire en m'en retournant. Je ne demande rien et ne veulx rien demander à nulle seigneurie d'Ytalie, je n'ay jamis rien autre chose en vouloir ne intencion fors de remettre en mon obeissance ce que justement m'apartient et m'en retourner. Mon frère, en escripvant ces presentes est arrivée la poste venant de Moulins par laquelle j'ay sceu que le duc de Lorenne s'en va devers le roy des Rommains pour faire son hommaige qu'il n'a voulu recevoir par procureur. Aussi j'ay sceu comme vous avez mandé deux ou trois mille Suysses pour tirer en Asti, ce que a esté merveilleusement bien advisé et vous en scay très bon gré. Je vous prie y faire faire diligence en manière qu'ils puissent estre audit lieu d'Asti le plustost qu'on pourra.

Mon frère, il me semble qu'il est requis que vous

fassiez encore marcher sur les passaiges de Piemont cent ou deux cens hommes d'armes pour tousjour espauller et renforcer mondit frère d'Orléans. Je vous prie que ainsi le fassiez. Il y a deux jours que j'ay eu nouvelles certaines que messire Camille (Orsini) lequel estoit à Brindes et qui a fait le pis qu'il a peu pour cuider garder quelque place sur la mer, en faisant saillie devant une petite et meschante place où il y avoit de mes gens, a esté tellement blecé qu'il est mort le jour après et croy que ledit Brindes et autres qui tiennent n'attendront point qu'on les assiège, car desjà ils commencent à pratiquer.

Mon frère, faictes moy tousjours savoir de vos nouvelles et je vous manderé ce qui surviendra de jour en jour, et à Dieu qu'il vous ayt en sa garde. Escript à mon chastel de Capouana, en ma cité de Naples ce IXe jour de mai. Ainsi signé : CHARLES et ROBERTET. Et dessus : *A mon^r. le duc de Bourbonnoys et d'Auvergne*[1].

Le roi, menacé de voir le chemin de la France fermé derrière lui par terre et par mer, car l'accession de l'Espagne à la coalition pouvait produire ce dernier résultat, dut songer sérieusement au retour. Les dispositions de ses nouveaux sujets commençaient d'ailleurs à lui donner quelques inquiétudes.

La faveur dont avaient joui les Français à leur

---

[1] Imprimé en caractères gothiques, sans nom ni lieu, relié à la suite des Poésies de Johan Meschinot. Bibl. de Nantes.

arrivée à Naples y diminuait chaque jour. L'affection des habitants pour le roi s'était elle-même beaucoup refroidie. De même qu'à Florence, où « l'on avouait les Français comme saints estimant en eux toute foi et bonté, lequel propos ne leur dura guère[1], » nous devions nous aliéner à Naples les esprits les mieux prévenus en notre faveur. Nous avons vu cependant dans la correspondance du roi et les bulletins publiés en France que ce prince, s'occupant plus qu'il ne paraissait le faire de l'administration de ses nouveaux États, avait donné des preuves d'une grande libéralité envers le peuple par l'abolition des priviléges et les exemptions d'impôts accordées à tout le royaume. La dernière lettre du roi nous apprend que cet allégement seul montait à deux cent soixante mille ducats par an, somme énorme pour le temps. En examinant avec soin les actes de l'administration française on ne saurait y constater, du premier coup du moins, des fautes assez graves et assez multipliées pour expliquer comment une révolution dans les esprits put s'opérer si promptement et si complétement contre nous. Il faut pour s'en rendre compte ne pas oublier que les habitants de cette ville, à la vie et aux mœurs si faciles, forment la

[1] Comines.

population la plus inconstante du monde et se souvenir humblement, aussi peut-être, que cette population se trouvait en contact avec une nation qui n'est pas elle-même exempte de légèreté. L'orgueil s'en mêla de part et d'autre; vertus et défauts, tout concourut, semble-t-il, à brouiller les deux peuples, presqu'au lendemain de la chaleureuse accolade qu'ils s'étaient donnée.

Voici les reproches que les historiens italiens adressent à Charles et à ses ministres. Le prince, disent-ils, gouvernait avec peu d'ordre et de prudence, accusation démentie par les faits, du moins en ce qui concerne l'ordre et l'économie. Ennemi du travail, ajoutent-ils, il se déchargeait sur ses ministres du poids des affaires. Ses favoris portaient la confusion partout. La noblesse napolitaine ne trouva point l'accueil et les faveurs qui auraient redoublé son attachement. On négligea de ménager les ennemis de la maison d'Aragon. Les barons angevins, chassés par Ferdinand le Vieux ou leurs descendants, ne recouvrèrent leurs biens confisqués qu'après beaucoup de difficultés et de longs délais. Il fallait acheter les grâces ou les faveurs de ministres concussionnaires. On ôtait aux uns sans sujet leurs biens que l'on donnait aux autres sans cause. Les Français furent revêtus de presque toutes les charges et enrichis des dépouilles de la noblesse napolitaine. La plus grande partie des terres du domaine aurait été aliénée en faveur des Français.

En lisant cet acte d'accusation ne le croirait-on pas dirigé contre un système de gouvernement établi dans tout le royaume, appuyé sur des règles généralement adoptées, longtemps et impatiemment subi par les populations? Comment accepter ces reproches, quand nous avons des faits et des documents qui les atténuent ou les détruisent, quand nous songeons surtout que la domination française et surtout son administration n'eurent guère le temps de s'étendre et de se consolider au-delà de la capitale et de la banlieue, et que ce gouvernement devenu si impopulaire n'avait duré que quelques semaines.

Quels souvenirs, d'ailleurs, avait laissés dans le royaume la maison d'Aragon? Les historiens italiens, Guichardin lui-même, qui nous adresse cette série de reproches, ont-ils nié les exactions et les cruautés de Ferdinand et celles de son fils Alphonse? Comment expliquer après cela que ces mêmes annalistes trouvent tout naturel que Naples et presque tout le royaume soupirassent avec autant d'ardeur après le retour des Aragonnais qu'ils avaient souhaité, quelques mois auparavant, la ruine de ce prince. On commençait même, assurent-ils, à y entendre volontiers le nom d'Alphonse, autrefois si odieux. On donnait le nom de juste sévérité à ce qu'on appelait barbarie du temps de son père et l'on regardait comme l'effet de la sincérité et de la franchise ce qui avait passé pour de l'orgueil et de la hauteur. Tel est le caractère du peuple, toujours immodéré dans ses espérances. Il ne sait jamais porter la patience jusqu'où il le doit et déclame sans cesse contre le présent; cette légèreté, ajoute Guichardin, car c'est à lui que nous empruntons cette citation, appartient d'une manière plus marquée aux habitants du royaume de Naples, peuple le plus inconstant de toute l'Italie. »

Nous concédons, du reste, sans difficulté que la conduite des Français à Naples et leurs mœurs surtout ne furent pas à l'abri de tout reproche. L'armée ne s'y occupait guère, après la reddition des châteaux, que de fêtes et de plaisirs, et le roi, tout le premier, en donnait l'exemple. Les bulletins que nous avons publiés portent la trace du relâchement de la discipline, de la légèreté et même de la hauteur avec laquelle on traitait les habitants. Amollis par un climat si différent de celui de leur pays natal, enivrés des charmes d'un printemps plus chaud que leurs étés, émerveillés de la richesse d'une nature si prodigue, qu'elle semble inviter à la paresse aussi bien leurs hôtes que les habitants de la contrée, nos rudes gens d'armes, Flamands, Picards, Normands et Poitevins, suspendirent leurs heaumes et leurs cuirasses aux treilles napolitaines; nos archers bretons apprirent bientôt à danser la tarentelle, et à la suite de l'orgie, tous s'endormaient sur ce sol mouvant, sur ces cendres de volcan, sans se demander si quelques charbons ne couvaient pas sous cette poussière ardente.

La nouvelle de la conclusion de la ligue vint troubler cette dangereuse sécurité. Déjà, avant que ce traité menaçant eût été signé, le roi avait décidé de revenir le plus tôt possible en France; nos bulletins en font suffisamment foi. Charles, en prenant cette résolution un peu prématurée, obéissait aux désirs de sa cour, plutôt qu'à des motifs dictés par la prudence. Il restait une infinité de difficutés à régler dans le nouveau royaume. Quelques places n'avaient jamais été soumises et plusieurs étaient déjà rentrées sous la puissance aragonnaise. Ni la justice ni l'administration n'étaient complètement organisées. Charles, voyant le danger qui le menaçait, réunit un conseil et demanda l'avis des membres qui le composaient. La majorité opina pour que le roi hâtât son départ. Elle croyait que tout délai ne ferait qu'accroître les difficultés en donnant aux confédérés le temps de rassembler une plus puissante armée. Le bruit courait déjà qu'un grand nombre d'Allemands, conduits par Maximilien en personne, allait descendre en Italie. Réunis aux troupes du duc de Milan, aux mercenaires vénitiens et peut-être aux Florentins que la ligue essayait d'entraîner dans le parti hostile au roi, il y avait à craindre qu'ils ne formassent au pied des Alpes un obstacle infranchissable au retour de l'armée française. Enfin le désir de revoir la France, d'y conter les aventures de cet heureux voyage, n'était pas étranger à cette résolution, et la jeune noblesse qui entourait le prince n'était pas la portion de l'armée la moins impatiente du retour.

Cette situation créait au roi une double difficulté. Il ne voulait point abandonner sa conquête et personne ne lui conseillait de délaisser ce bel héritage jusque-là si facilement recouvré. Mais son armée n'était pas assez nombreuse pour être divisée en deux corps dont l'un pût le conduire sûrement à Asti, au besoin à travers l'armée des confédérés, et l'autre maintenir son autorité dans un royaume menacé d'une révolution nouvelle et travaillé tout à la fois par des ferments intérieurs et des incitations du dehors. Aucun des deux buts ne fut complètement atteint. L'armée qui suivit le roi paraissait trop faible pour assurer sa retraite; celle qui restait à Naples était évidemment au-dessous de ce que les circonstances auraient exigé.

Il fut décidé que l'armée d'occupation se composerait de la moitié des Suisses, d'une partie de l'infanterie française, de huit cents lances et d'environ cinq cents hommes d'armes italiens. Ces derniers se trouvaient placés sous les ordres de Prosper et de Fabrice Colonna et d'Antoine Savelli. Ces condottieri avaient eu une bonne part dans la distribution des fiefs du nouveau royaume. Fabrice avait reçu les pays d'Albi et de Tagliacozzo, dépouilles de leur vieil ennemi Virginio Orsini. Prosper avait recueilli le duché de Tragitto, Fondi et Montefortino enlevés aux Conti. Le roi se flattait que les autres barons napolitains feraient, par intérêt sinon par reconnaissance, cause commune avec les corps italiens à sa solde; mécompte que les événements ne tardèrent pas à mettre en évidence. Il nomma pour lieutenant général du royaume son cousin Gilbert de Bourbon, comte de Montpensier, hardi chevalier, mais peu sage, « qui ne se levait qu'il ne fût midi », dit Comines. Étienne de Vesc, dont le plus grand mérite avait été de conseiller obstinément cette expédition, créé duc de Nola et gouverneur de Gaëte, reçut, avec le titre de grand chambellan, la charge d'administrateur des finances; « et avait icelui, plus de faix qu'il ne pouvait et n'eût su porter, » ajoute notre caustique historien. Georges de Sully, qui s'y conduisit bravement, commandait à Tarente. Guillaume de Villeneuve, qui fut vendu par sa garnison, resta au château de Naples. Le bailli de Vitri fut chargé de la défense d'Aquila. Gracien des Guerres, brave capitaine, commandait dans l'Abruzze, et enfin d'Aubigny, justement récompensé par la dignité de connétable et le titre de marquis d'Acri et de Squillace, reçut le gouvernement important de la Calabre. Il n'est pas jusqu'à notre ancienne connaissance, Bernard de Percy, qui n'eût obtenu sa dotation, sous le titre de comte de Tropéa et d'Amantéa. Mais ces deux comtés, mécontents d'être distraits du domaine royal, avaient fermé leurs portes au nouveau titulaire.

Les négociations avec Alexandre VI, dans le but d'obtenir l'investiture du royaume, avaient continué, nous le savons, tant qu'on avait conservé une lueur d'espérance, une chance de succès. Ce qui avait prolongé jusqu'au dernier moment les illusions du roi et de ses conseillers, c'est que Charles ayant consenti à ce que le pape subordonnât l'investiture à la clause « sans préjudice des droits d'autrui, » condition exigée par Rome, on avait cru que cette concession allait lever tout obstacle au consentement du Saint-Siége. Quelque peu regrettable que fût une semblable conclusion, qui, loin de constituer une véritable transaction, n'aurait été que la juxtaposition ou plutôt le choc de deux arrière-pensées, on n'en abandonna l'espérance, semble-t-il, qu'avec peine. Mais force avait été de reconnaître, après la signature de la ligue, que cette incomplète satisfaction était devenue elle-même impossible à obtenir. Dans quelle attitude, d'ailleurs, pouvait-on continuer à négocier avec le pontife qui avait autorisé son légat à bénir la coalition et à donner cette solennelle absolution « de peine et de coulpe » à tout homme croisé, pour ainsi dire, contre la France ? Peut-être aussi n'ignorait-on pas que dans ce moment même Alexandre VI, pour prix de son adhésion à la coalition et de l'engagement qu'il avait pris, d'après des articles secrets, de lui fournir un contingent de force armée, négociait avec le duc de Milan et les Vénitiens, afin d'obtenir un corps d'auxiliaires assez nombreux pour le défendre contre le roi et son armée après leur départ de Naples.

Le roi, désespérant enfin d'obtenir cette investiture et d'accomplir toutes les formalités du couronnement, voulut, du moins, faire son entrée solennelle à Naples.

Cette inauguration s'accomplit le 12 mai, avec un grand éclat. Elle donna lieu, sans doute, à un bulletin expédié à Paris et publié en France; mais cette pièce ne nous est pas parvenue. Nous savons seulement par les historiens contemporains que Charles, dont nous avons appris, par la lettre du cardinal de Saint-Malo à la reine, les préoccupations à propos du costume dont il devait se revêtir, parut couvert d'un manteau impérial, tenant le globe de la main droite et le sceptre de la gauche. Il se rendit, au milieu d'un brillant cortége, à l'église Saint-Janvier, où il fit serment de gouverner les Napolitains conformément à leurs droits, libertés et franchises; puis il conféra la chevalerie à un grand nombre de jeunes gentilshommes italiens qui sollicitèrent cette faveur. Pendant ce temps, Jean Jovianus Pontanus[1], le plus célèbre des hommes de lettres napolitains de l'époque, prononçait devant le peuple le panégyrique du roi. Il en parla dans des termes magnifiques et sans épargner les princes aragonais, ses anciens bienfaiteurs. Cette ingratitude, rachetée plus tard, à la vérité,

---

[1] Pontanus était le plus célèbre des poètes latins du xve siècle en Italie. Président de l'académie napolitaine, il a composé des hexamètres et des poésies lyriques. Ses essais en prose avaient été publiés dès 1490. Politien, son rival, le surpassa souvent.

par un retour à ses anciennes affections, était un vice assez commun aux poètes de ce temps qui, nourris, comme les anciens trouvères, des débris de la table des princes, n'avaient ni indépendance, ni dignité de caractère.

Le départ du roi décidé, il fit connaître à monsieur de Bourbon la composition de l'armée d'occupation et de celle qu'il devait ramener en France, avec le nom des chefs chargés de commander les divers corps. Cette pièce, émanée de l'état-major, fut publiée en France sous la forme du bulletin suivant [1] :

S'ensuyvent les compaignies des gens d'armes ordonnées pour retourner en France avecques le roy.

La compaignie de monsieur d'Orléans, quatre vingtz lances ;
Monsieur de Foix [2], L lances ;
Monsieur de Ligny, L lances ;
Le bastart de Bourbon, L lances ;
Monsieur de Guyse, L lances ;

---

[1] Bibliothèque de Nantes. Bulletin relié à la suite des Poésies de Jehan Meschinot.

[2] Jean de Foix, C'e de Narbonne et d'Etampes, de la maison de Navarre. Il avait épousé Marie d'Orléans, sœur de Louis XII. Il fut père du fameux Gaston de Foix et de Germaine, épouse de Ferdinand d'Aragon.

Monsieur de la Trémoille [1], L lances ;
Monsieur de Pyennes [2], L lances ;
Monsieur de Mauléon, XL lances ;
Monsieur de Chaumont [3], XXX lances ;
Monsieur d'Aubijoux , XXV lances ;
Monsieur le mareschal de Bourgongne, XL lances ;
Chastillon, XXX lances ;
Monsieur de la Palice, XL lances ;
Monsieur de Beaumont [5], quarante lances ;
Monsieur le seneschal d'Armagnac, vingt-cinq lances ;
Le Bailly de Caen [6], quarante lances ;
Monsieur le prince d'Orange, cinquante lances ;
Angillebert monsieur de Clèves [7], vingt-cinq lances ;
Le grant escuyer [8], quarante lances ;

[1] Louis de la Trémouille, Vte de Thouars. Il fut amiral de Guyenne et de Bretagne, gouverneur de Bourgogne, chevalier de l'ordre du roi. Il était, par sa femme, Gabrielle de Bourbon, beau-frère de Gilbert de Bourbon-Montpensier.

[2] Louis d'Hallwin, Sr de Piennes, en Flandres, chambellan de Louis XI et de Charles VIII, gouverneur de Picardie.

[3] De la maison d'Amboise, l'un des frères du cardinal.

[4] Hugues d'Amboise, baron d'Aubijoux, huitième frère du cardinal. Tué à la bataille de Pavie en 1425.

[5] Jean de Polignac, Sr de Beaumont. Il avait épousé Jeanne de Jambes, sœur d'Hélène, femme de Ph^s. de Comines.

[6] Il était de l'ancienne maison de Tinteville.

[7] Engilbert de Clèves, Cte de Nevers, fils de Jean et d'Elisabeth de Bourgogne. Il avait épousé, en 1489, Charlotte de Bourbon. Le duché de Nevers, passé, en 1565, dans la maison de Gonzague, fut acheté par Mazarin pour son neveu Mancini.

[8] De Lornay, grand écuyer de la reine.

Monsieur d'Armenge, quarante lances ;
Monsieur de Vergy [1], trente lances ;
Messire Robert de la Marche, trente lances ;
Monsieur d'Oysans, quarante lances ;
Espry, vingt-cinq.

 Somme : IX cens LXX lances ;
Plus les deux cens gentilshommes,
Les pensionnaires,
La compaignie de messire Jacques de Trivulce qui a ordonnance.

Sans les Coulonnoys et les Vitellis dont le roy se pourra ayder.

 Gens de pié :

Suysses et Gueldroys, III mille V cens ;
Le maistre [2] de l'artillerie, cent ;
Jehan de la Grange [3], cent ;
Monsieur d'Oysans, quatre-vingtz ;
Francoys monsieur de Luxembourg, deux cens dix ;
Espry, cinq cens ;
Monsieur d'Aubijoux, troys cens ;
Entraigues [4], six cents ;
Monsieur de Bresse, deux cens ;
Plus, à cheval, LX.

 Somme : V mille VII cens quatrevingtz hommes.

---

[1] Guillaume de Vergy, sénéchal de Bourgogne, mort en 1520.
[2] C'était Guynot de Lousieres, maitre d'hôtel du roi.
[3] Bailli d'Auxonne.
[4] Ruffec, S^r d'Entraigues et des Dunes.

Les garnisons de Pyze, Livourne, Pietra-Santa, Sarzanne et Sarzanella, IX cent [1].

Estat de l'artillerye que le roy menera quant et luy.

Canons serpentines, six.

Grosses coulevrines, deux.

Faulcons, vingt-quatre.

Coulevrines moyennes, deux cens.

Bouletz serpentines, six vingtz.

Bouletz aux grosses coulevrines, deux cens.

Pouldres, douze mille livres.

Plomb, quatre mille livres.

Pelles, piques, tranches, piques de chèvres, iiii cens.

Tables, faucilletz de fer, grosses lanternes, de la pesanteur de deux mille livres.

POUR DEMOURER A NAPLES. — *S'ensuyt les compaignies des gens d'armes d'ordonnances ordonnées pour la garde du royaulme de Naples.*

Monsieur de Montpencier [2], cinquante lances.

Monsieur d'Aubigny, cinquante lances.

Monsieur de Champeroux, cinquante lances.

Monsieur le grant chambellan, cinquante lances.

Monsieur de Percy, cinquante lances.

---

[1] Ces garnisons étaient restées dans les places susdites des Florentins et devaient être recueillies au retour.

[2] Gilbert de Bourbon, comte de Montpensier, fils de Louis et de Gabrielle de la Tour, fille de Bertrand VI, comte d'Auvergne. Il avait épousé Claire de Gonzague, de la maison de Mantoue. Il mourut à Naples.

Monsieur d'Alegre [1], cinquante lances.
Monsieur de Serve, cinquante lances.
Monsieur Gabriel, cinquante lances.
Le capitaine Odet ou son nepveu Oignohas [2], cinquante lances.
Georges de Sully, cinquante lances.
Le bailly de Dijon [3], trente lances.
Monsieur de Dompjulien, trente lances.
Le roy d'Ivetot, quarante lances.
Messire Gracien de Guerre [4], cinquante lances.
Julien Bournel, trente lances.
Le bailly de Vitry, trente lances.
    Somme sept cens quatre-vingtz-deux lances.

Ceulx de ce royaulme de Naples.

Monsieur le prince de Salerne, cent hommes d'armes.
Monsieur le prince de Vigevano [5], quarante, et Prudence, son lieutenant.
Le marquis de Monferrat, cent cinquante.
Le duc de Melfi, quarante.
Le marquis de Bitonto, quarante.
Georges Tiercelin, quarante.
Jehan-Baptiste Carrache, trente.

---

[1] Yves d'Alègre, fils de Bertrand, baron de Puysagut et Sr de Busset. Sa sœur, Catherine, épousa Charles de Bourbon-Carency.

[2] Odet de Riberac.

[3] Antoine de Bessey, baron de Tricastel.

[4] Gratiano Guerra, capitaine italien.

[5] Il était de la maison de Trivulce.

Messire Loys Taillant, trente.
Messire Trogez Papegail, trente.
Somme cinq cens hommes d'armes, plus Suysses.
Autres gens de pyé, quinze cens.
De morte payes, douze cens.
Somme deux mille sept cens homme de pyé.

La lettre suivante, écrite de Naples sept jours avant le départ du roi et de son armée, complète les détails que nous venons de donner [1] :

Monseigneur de Montpencier demeure par decà lieutenant et gouverneur general du réaulme. Le roy lui a donné l'archiduché d'Ischia qui est en une isle de mer, et il est aussi grant justicier cappitaine du chasteau Neuf de ceste ville, avecques plusieurs autres grans biens que le roy luy a donnés ainsi que le pouvoir de donner offices comme on dit. Monsr le seneschal de Beaucaire demeure aussi par decà, et luy a donné, ledit seigneur, deux duchés et une comté qu'on appelle Nola et plusieurs autres grandes seigneuries qu'il a eues avecque tiltre de duc. Il est grant chanberlant du réaulme, ce qui est ung très-bel office; il ne se despêche riens en ce réaulme qu'il ne signe de sa main, tant en la Chambre des Comptes que autre part. Il est aussi cappitaine et gouverneur du chasteau de Gayete et a soixante lances. Monsr de Champeroux demeure aussi par decà. Il est

---

[1] Bibliothèque de Nantes, copie d'une lettre non signée, fonds de Rohan.

grant mareschal de ce réaulme, et luy a donné ledit seigneur la duchée de Lecce avec le gouvernement d'Octrante. Monsr Percy est grant seneschal avec plusieurs autres biens. Le bailly de Dijon demeure aussi bien apoincté et Messieurs de Guerre, Gabriel de Montfaucon, Monsr de domp Julien duc de Mont-Sainct-Ange, le roy d'Yvetot et plusieurs autres grans cappitaines. Monsr de Primaudaye y demeure aussi et est general trésorier de tout le royaulme, et luy a donné ledit seigneur la cité de Molfetta en Pouille à luy et aux siens, ce qui est ung tres-beau lieu et grant cité. Tout ce réaume est en obeissance du roy, fors lesdiz isle de Brindes et Galera qui sont tres-fortes et dedans la mer. Monsr j'ay aujourd'huy ouy dire à Monsr le maistre d'ostel Darisoles, qu'il avoit ouy dire au roy que, sans point de faulte, il partiroit d'icy mercredi prochain pour le plus tard, pour s'en aller en France. Il fait tres bonne chère dieu mercy.

Monsr de Ligny a fiancé la fille du feu prince de Hault-Mer (Altamira) qui est seule heritière, et dit-on qu'elle est riche de plus de trente mille ducas de rente, on ne sait s'il demeurera encores. Monseigneur de Montpencier a fiancé une de ses filles au filz de Monseigneur le prince de Salerne.

Monsr d'Aubigny est allé en la duchée de Calabre pour la deffence et garde du pays dont il est viceroy et gouverneur general. Il demeurera par decà, et luy a fait ledit seigneur plusieurs grans biens. Le bailly de Vitry est allé à Aquila dont il est gouverneur et cappitaine, et demeurera aussi par decà. Monsr de Rabodanges est capitaine du chasteau de l'Œuf de ceste ville qui est ung fort chasteau, et demeurera pareillement. Georges Tiercelin demeure aussi de par decà gouverneur et capitaine d'Averse, et a eu un comté. Monsr Pecquet demeure par decà secretaire de la guerre de ce reaulme avecques le contrerolat general des finances.

Monsr on a fait ung beau tournoi en ceste ville, où il a esté donné de grans coups, et la plus part des tenans et de leurs aides ont esté blessés. Le pas de Monsr de Dunay si est tres honestement conduit. L'ambassade de Turquie arrivera aujourd'huy ycy. Et plus pour le present.

Escript a Naples, le xiiie jour de may.

(Non signée).

Huit jours après l'entrée solennelle du roi à Naples, le 20 mai 1495, à peine deux mois après la prise complète de possession de sa capitale, puisque les deux châteaux ne s'étaient rendus que le 6 et le 15 mars, Charles VIII se mit en marche pour rentrer en France.

Le roi croyait être assuré de trouver à Rome Alexandre VI, qui avait paru disposé à l'y attendre. Mais, suivant les conseils des confédérés, et sans doute conformément au vif désir qu'il en avait, il se retira, bien accompagné, dans une de ses places fortes, et le plus loin possible du passage du roi. La défiance et les soupçons d'Alexandre croissant de plus en plus, deux jours avant l'arrivée du roi à Rome, il s'enferma dans Orviette, suivi d'un certain nombre de cardinaux et accompagné d'une nombreuse escorte. Il avait laissé garnison dans le château Saint-Ange, après avoir chargé Antoine Trivulce, cardinal de Sainte-Anastasie, de recevoir le roi en qualité de légat. Charles entra dans Rome, et, passant par le quartier de Transtevere, il alla loger dans le Borgo, pour éviter le château Saint-Ange. Il refusa même de coucher au Vatican, qui, par l'ordre du pape, avait été préparé pour le recevoir.

Le roi, n'ayant fait que traverser Rome, se remit en route. Il comptait encore sur une rencontre avec Alexandre VI, qui lui avait donné l'espérance d'une entrevue, à moitié chemin de Viterbe et d'Orviette. Mais, cédant à un nouvel accès de frayeur, à l'approche du roi, le pape s'enfuit à Pérouse, avec l'intention, si Charles prenait cette direction, de gagner Ancône, pour se retirer par mer à Venise, ou dans les possessions vénitiennes. Le roi, blessé de ce procédé, n'en exécuta pas moins toutes les clauses de la convention signée à Rome. Il rendit les citadelles de Civitta-Vecchia et de Terracine. Il donna des ordres pour que son armée traversât l'État ecclésiastique comme un pays ami. Malheureusement, la petite ville de Toscanella ayant refusé d'ouvrir ses portes à l'avant-garde, ce détachement, obligé d'y entrer de vive force, fit payer cher aux habitants leur résistance inopportune. L'armée française, ayant gagné Sienne, évacua entièrement les États de l'Église, hormis Ostie, que le roi ordonna de remettre, après sa sortie d'Italie, au cardinal de Saint-Pierre-ès-Liens, évêque, comme on le sait, de cette ville importante par sa position.

Les principales relations entre Alexandre VI et le roi, touchant l'expédition de Naples, devaient en rester là. On voit que Charles VIII, malgré tous les ménagements dont il avait usé, soit durant son séjour à Rome, soit dans le cours des négociations, n'avait, pour ainsi dire, rien obtenu du Saint-Siége. Le principal objet de son ambition, la consécration religieuse de ses droits sur le royaume de Naples, lui avait été plus ou moins nettement, mais, en dernier lieu, péremptoirement refusée.

On ne saurait méconnaître que, de tous les États de l'Italie, le Saint-Siége fut, à tout prendre, celui qui opposa le plus de résistance et de fermeté aux projets de Charles VIII depuis l'entrée des Français dans la péninsule. Il ne faudrait pas cependant en conclure que le pape obéît en cette circonstance au désir de sauvegarder l'indépendance italienne et de repousser l'invasion étrangère. Ce serait oublier que ce pontife avait été, avec Ludovic Sforze, le premier à inviter le roi de France à traverser les Alpes, et que, peu de temps avant la mort de Charles VIII, brouillé avec ses alliés, il adopta de nouveau la même politique.

Le roi et l'armée gagnèrent Sienne sans difficultés. C'est là que Comines rejoignit son maître, suivant l'ordre qu'il en avait reçu. L'ambassadeur, à son départ de Venise, avait obtenu une audience de congé du doge et de la Seigneurie. Auguste Barbarigo lui avait déclaré que le duc de Milan et les Vénitiens formaient un camp de quarante mille hommes, non pour attaquer les Français, mais dans des intentions purement défensives. Enfin, un provéditeur vénitien, qui accompagna Comines jusqu'à Padoue, lui affirma que si les Français n'attaquaient pas les Milanais, l'armée confédérée ne passerait pas l'Oglio. Ce commissaire près des armées paraissait être dans des dispositions si conciliantes, que Comines et lui *prirent enseigne ensemble*, c'est-à-dire convinrent des moyens propres à s'entendre au besoin, s'il y avait lieu plus tard d'établir quelques conventions pacifiques entre les deux camps. Au reste, l'ambassadeur trouva le roi dans les meilleures dispositions. Du plus loin qu'il aperçut Comines, Charles lui demanda en riant si les Vénitiens envoyaient au-devant de lui. L'entourage du roi, jeune comme lui, « ne » croyant point qu'il fut autres gens qui portassent les armes. » Et lorsque le diplomate remit par écrit le rôle des gens de cheval, de pied et des stradiots déjà réunis, renseignement qu'il avait adroitement réussi à se procurer, peu de personnes « *d'autour du roi croyaient ce qu'il disait* [1]. »

Bien qu'il fût prudent de ne s'arrêter en route que le temps nécessaire pour faire reposer les troupes, le roi resta plusieurs jours à Sienne. Le gouvernement de cette cité indépendante, « de tout temps en partialité et qui se gouverne plus follement que ville d'Italie [2], » était livré à une faction appelée *Del Monte de Nove*, alors en butte à la haine de plusieurs ordres populaires. Ceux-ci, sacrifiant leur indépendance à la satisfaction de leurs ressentiments, demandaient qu'on substituât à la garde, formée par la faction triomphante, un détachement français, placé sous les ordres du comte de Ligny. Ce jeune seigneur de la maison de Luxembourg, cousin germain du roi par sa mère, princesse de la

---

[1] Comines.
[2] Comines.

famille royale de Savoie, avait rêvé de se faire souverain de Sienne et de son territoire, à la façon de tant de capitaines et d'aventuriers de moins bonne maison, qui, depuis des siècles, en Italie, réussissaient dans de semblables entreprises. Charles, par condescendance pour le jeune ambitieux, consentit à prendre la ville et son territoire sous sa protection, hormis la forteresse de Montepulciano, que Florence et Sienne se disputaient depuis longtemps. Aussitôt après, les habitants élurent, avec le consentement du roi, le comte de Ligny pour leur capitaine général, et lui assignèrent un revenu de vingt mille ducats, à condition qu'il entretiendrait à Sienne une garnison de trois cents hommes d'infanterie, que Charles consentit à détacher de l'armée française.

Les hautes visées du comte de Ligny ne furent qu'une courte illusion. Aussitôt après le départ de l'armée, la faction *Del Monte de Nove* reprit sa première autorité, chassa la garnison et congédia M. de Lisle, représentant du roi de France.

CHAPITRE XII.

Le roi gagne Pise. — État démocratique de Florence. — Savonarola y était devenu tout à la fois le chef politique et le réformateur des mœurs. — Le moine dominicain est envoyé à Poggibonzi, où il est admis près du roi. — Il lui parle en prophète et lui annonce ce qui doit lui arriver. — Entrevue de Comines avec Savonarola au couvent de Saint-Marc. — Supplications des Pisans. — Ils sont appuyés près du roi par l'armée entière. — Le roi proroge sa décision et refuse les propositions des Florentins. — Lettre du roi à M. de Bourbon; noble langage du jeune prince. — Il détache un corps de troupes pour se rendre maître de Gênes. — Échec de ce corps à Rapallo. — Le duc d'Orléans sort d'Asti. — — Il s'empare sans difficultés de Novare. — Terreur de Ludovic qui craint une défection de ses sujets. — Son armée renforcée assiége Novare. — Lettre d'un gentilhomme français sur l'expédition du duc d'Orléans.

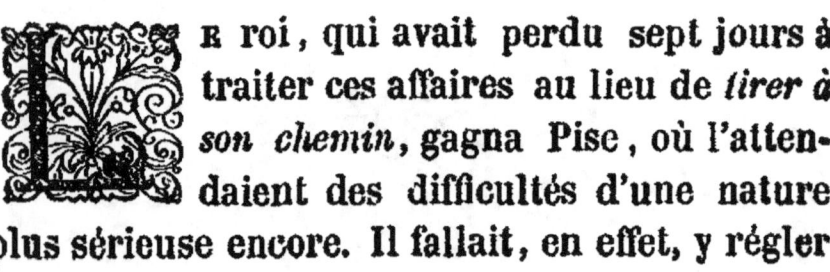E roi, qui avait perdu sept jours à traiter ces affaires au lieu de *tirer à son chemin*, gagna Pise, où l'attendaient des difficultés d'une nature plus sérieuse encore. Il fallait, en effet, y régler

tout ce qui concernait Pise et Florence. Le roi n'avait pas l'intention de visiter de nouveau cette dernière cité où, durant son séjour à Naples, il avait envoyé le cardinal de Saint-Malo, lequel n'avait pu, malgré ses talents diplomatiques, venir à bout de concilier les intérêts des deux villes rivales, dont l'une, Florence, voulait recouvrer tous ses droits sur l'autre et les exercer aussi durement que par le passé.

Depuis que Charles VIII avait, l'année précédente, assisté à la chute de Pierre de Médicis, une autre révolution, ascétique et politique tout à la fois, s'était accomplie à Florence. Cette cité, au départ du roi, s'était trouvée dans une situation assez critique. Mieux disposée pour les Français que les autres États d'Italie, elle avait, par suite de la mauvaise politique de Pierre de Médicis, peu profité de son inclination pour le vainqueur. Ses places fortes étaient occupées par l'armée française; Pise, sa rivale détestée, relevait la tête. Le lourd tribut qu'il fallait payer à Charles VIII, restaurateur et protecteur de la liberté florentine, comme disait le traité, ruinait cette ville de négociants et de banquiers, dont toutes les spéculations avaient été bouleversées.

Jérôme Savonarola, moine dominicain et prieur du couvent de Saint-Marc, continuait de jouir à Florence du plus grand crédit. Il avait fait partie, on se le rappelle, de l'ambassade expédiée à Charles VIII l'année précédente, et cette ambassade, couronnée de succès, le faisait regarder par un grand nombre de ses concitoyens comme le sauveur de Florence. Savonarola, touché de la misère publique, proposa une suite de mesures bien propres à porter au comble sa popularité. C'était des quêtes en faveur des pauvres, la fonte et la conversion en monnaie des vases d'or et d'argent des églises et des monastères, l'allégement des impôts, des jeûnes, des processions et des prières publiques.

Enhardi par la faveur qui accueillit ces propositions, il poussa la démocratie florentine à réformer ses lois et à constituer le gouvernement sur de nouvelles bases. Son grand moyen d'action était la chaire. Doué d'une éloquence abondante, pleine de citations bibliques, et dont il nous reste de nombreux témoignages, il employait, de bonne foi sans doute, la forme inspirée et se posait en prophète envoyé de Dieu : le gouvernement démocratique lui semblait supérieur à tous les autres, pourvu qu'il ne comportât pas de délibérations publiques ou *d'assemblée à parlement*, car ce mot seul le mettait hors de lui[1]. Par le fait cependant, la nouvelle constitution, telle qu'elle s'établit sous l'influence de Savonarola, avait quelque ressemblance avec le gouvernement de Venise, sauf le couronnement, car il n'y avait point de doge ni de chef suprême. Jésus-Christ fut proclamé roi de Florence. « Vive Jésus-Christ notre roi, » devint le mot de ralliement du gouvernement populaire. On chercherait en vain, au premier abord, la part que Savonorala s'était réservée dans cette constitution, en grande partie son ouvrage. Elle était cependant considérable. Il entendait que Florence se gouvernerait comme le peuple d'Israël, d'après les inspirations d'un prophète. Or, le prophète de Florence, c'était lui-même et lui seul, car il n'admettait pas même le concours des autres moines de Saint-Marc.

Si la réforme politique poursuivie par Savonarola et dont nous ne saurions reproduire ici les détails, reposait sur des bases peu solides, les

---

[1] « Votre parlement n'est qu'un instrument de ruine : il faut le supprimer. Ne permettez pas qu'on l'assemble. Le parlement, c'est pour le peuple la perte de tous ses droits. Le conseil n'a-t-il pas tout pouvoir ? Quelle loi proposez-vous ? le conseil ne la fera-t-il pas aussi bien ? » *Sermons de Savonarola*. On voit que les démocrates anti-parlementaires datent de loin.

efforts qu'il faisait en même temps pour réformer les mœurs des Florentins méritaient des éloges sans restrictions. On a fait grand bruit de sa rigueur et de son intolérance. Toutefois, il se tenait en général dans de justes bornes. Il conseillait la décence dans les ajustements à une société qui l'avait complètement oubliée; il proscrivait le luxe en général, mais sans interdire une certaine pompe aux personnes riches; il combattait la passion du jeu, alors généralement répandue en Italie; il prêchait enfin la concorde et le pardon universel des injures dans une ville profondément divisée.

La faveur dont jouissait le moine dominicain était au comble, lorsque la nouvelle du retour de Charles VIII se répandit dans la ville. En voyant le roi prendre le chemin de la Toscane, on devait croire qu'il repasserait par Florence. Les partisans des Médicis qui savaient le roi bien disposé pour cette famille s'en félicitaient. Ils assuraient même que Pierre l'accompagnerait à son retour. Le parti rival qui était le plus nombreux prit la résolution de s'opposer par la force à cette restauration. La ville fut abondamment pourvue d'armes et de vivres. Tous les citoyens entrèrent dans les cadres de la milice. On enrôla jusqu'aux enfants. Florence fut placée sous la protection de la sainte Vierge, dont une image vénérée, attribuée à l'apôtre saint Luc et qui se trouvait dans un village des environs, fut introduite dans l'enceinte des murs avec une pompe extraordinaire.

Le roi était parti de Rome et l'on ignorait encore son itinéraire exact et ses intentions à l'égard de Florence. Dans cet état d'incertitude et de crainte, on eut recours à l'ambassadeur des grandes circonstances, à Fra Girolamo Savonarola. Celui-ci se rendit à Poggibonzi où était déjà parvenue l'avant-garde française, et y attendit le roi. Il obtint de Charles une audience, et lui parla avec respect, mais aussi avec une certaine hardiesse, notamment sur les affaires de Pise, car le moine dominicain partageait à ce sujet toutes les rancunes florentines. Bien qu'il fût originaire de Ferrare, il n'éprouvait aucun scrupule à servir contre les malheureux Pisans la dure politique de sa patrie d'adoption. Le jeune roi, qui voyait dans Fra Girolamo un homme inspiré de Dieu et surtout une sorte de prophète dont il fallait craindre la malédiction, l'invita à rester dans son camp et à le suivre jusqu'à Pise, où se décideraient toutes ces questions, attendu qu'il n'avait pas, déclara-t-il, l'intention de passer par Florence même. Savonarola consentit seulement à accompagner Charles jusqu'à Castel-Fiorentino. C'est là qu'il prit congé du prince, après une nouvelle entrevue où, suivant ce qu'il proclama bien haut après son retour à Florence, il avait fait au roi des communications aussi importantes que mystérieuses. « J'ai parlé à Sa Majesté, dit-il en chaire, je lui ai donné certains conseils qu'il fera bien de suivre dans l'intérêt de son âme, de son royaume et des siens..... Je lui ai recommandé de vivre en bonne intelligence avec les Florentins et de les protéger de bonne grâce, s'il ne veut pas que Dieu l'y contraigne. S'il est docile à ma voix, il s'en trouvera bien. Je lui ai dit en particulier tout ce qui lui arrivera, mais il ne serait pas convenable de le répéter ici..... Il m'a fait des promesses formelles et je vous dis encore une fois, afin que tout le monde l'entende, que de gré ou de force il les tiendra [1]. »

Quant aux prédictions que Savonarola se vantait d'avoir faites au roi, et qu'il ne jugeait pas convenable de répéter dans la chaire, nous les trouvons dans Comines qui, passant par Florence, quelques jours avant l'arrivée du roi à Pise, à son retour de Venise pour aller rejoindre Charles à Sienne, avait eu la curiosité d'aller visiter et interroger, dans son couvent de Saint-Marc, « le frère prêcheur appelé frère Hiéro-

---

[1] Sermon du 22 juin 1495.

nimo, homme de sainte vie. Il avait toujours assuré la venue du roi, remarque Comines (quelque chose qu'on dît ni qu'on écrivît au contraire), disant qu'il était envoyé de Dieu pour châtier les tyrans d'Italie, et que rien ne pouvait résister ni se défendre contre lui. Avait dit aussi qu'il viendrait à Pise, qu'il y entrerait et que ce jour mourrait l'État de Florence, et ainsi advint. Car Pierre de Médicis fut chassé ce jour, et maintes autres choses avait prêchées avant qu'elles advinssent..... De ma part, je le repute bon homme. Aussi lui demandé-je si le roi pourrait passer sans péril de sa personne vu la grande assemblée que faisaient les Vénitiens, de laquelle il savait mieux parler que moi, qui en venais. Il me repondit qu'il aurait affaire en chemin, mais que l'honneur lui en demeurerait, n'eût-il que cent hommes dans sa compagnie, et que Dieu, qui l'avait conduit au venir, le conduirait encore à son retour; mais pour ne s'être bien acquitté de la réformation de l'Église, comme il devait, et pour avoir souffert que ses gens pillassent et dérobassent ainsi le peuple, aussi bien ceux de son parti, et qui lui ouvraient les portes sans contrainte comme les ennemis, que Dieu avait donné une sentence contre lui, et en bref aurait un coup de fouet; mais que je lui disse que s'il voulait avoir pitié du peuple et délibérer en soi de garder ses gens de mal faire et les punir quand ils le feraient, que Dieu révoquerait sa sentence ou la diminuerait.... Il me chut en pensée la mort de monseigneur le Dauphin[1], ajoute notre ambassadeur, quand il parla de cette sentence de Dieu. »

Comines était disposé sans doute à regarder Savonarola comme une sorte de prophète; cependant il ne faudrait pas prendre à la lettre tout ce qu'il dit de la prescience divine du moine dominicain. Ce qui plaisait surtout au conseiller intime de Louis XI, devenu, sous Charles VIII, un simple ambassadeur, parfois, mais pas toujours, écouté, c'était de répéter à tout propos, et l'occasion de le faire était excellente, « que l'expédition d'Italie fut vrai mystère de Dieu, que le voyage fut conduit de Dieu tant à l'aller qu'au retourner, car le sens des conducteurs n'y servit de guères[2]. » Le vieux Flamand croyait sans doute au gouvernement des sociétés par la Providence, mais il avait aussi quelque foi dans la sagesse et la liberté humaines. Il estimait surtout fort haut, non sans raison, sa propre prudence, et ce qui

---

[1] Charles Orland. Il mourut l'année suivante et fut enterré dans la cathédrale de Tours.

[2] Comines, livre VIII, chap. II et *passim*.

lui déplaisait par dessus tout dans cette expédition, heureuse jusque-là, c'est qu'elle avait été projetée et conduite contre ses avis et par des hommes auxquels il était, on ne peut le nier, de beaucoup supérieur.

En prédisant à Comines ce qui devait arriver au roi, Savonarola avait oublié de lui annoncer que, moins de trois ans après cette entrevue, Charles mourrait frappé d'apoplexie dans une galerie basse du château d'Amboise, et que lui-même, à quelques jours d'intervalle, condamné par une sentence approuvée d'Alexandre VI, il monterait, avec deux de ses frères du couvent de Saint-Marc, sur un bûcher, dressé au milieu de la grande place de Florence[1].

Revenons aux affaires que le roi avait à traiter durant son séjour à Pise.

La querelle des Florentins et des Pisans n'avait fait que s'aggraver depuis la conclusion du traité signé à Florence. Pendant son séjour à Naples, Charles, comprenant que Pise, au point de vue stratégique, était pour lui de la plus haute importance, en avait augmenté la garnison de six cents hommes de pied venus de France par mer. Ces soldats avaient témoigné

---

[1] Charles VIII mourut le 7 avril 1498 et Savanarola fut brûlé le 23 mai suivant.

beaucoup d'affection aux habitants, lesquels, de leur côté, n'avaient rien négligé pour les gagner à leur cause. Quelques jours avant l'arrivée de ces troupes, les Pisans avaient envoyé un de leurs capitaines, Luce Malvezzi, et sa compagnie, pour investir Librafatta. Ils espéraient s'en rendre facilement maîtres, parce que les Florentins, occupés au siège de Montepulciano, en avaient affaibli la garnison. Mais ceux-ci, à la nouvelle de l'expédition des Pisans, abandonnèrent leur projet pour secourir Librafatta. Malvezzi ramena son détachement à Pise, la veille de l'arrivée des six cents Français. Séduits par l'argent qu'on leur distribua et surtout par l'espérance du butin, ceux-ci se joignirent à Malvezzi, qui se présenta de nouveau devant Librafatta. La place fut bientôt emportée. Les Florentins, arrêtés par le débordement du Serchio, et n'osant traverser le territoire des Lucquois, amis des Pisans, ne purent la secourir. Les Français gardèrent Librafatta, et les Florentins ne manquèrent pas de se plaindre très-vivement au roi, non-seulement de cette occupation, mais aussi des courses que la garnison se permettait de faire sur le territoire voisin. Le roi, qui se disposait alors à quitter Naples, leur répondit qu'il exécuterait les traités et qu'il ne tarderait pas à régler toutes ces difficultés sur les lieux mêmes.

Charles, arrivé à Pise, rassembla son conseil et lui soumit les propositions des Forentins. Ils offraient pour prix de la restitution de leurs places, Pise comprise, le paiement de trente mille ducats qu'ils devaient encore, suivant le traité; de plus, un prêt de soixante-dix mille autres ducats et le concours d'un détachement de trois cents hommes d'armes et de deux mille fantassins, sous le commandement de Francisque Secco, capitaine expérimenté et agréable au roi. Plusieurs membres du conseil, Comines entre autres, penchaient pour l'acceptation de ces offres. Ils engageaient le roi, qui manquait d'argent, à les agréer et à ne réserver que le port de Livourne jusqu'à l'arrivée de l'armée à Asti; mais la majorité ne partagea pas cet avis. Le bruit courait que les ennemis se rassemblaient aux environs de Parme. On commençait à craindre de ne pouvoir traverser la Lombardie; Pise et les autres places fortes, y compris le port de Livourne qui mettrait l'armée en communication par mer avec la France et Naples, offraient une retraite et des points d'appui indispensables à l'armée, si la ligue lui fermait le chemin de la France par terre.

Mais ce qui contribua plus que toute autre raison à amener une décision contraire au vœu des Florentins, ce fut l'attitude des malheureux Pisans. Les larmes aux yeux, ils conjuraient leurs hôtes de ne pas les replacer sous la domination redoutée de leurs ennemis. Ces prières, ces supplications adressées aux Français par les femmes, les enfants, sous les formes les plus propres à toucher les cœurs, avaient fini par inspirer à l'armée une profonde pitié. Tout le monde s'en mêlait, jusqu'aux simples arbalétriers, jusqu'aux Suisses. On menaçait ceux que l'on croyait disposés à conseiller au roi d'exécuter les engagements du premier traité. Comines vit un archer qui injuriait le cardinal de Saint-Malo. Il y en eut qui *dirent des grosses paroles* au maréchal de Gié. Le président de Gannay fut plus de trois jours sans oser coucher à son logis. Un après dîner, quarante ou cinquante gentilshommes de la maison du roi, portant leur hache au col, vinrent le trouver dans un appartement où il jouait aux échecs avec un seigneur de la cour, entouré seulement d'un ou deux valets de chambre. Un des fils de Sallazar[1], l'aîné, prit la parole en faveur des Pisans. Il conjura le roi de les maintenir sous sa protection. Il accusait ceux qui lui conseillaient de les abandonner d'avoir été gagnés par l'or des Florentins. Il représenta

---

[1] On trouve un Tristan de Sallazar, archevêque de Sens en 1475.

au roi que sa gloire, l'honneur du nom français, les vœux de tant de fidèles serviteurs, toujours prêts à se sacrifier pour lui, exigeaient qu'il conservât sa protection aux Pisans Il ajouta que, si c'était le besoin d'argent qui commandait ce honteux abandon, les Suisses offraient leurs chaînes d'or, l'armée sa solde et les officiers les arrérages de leurs pensions, pour racheter Pise de sa dure servitude. Le roi les congédia avec bonté. Il partit de Pise sans avoir accepté, mais aussi sans avoir formellement repoussé les offres des Florentins. Les Pisans, dont le comte de Ligny était un chaud partisan, se flattèrent que le roi avait résolu la question en leur faveur. Ils prétendirent même en avoir reçu l'assurance de sa bouche.

En fait, Pise conserva une garnison française, de gens de pied du Berry, sous le commandement de Balzac d'Entragues, officier dévoué au comte de Ligny. Pietra-Santa fut placée sous le même commandement, ainsi que Librafatta. Sarzana et Serzanella furent aussi garnies de troupes françaises, qu'il était regrettable, aux yeux de plusieurs, de détacher d'une armée déjà peu nombreuse et à la veille de se trouver en face d'un rassemblement considérable d'ennemis. Il paraît cependant qu'arrivé à Lucques où les envoyés florentins attendaient dans une vive anxiété une dernière réponse, Charles leur dit qu'aussitôt arrivé à Asti, il terminerait, conformément aux traités, cette affaire, que de graves considérations l'obligeaient à laisser inachevée jusque-là.

Deux jours avant son départ de Pise, Charles adressa à son beau-frère la dépêche suivante. Nous l'insérons ici avec d'autant plus de plaisir qu'il y manifeste la confiance que lui inspirait devant le danger l'armée française, confiance dont elle ne tarda pas à se montrer si digne. Le jeune prince le fait d'ailleurs en un langage que l'on aime à trouver dans la bouche d'un roi de France. Ne serait-il pas regrettable que cette missive eût été totalement perdue pour la postérité [1] ?

Les Lettres du Roy du xxe jour de juing.

Mon frère, j'ai receu des lettres de vous les unes et premières du quinzièsme de may dernier, et les autres du vingtroisièsme dudit moys. Pour respondre à tout, j'ay fait veoir et lire en conseil voz dictes lettres. Ensuyevant le contenu d'icelles, en tant que touche les provisions que vous avez données, tant pour le fait de mon passaige, que pour le renfort et seureté de mon

---

[1] Bibliothèque de Nantes, imp. en caractéres goth., relié à la suite des Poésies de Jehan Meschinot.

frère d'Orléans, vous avez très bien fait de ainsi le faire. Il me semble que lesdites provisions sont assez suffisantes pour résister aux entreprinses que pourroit faire sur luy le seigneur Ludovic, car avec les compagnies que j'ay icy avecques moi j'espère passer aisément, mesmement que je ne quiers et ne veulx rien demander à personne qui ne me demandera rien.

Mon frère, au surplus je suis venu jusques en ceste ville sans trouver empeschement ni resistance aucune ès terres de l'Église. J'ay passé par Romme duquel lieu le pape avant mon arrivée estoit party, et s'en estoit allé à Orviete, une de ses villes, où il avoit amené avec luy tous les cardinaulx, reservé celui de Saincte-Anastazye qui estoit demouré dedans le palais légat pour me recueillir. Je vous assure que par luy et tout le peuple de Romme j'ay esté très bien recueilly et toute mon armée logée dedans la ville ainsy que j'ay voulu ordonner. Combien que je m'attendoye veoir nostredit saint père entre ledit Orviete et Viterbe, en ensuyvant les parolles qu'il m'avoit fait porter par les ambassadeurs qui estoient devers moy et les miens que j'avoye envoyé à sa saincteté pour ceste cause, touteffois il a depuis changé propos et s'en est allé dudit Orviete à Perouse, par quoy j'ai depuis renvoyé devers sa dicte saincteté pour tousjours me mettre en mon devoir, et j'ay ordonné que les places de Terracine et autres qu'il m'avoit baillées durant madite entreprinse lui soient rendues et restituées.

Je m'envays le plus diligemment que je puis, et ne sejourneray ni arresteray en lieu ni en place que ce soit que le moins que possible me sera. Cependant, mon frère, donnez ordre par delà en tout ce qu'il vous semblera estre necessaire pour le bien de mon royaume et selon que les choses surviendront advertissez m'en de jour en jour.

Mon frère, je suis venu en ceste ville de Pize et ce jourd'huy ay receu une lettre que vous m'escripvez du douzième de ce moys par laquelle vous me faictes savoir que depuis le neufviesme de may vous n'avez eu par lettres nouvelles de moy. Mon frère, je vous ay souvent escript et fait response, mais les postes comme vous scavez ont esté detroussées et mes lettres retenues, par quoy elles n'ont pu aller à vous, et à ceste cause j'ay fait donner ordre qu'on vous envoyera de nouveau les pièces qui vous sont nécessaires.

Mon frère, ensuyvant vostre advis j'ai fait et fais la meilleure diligence qu'il m'est possible pour m'en retourner. Je ne m'arresteray en lieu que je ne soye par delà. J'ay espérance de vous monstrer des meilleurs ouvriers de toutes choses du monde, et de vous conter de mon voyage et de ce que j'ai veu en Ytalie.

En tant que touche de mander venir devers vous les seigneurs d'Angoulesme, de Vendosme, d'Albret, de Rohan, de Rieux, le mareschal de Baudricourt, l'admiral, mes officiers et gens de villes, et autres bons personnaiges pour adviser de recouvrer argent et y prendre une si bonne conclusion que je puysse estre servy à mon affaire, pour ce faire je vous envoye une commission et pouvoir tel qu'il a esté advisé ainsi que verrez par icelluy. Je vous prye, mon frère, que en toute diligence la mettiez ou fassyez mettre à exécution, car vous savez les dépenses qu'il m'a convenu faire et qu'il convient encores lesquelles ont esté et seront bien grandes à l'occasion de quoy il est bien requis d'y pourveoir en quelque bonne façon le plus au soulaigement du peuple que faire se pourra.

Au surplus je partiray d'icy dedans deux jours pour m'en aller à Lucques et de là à Pietrasanta, et de là à Serezanna et après prendre mon chemin pour m'en tirer en Asti ainsi que je congnoistrai être pour le mieulx et j'espère à l'aide de Dieu aysément passer partout. Car comme je vous ay escript je ne quiers ne demande aucune chose à homme qui vive qui ne me demandera rien, et qui vouldra empescher mon retour, auquel cas je mettrai peine de me deffendre et passer. Il me semble que avecques les gens de bien que j'ay icy en ma compaignie et veu le grant et bon vouloir qu'ilz ont de me faire service, je passeray très-aysément qui que le veuille veoir.

Mon frère, j'ai esté très-joyeux de ce que vous avez envoyé vostre lacaiz sçavoir des nouvelles de monsieur le dauphin. Je vous prie escripvez m'en souvent, et faictes que les postes courrent continuellement de Moulins à Amboyse pour tousjours vous advertir comme il se portera, et le me faictes savoir par courriers exprès et autres gens que m'envoyez, selon que vous verrez pour le mieulx, et je vous manderay de mes nouvelles et de toutes autres choses ainsi qu'elles surviendront. Et à Dieu, mon frère, qu'il vous ayt en sa garde. Escript à Pise le vingtiesme jour de juing; ainsi signé :

CHARLES et ROBERTET.

Et dessus : *A mon frère le duc de Bourbon.*

Le roi qui, comme nous l'avons dit, avait détaché de son corps d'armée les troupes destinées à tenir garnison dans les places de la Toscane, l'affaiblit de nouveau, contre l'avis de plusieurs, en confiant à Philippe de Savoie, qu'on appelait Monsieur de Bresse, pour les conduire à Gênes, cent vingt hommes d'armes et cinq cents arbalétriers arrivant de France par mer. Il ordonna même aux gens d'armes des Vitelli, qui étaient restés en arrière, de faire leur jonction avec ce détachement. C'étaient le cardinal de Saint-Pierre-ès-Liens, Fregose, Obietto de Fiesque et d'autres bannis de Gênes qui avaient conseillé au roi cette expédition. Une petite flotte, partie de Naples sous le commandement de M. de Miolans, et qui ne se composait que de sept galères et de quatre bâtiments légers, devait en même temps entrer dans la rivière de Ponant et y débarquer des troupes qui feraient leur jonction avec celle de Philippe de Savoie. Tous ces projets échouèrent. Monsieur de Bresse et les bannis de Gênes se présentèrent en vain devant cette ville, qui, pourvue de troupes par le duc de Milan, n'ouvrit point ses portes.

Le détachement débarqué à la Spezzia fut battu à Rapallo même, où nous avions remporté notre première victoire, et, de plus, il le fut par nos anciens alliés, Jean-Louis de Fiesque et Jean Adorne.

Les débris de ces deux petits corps détachés gagnèrent avec peine Asti et ne rejoignirent l'armée qu'au moment où ce secours lui devenait inutile.

Charles avait perdu près de trois semaines en prolongeant ses séjours à Sienne, à Pise et à Serzana. Ses ennemis avaient mis ce retard à profit. De grands mouvements de troupes s'opéraient dans la Lombardie et les provinces vénitiennes. Le duc de Milan, qui venait de recevoir de l'Empereur, avec beaucoup d'apparat, les lettres d'investiture de ce duché et de prêter publiquement serment de fidélité entre les mains de ses ambassadeurs, travaillait à prendre, de concert avec ses alliés, les mesures nécessaires pour fermer au roi le chemin de la France, ou tout au moins pour l'empêcher de rejoindre Asti, en traversant le Milanais. Il avait fait lever deux mille hommes d'infanterie en Allemagne. Il les dirigea avec d'autres troupes sur Asti, qu'il comptait emporter de vive force. Mais auparavant il envoya, par raillerie, prier le duc d'Orléans de ne plus usurper à l'avenir le titre de duc de Milan, de ne point permettre qu'il passât de nouvelles troupes françaises en Italie, de renvoyer celles qui se trouvaient à Asti et de remettre cette place entre les mains de Galéas de San-Severino, dont le roi, qui l'avait décoré de l'ordre de Saint-Michel l'année précédente, devait être, disait-il, aussi sûr que du duc même.

Le duc d'Orléans méprisa ces bravades [1]. Ce prince, aussitôt qu'il avait vu la ligue formée, s'était occupé d'augmenter les fortifications d'Asti. Il avait reçu de nombreux renforts envoyés de France, conformément aux demandes du roi. Se voyant en état non-seulement de ne rien craindre pour lui-même, mais de prendre l'offensive avec chance de succès, il ne put résister au désir d'entreprendre le siège de Novare, où il avait de nombreuses intelligences. C'était transgresser les ordres du roi, qui lui avait recommandé de masser ses troupes à Asti, de ne pas attaquer le duc de Milan et de se tenir prêt à venir au-devant de l'armée française. Novare ne fut pas même assiégé. Les conjurés en ouvrirent les portes aux Français, aux cris : d'Orléans et France. La citadelle seule demanda vingt-quatre heures pour se rendre, si elle n'était pas secourue dans ce délai. Cet heureux coup de main épouvanta tellement Ludovic, qu'il perdit la tête au premier moment. Il se trouvait totalement séparé de son armée et de Galéas San Severino, qui

---

[1] Louis XII ne les oublia pas et Ludovic paya cher ses insolences.

la commandait, par celle du duc d'Orléans. Milan s'agitait, les nombreux ennemis de Ludovic espéraient l'arrivée des Français, et les historiens italiens eux-mêmes ont pensé que si le duc d'Orléans avait marché sans retard sur la capitale du duché, elle lui aurait ouvert ses portes.

Pendant que le duc d'Orléans s'établissait à Novare, Ludovic s'occupait d'apaiser les habitants de Milan par la révocation de diverses taxes impopulaires. Galéas San-Sévérino se jeta dans Vigevano et se garda bien d'accepter la bataille que le duc d'Orléans vint lui offrir à Trecas [1].

Pendant ce temps, de nombreux renforts de cavalerie et d'infanterie arrivaient chaque jour à l'armée milanaise. Des mercenaires vénitiens, une partie des troupes déjà réunies dans le Parmesan, un corps de Bolonais sous la conduite de Jean Bentivoglio vinrent s'y réunir, et bientôt ce fut le duc d'Orléans lui-même qui se vit assiégé dans Novare.

La lettre suivante, adressée en France par un des gentilshommes de la suite du duc d'Orléans, nous donne un récit détaillé de la marche du

[1] Guichardin affirme que San-Sévérino refusa la bataille. Comines prétend que ce fut le duc d'Orléans qui, par prudence, ne voulut pas l'accepter.

prince d'Asti à Novare, de la reddition de cette ville et de son château, ainsi que des dispositions des habitants du pays. Elle serait de nature à corroborer l'opinion des historiens qui ont affirmé qu'il eût été possible au duc d'Orléans, s'il eût marché droit sur Milan, de soulever en sa faveur les habitants de la capitale et la majorité de ceux des provinces.

Les Nouvelles de Monsieur d'Orléans [1].

Monsieur et son armée partirent mercredi dernier pour passer par le marquisat de Montferrat pour entrer en la duché de Milan, et alloient devant pour descouvrir et pour avant coureurs quinze archiers et dix hommes d'armes que monsieur de Chaudemer et Jacques de Tinteville menoient et ont toujours mené jusques icy. Je croys qu'ilz continueront.

Après monsieur le bastard chevauchaient pour avant garde avec luy Jehan de Blonc lieutenant de la compaignie de monsieur le mareschal de Gyé, cent lances, la bande des Suysses, et les dix-huit hacquebutes d'Orléans. Venaient après l'artillerie qui est de dix belles pièces, les vivandiers et tout le bagaige.

Après venait Monsieur suivi de deux cens hommes d'armes à sa queue, plus les frans archiers de Bour-

---

[1] Biblioth. de Nantes. Impr. en caractères gothiques, sans nom, ni lieu, ni date, reli*é* à la suite des Poésies de Jehan Meschinot.

bonnoys et d'Auvergne, ce qui est une très belle bande. Puis après les gentilzhommes du Dauphiné, la compaignie de monsieur de Champeroux, les frans archiers du Dauphiné et plusieurs autres gens de guerre en grant nombre lesquelz il fait moult beau voir. Pour faire trois lieues, nous avons été bien près de huit à dix heures à cheval et vinsmes coucher à Montcal (Mont-Caglieri) là où vous avez autreffois esté.

Avant le partement de Monsieur et de son armée, monsieur le gouverneur messire Jehan de Louvain estoit party devant avec xx hommes d'armes, et s'en estoit venu en ceste ville de Novare, une belle forte et grant ville de ladite duché, laquelle s'est rendue à monsieur et l'a bien gaignée par praticque qu'on y a faite à d'aucuns, mais le château ne s'estoit point rendu qui est le plus beau et le plus fort qui soit guères.

Le lendemain jeudy dudit lieu de Montcal monsieur et l'armée vindrent disner à ung lieu appellé le Pont le Faire appartenant à Mme la marquise là où on avoit fait un beau et grant pont sur les bateaux pour passer toute ladite armée; mais pour ce qu'il n'estoit pas parachevé nous repusmes, et après disner vers quatre heures nous partismes et vinsmes repaistre jusques au point du jour en ung autre beau lieu par de là le pont dont il ne me souvient du nom.

Item le vendredy nous partismes bien matin et passâmes par Versay (Verceil) une belle ville qui est à madame de Savoie. Ceulz de la ville et du pays croiyent Orléans et France, il sembloit qu'ilz fussent fort joyeux de la venue de Monsieur et ils prioient tous Dieu qu'il voulsist aider et conduire Monsieur. Nous passâmes le pont à gué, et arrivasmes là au disner à ung petit villaige là où il y a une place de ladite duché et fusmes jusques au lendemain environ une heure après minuyt que nous partismes. Ceux dudit lieu vinrent devers Monsieur luy requerir franchise et liberté avec la conservation des priviléges. Monsieur le marquis de Saluce, qui est party avec Monsieur, respondit que Monsieur estoit venu en ce pays pour la leur donner, et que touchant leurs ditz priviléges, il les vouloit bien veoir et qu'ilz envoyassent ung de leurs habitants après luy, et qu'il les feroit veoir, puis après il les conserveroit, ce dont ilz furent très-joyeux.

Le samedi à la dite heure partismes tous en bon ordre, et arrivasmes environ huit heures du matin près dudit lieu de Novare à ung champ là où tout le monde s'arresta pour entrer en icelle ville en belle ordre. Qui nous eust veu ensemble nous eust nombré estre XL mille hommes. Je croy que nous sommes plus de XVIII à XX mille. Monsieur a la plus belle bande que je veisse oncques, il passera partout qui que le veuille veoir. Environ dix heures monsieur entra en ladite ville en tel ordre que cy dessus est declairé, le pouëlle sur luy, monsieur le marquis, et le seigneur Constantin [1] devant luy en grand gorre. L'entrée dura plus de quatre heures. Tous ceulx de la ville estoient joyeux à merveilles, qui tous portoient la croix blanche et

---

[1] C'était le frère de la marquise de Montferrat. Il descendait des anciens souverains de la Macédoine.

criaient : Orléans, Orléans, France, France, et joignoient les mains; je ne veiz jamais gens faire si grant chière qu'ilz faisoient et font deprésent.

Apres disner, pour ce que le chasteau n'estoit pas rendu, l'on y accoustra les faulcons, serpentines, et canons pour l'abattre à force. Mais celluy qui estoit dedans, quant il vit que c'estoit à bon escient, leva la main et requist qu'on parlast à luy. Il demanda trèves une heure, ce qu'on luy accorda, pendant laquelle l'on faisoit tousjours ses apprests. Il descendit à seureté et parla à Monsieur, à monsieur de Rohan, au marquis et autres. Il composa avec eulx de rendre la place dedans XXIIII heures, s'il n'estoit secouru, et incontinent envoya devant le seigneur Ludovic pour faire savoir les nouvelles.

Lequel avisé, on dit que quant il oyt dire que ladite ville estoit prinse et le siége devant le chasteau et ladite promesse faicte cheust à la renverse tout pâmé. Le messaigier luy dit que Monsieur avoit plus de quarante mille hommes. Hyer, après huit heures du matin, fût raporté que le secours venoit et qu'on l'avoit veu marcher, ce dont Monsieur et tous ses gens d'armes furent fort joyeux, car il ne demandent qu'à les rencontrer. Touteffoiz Dieu mercy sans riens frapper ni perdre ladite place se rendit à Monsieur. Lequel y envoya messire Jehan de Louvain, le cappitaine Gillebert Bertrand et tous les autres de la garde.

Ceulx de la place estoient les plus aises du monde et cryoient Orléans, France, et faisoient feuz de fagotz et jettoyent artillerie que à merveilles. Pareillement furent deschargées les pièces d'artillerie dedant ladite place.

Depuis Monsieur partit de son logis pour y aller, tous ses gentilzhommes devant luy, ses archers de la garde alentour de luy et bien deux cens Suysses à l'entour lesquels il faisoit beau veoir, et entra dedans ladite place et en a baillé la charge à messire Jehan de Louvain. Il y a mis ung homme d'armes de la compaignie de Monsieur qu'on appelle Jehan Guedon de Lesclamores qui est fort homme de bien, et il y a soixante adventuriers que ledit Guedon avoit en sa charge; ceulx qui ont esté dedans disent que si les vingt quatre archers de Monsieur eussent esté dedans qu'ilz ne l'eussent pas rendu de trois moys, et que la muraille a vingtz pieds de large et que l'on y meneroit deux chariotz de France à l'entour. Je croy que celui que l'on appelle Valleperge, qui est de ce pays, lequel estoit toujours avec Monsieur, en sera gouverneur, car il a fait les menées.

Pour ce que les francs archers et Suysses plumoient la poulle l'on y a si bien pourveu qu'on n'y fera plus de pilleries. L'on prend tous les jours les chasteaulx et fortes places à l'entour de ceste ville et chascun apporte les clefz à Monsieur. Ceulx du pays sont bien marriz que Monsieur n'estoit pas party plutost. Si Monsieur ne feust venu icy, ceulx de ceste dite ville devoient payer quarante mille ducatz. Le commissaire du seigneur Ludovic estoit icy pour les recouvrer. En priant Dieu qu'il vous ait en sa garde. Escript en haste audit lieu de Novare ce xv° jour de juing.

Et depuis mes lettres escriptes est arrivé ung courrier qui vient de devers le roy, lequel a perdu son pacquet. Touteffois Monsieur a sçeu que le roy fait la plus grant chière du monde, et qu'il s'en vient à la plus grande diligence du monde. Le pape a une ville qu'on appelle Viterbe [1] qui refusa des vivres aux gens du roy. Mais ilz l'ont assiegée et mise à feu et à sang.

[1] Il y a sans doute ici erreur; le nom de la ville pillée était Toscanella.

CHAPITRE XIII.

Le roi quitte la Toscane. — Prise de Pontremoli. — Déplorables excès commis par les Suisses. — L'armée franchit avec beaucoup de difficulté la chaîne des Apennins. — Services que les Suisses repentants rendent à l'armée dans ce passage. — Descente en Lombardie. — Forces et composition de l'armée des confédérés et de la nôtre. — Supériorité numérique de l'ennemi sur l'armée française. — Confiance des Français. — Craintes des confédérés. — Le roi rejoint son avant-garde et occupe Fornoue. — Essais de négociations par l'entremise de Comines. — Leur insuccès. — Bataille de Fornoue. — Victoire des Français. — Nouvelles tentatives de négociations. — Lettres particulières écrites au duc d'Orléans et en France, où l'on rend compte de la bataille.

ES nouvelles reçues par le roi durant son séjour en Toscane avaient enfin hâté sa marche. De Sarzana, il se rendit sans obstacle à Pontremoli. La ville et le château eussent été d'une défense facile,

mais la garnison qui ne s'élevait qu'à trois cents hommes se rendit à l'avant-garde, commandée par le maréchal de Gié et Jean-Jacques Trivulce, ce seigneur milanais passé au service de France. Malgré cette capitulation, qui garantissait les personnes et les biens, les Suisses se rappelant que l'année précédente, dans le passage de l'armée par la Lunigiana, quarante des leurs environ avaient été tués par ceux de Pontremoli à l'occasion d'une querelle, entrèrent en furie à ce souvenir, saccagèrent la ville, y mirent le feu, brûlèrent même une dizaine d'entre eux restés ivres dans les caves et massacrèrent le plus grand nombre des habitants. Il fallut l'intervention et les ordres formels du roi pour mettre fin à des actes aussi coupables.

Pontremoli est située à l'entrée des Apennins. L'armée, pour passer outre, avait à traverser cette chaîne de montagnes en gravissant péniblement par des sentiers impraticables pour les voitures, et surtout pour la grosse artillerie. Honteux de ce qu'ils avaient fait, les Suisses vinrent d'eux-mêmes offrir au roi de passer, à force de bras, le parc d'artillerie, où l'on comptait entre autres quatorze grosses pièces. Ils s'attelaient deux par deux, au nombre de cent ou de deux cents à la fois, sur chaque pièce, et ils réussirent ainsi à les hisser toutes jusqu'au sommet. Mais le plus difficile était de les descendre dans la vallée opposée. Il fallut d'incroyables efforts pour y réussir. « A dire la vérité, remarque Comines qui était présent, ils ne passèrent point l'artillerie seulement, mais toute la compagnie; car autrement, si ce n'eût été ce moyen, âme ne fût passée. » Ce service rendu à l'armée entière atténua leur faute et leur en obtint le pardon de la part du roi.

Pendant que l'artillerie et le bagage traversaient avec tant de difficultés et d'efforts la chaîne des Apennins, l'avant-garde, formée de cavalerie légère et commandée par le maréchal de Gié, avait pris les devants. Lorsque le gros de l'armée descendit dans la plaine, elle était à trente milles en avant. Il fallut trois jours pour rejoindre le maréchal qui pressait vivement le roi de hâter sa marche. Il craignait de la part des ennemis, qu'il croyait fort proches, une attaque à laquelle le terrain se prêtait et qui l'aurait obligé de se rejeter en toute hâte, et non sans danger, sur le corps de l'armée principale.

L'armée confédérée se trouvait alors concentrée sur le territoire de Parme. Suivant Guichardin, elle comptait deux mille cinq cents hommes d'armes, ce qui, à quatre hommes par lance italienne fournie, donnait un total de dix mille combattants, huit mille hommes d'infanterie et plus de deux mille chevau-légers, Albanais ou Grecs, soudoyés par les Vénitiens. On appelait ces derniers en Italie Stradiots ou Estradiots. Vêtus comme les Ottomans, sauf le turban, ils étaient montés sur des chevaux d'Asie, durs à la fatigue comme leurs maîtres, et combattaient à la façon des Turcs, c'est-à-dire sans jamais faire de quartier aux vaincus. Les Vénitiens s'en servaient contre les Ottomans. Ceux-ci, ayant habitué leurs cavaliers à recevoir un ducat par tête d'ennemi, avaient obligé les Vénitiens à adopter, par voie de représailles, cet usage barbare.

D'après le calcul de Guichardin, l'armée confédéré n'aurait compté que vingt-un à vingt-deux mille hommes. Mais Comines, qui possédait des renseignements exacts, et qui avait vu avant son départ de Venise débarquer dans l'île Saint-Nicolas et y faire leur montre une partie des troupes albanaises, évaluait l'armée des confédérés à trente-cinq mille hommes. Elle était en tout cas beaucoup plus nombreuse que la nôtre qui, comme nous le verrons tout à l'heure, de l'aveu d'un de nos adversaires parfaitement informé, le comte de Pitigliano, prisonnier sur parole à la suite des Français, ne s'élevait qu'à neuf mille combattants. François de

Gonzague, marquis de Mantoue [1], jeune, mais déjà remarquable par d'éminentes qualités militaires, commandait en chef les troupes vénitiennes qui formaient plus des trois quarts de l'effectif. Il avait autour de lui beaucoup d'officiers distingués. Selon l'usage de la République, on lui avait adjoint deux provéditeurs, véritables commissaires, sans l'avis desquels il ne pouvait prendre aucune résolution importante. C'étaient Luc Pisani et Melchior Trevisani. Le comte de Cajazzo, qui, comme son maître, Ludovic Sforce, avait été de nos amis, commandait les troupes milanaises. Il était fort avant dans l'intimité du duc de Milan, mais, moins habile dans le métier que Robert de San-Severino, son père, il passait pour être plus prudent que brave. François-Bernard Visconti, chef de la faction gibeline à Milan, et conséquemment ennemi de Jean-Jacques Trivulce, l'accompagnait comme porteur des ordres du duc.

Les chefs de l'armée confédérée avaient d'abord résolu d'occuper Fornoue, bourg peu considérable situé au pied de la montagne et sur le bord du Taro, ruisseau ou torrent, selon le

[1] C'était le chef de la maison de Gonzague. Il était fils de Frédéric, marquis de Mantoue, mort en 1484, et de Marguerite de Bavière, et beau-frère de Gilbert de Montpensier, vice-roi de Naples.

temps et la saison. Ce lieu leur sembla trop resserré, rapportent les uns. D'autres ont dit depuis que, désirant donner à l'armée française la facilité de descendre tout entière dans la plaine afin de l'anéantir d'un seul coup, ils avaient jugé convenable de se retirer à trois milles plus loin, à l'abbaye de la Ghiruola. C'est l'opinion de Comines, et il attribue ce calcul à l'avarice des confédérés, qui ne voulaient rien perdre des riches bagages du roi et des seigneurs français.

Guichardin avoue franchement qu'il se manifesta un peu d'hésitation parmi les chefs de l'armée confédérée. On avait toujours douté que le jeune roi, à la tête d'une armée aussi inférieure en nombre, osât prendre le grand chemin de l'Apennin. Ses ennemis s'étaient persuadé qu'il laisserait à Pise la plus grande partie de ses troupes et qu'il s'embarquerait avec le reste. Quand ils apprirent qu'il prenait son chemin par terre, ils crurent que pour les éviter il avait dessein de franchir les Apennins par Val di Taro et le sentier difficile et escarpé de Centocroce pour gagner la Tortonèse et rejoindre le duc d'Orléans aux environs d'Alexandrie. Mais en le voyant se diriger sur Fornoue, en apercevant son avant-garde, peu nombreuse et distancée comme elle l'était, tracer fièrement sa route droit sur la masse des ennemis, on ne douta plus que le jeune roi avait pris la résolution de se jeter tête baissée au milieu du danger et de faire bravement une trouée à travers l'armée confédérée. Les soldats italiens, dit Guichardin, se représentaient la furie et l'impétuosité des lances françaises et la fermeté des Suisses, auxquels l'infanterie italienne n'est pas comparable. Leur imagination s'effrayait du prompt effet de notre artillerie; mais ils étaient surtout frappés de la hardiesse des Français, que leur petit nombre n'empêchait pas de venir droit à des ennemis si supérieurs en nombre [1].

Une courte missive, écrite au duc d'Orléans par Gilbert de Nevers, commandant des Allemands à l'avant-garde, témoigne hautement de la confiance qui animait l'armée française. Datée de l'avant-veille de la bataille et du jour qui précéda la jonction du roi à son avant-garde, elle nous semble tout à fait propre à justifier l'opinion de Guichardin. La voici :

Double des lettres escriptes par Monsr de Nevers à Monsr d'Orléans [2].

Monseigneur, je vous advertis que Monsr le mareschal de Gyé et ma bande d'Allemands sommes à cinq

---

[1] Guichardin, liv. II, chap. III.
[2] Biblioth. de Nantes. Copie manuscrite. Archives de la maison de Rohan.

milles de Fornoue, attendant aujourd'huy le roy et toute nostre artillerie. Nous avons intencion incontinent que nous serons assemblés d'aller veoir les Lombars quelque part qu'ilz soient, et vous promectz que jamais je ne vis gens plus delibérez, le roi premièrement et toute la bande tant de gens de cheval que de pyé, et je vous asseure, Monseigneur, que la bande est belle et grosse. Le marquis de Mantoue et le comte de Galléas Cajazzo) sont à trois milles de là, à Fornoue, et n'avons peur qu'ilz ne nous attendent[1]. Monseigneur, le roy a aujourd'huy eu nouvelles comme Monsr d'Aubigny[2] a gagné bataille contre le roy Ferrand; je vous envoye les lectres que le roy a escriptes, ensemble le double des lectres que mondit sieur d'Aubigny a escriptes à Monsr de Montpensier. Monsr, Messire Jehan-Jacques de Trivulce et moi avons parlé ensemble comme serez advertis par le sieur de Theuray plus amplement. Monseigneur, je prie Dieu qu'il vous doint ce que vous desirez.

Escript à l'ost le quatriesme jour de Juillet.

Et au-dessoubz, vostre très-humble serviteur et cousin, ENGILLEBERT.

Le maréchal de Gié, qui avait avec lui moins de deux mille Français et au plus un millier de

[1] C'est-à-dire: N'avons peur que d'une chose, c'est qu'ils ne nous attendent pas. Notre vieux langage, moins clair peut-être, était plus concis que celui dont nous nous servons.

[2] Nous donnerons ces lettres plus tard, lorsque nous nous occuperons des événements qui suivirent le départ de Naples du roi et de son armée.

Suisses, avait pris position sur la montagne, en face de Fornoue, en attendant l'arrivée du gros de l'armée. Le dimanche, 5 juillet, le roi descendit des Apennins vers midi et porta son quartier général à Fornoue même. Là commence la plaine de Lombardie, qui était dès lors « un des beaux et bons pays du monde et des plus abondants. Fossoyé comme en Flandres ou encore plus et mal aisé à chevaucher, mais bien meilleur et plus fertile tant en bons froments qu'en bons vins et fruits et ne séjournent jamais leurs terres », suivant les remarques de Comines, qui se souvenait de son pays natal.

L'aspect de ces plaines réjouit l'armée : les habitants de Fornoue offraient aux Français des petits pains noirs et du vin coupé d'eau aux trois quarts et quelques fruits, le tout à des prix très-élevés. Toutefois, la crainte que ces vivres ne fussent empoisonnés arrêta les chefs et les moins affamés, mais comme, en général, on avait souffert dans la montagne du manque de vivres, les soldats se précipitèrent sur ces rafraîchissements, si bien que deux Suisses moururent dans une cave à force de boire.

Les deux armées se trouvaient ainsi disposées. Elles étaient campées toutes deux sur la rive droite du Taro, les Français dans Fornovo ou Fornoue, bourg de peu d'importance, et les troupes confédérées à quelques milles au-dessous. Les Français occupaient un vallon resserré entre deux collines au fond duquel coule le Taro, ruisseau à lit de torrent ordinairement très-guéable et presqu'à sec, au moment de l'arrivée de l'armée. Le camp des confédérés couronnait un coteau étendu vers la droite des Français. Le vallon que suit le Taro au sortir de Fornoue est une grève aride, d'une demi-lieue de large, semée de cailloux et de grosses pierres roulés par le ruisseau débordé, mais peu propre aux évolutions de la cavalerie. De cette disposition du terrain et des deux armées résultait pour les Français l'obligation, s'ils se portaient en avant, de traverser la rivière en face de l'armée ennemie.

A peine les Français eurent-ils dressé leurs tentes qu'ils se virent assaillis par des nuées de stradiots qui, couverts par des bois situés entre les deux camps, arrivaient sans être aperçus jusqu'aux sentinelles françaises. Il en résulta d'abord une telle alerte, que toute l'armée, croyant à une attaque générale, se mit en bataille, disposée en trois corps et prête à recevoir l'ennemi. On finit par s'habituer à ces escarmouches, plus importunes que dangereuses.

Deux jours auparavant, le roi avait entretenu, pour la première fois, Comines d'un projet de négociation. Il avait manifesté le désir de l'envoyer au camp des Vénitiens, en le faisant accompagner d'un officier capable d'apprécier, à première vue, les forces confédérées. Comines avait répondu qu'il était prêt à demander aux provéditeurs vénitiens, suivant la convention qu'ils avaient arrêtée à Padoue, un sauf-conduit et une entrevue, mais qu'il regardait comme peu convenable et comme fort dangereux d'aller au-devant de l'ennemi jusque dans son camp. Le cardinal de Saint-Malo le pria, le dimanche soir, veille du combat, d'essayer de se mettre en rapport avec les provéditeurs. Comines leur écrivit aussitôt pour leur offrir un sauf-conduit, suivant les arrangements pris à Padoue, et leur en demander un pour lui-même. Ils s'empressèrent de répondre que, le duc d'Orléans ayant commencé les hostilités contre le duc de Milan, les pouvoirs qu'ils avaient reçus pour traiter n'étaient plus entiers, mais que, nonobstant, l'un d'eux se rendrait à une entrevue dont l'heure et le lieu seraient fixés ultérieurement.

Cette réponse, reçue le dimanche soir, dit l'historien négociateur, « nul ne l'estima de ceux qui avaient le crédit. Je craignais à trop entreprendre et qu'on le tint à couardise si j'en pressais trop.... Mes affaires avaient été telles au commencement du règne de ce roi, que je n'osais fort m'entremettre, afin de ne me faire point ennemi de ceux à qui il donnait l'autorité. » Toujours du dépit et de la susceptibilité.

Vers minuit, le cardinal de Saint-Malo qui venait de quitter le roi et dont le pavillon était voisin de celui de Comines, vint communiquer à ce dernier l'ordre du jour du lendemain. Il avait été décidé que le roi partirait dès le matin, et que l'armée, appuyée par l'artillerie, passerait la rivière en face de l'ennemi. Le plan parut si extraordinaire à Comines, qu'il le crut d'abord de la façon de Son Excellence.

La nuit ne s'écoula pas sans alertes, toujours causées par les stradiots. Un violent orage, accompagné de tonnerre et de pluie, faisait retentir les échos des montagnes voisines et menaçait de grossir, pour le lendemain, le cours d'eau que l'armée avait à traverser.

Le lendemain matin, 6 juillet, vers les sept heures, le roi, jugeant qu'il n'y avait pas de temps à perdre pour franchir le Taro, avant la crue, monta à cheval et fit appeler Comines. L'ambassadeur trouva son maître armé de toutes pièces, monté sur le plus beau cheval noir qu'il eût jamais vu. Le prince portait, par dessus son armure du plus riche travail, une tunique sans manches, blanche et violette, semée de croisettes de Jérusalem, de la plus fine broderie. Le cheval, complètement bardé, était caparaçonné des mêmes couleurs, également semées de croisettes. Le panache mi-parti du casque royal reproduisait les mêmes nuances. L'aspect, le maintien et la parole du roi parurent à Comines si audacieux et si sages à la fois, que la prophétie de Jérôme Savonarola lui revint à la mémoire. Il vit bien que Dieu le conduirait par la main et que l'honneur lui resterait, suivant les prédictions du moine inspiré. Aussi, lorsque Charles dit à Comines qu'il lui adjoignait le cardinal de Saint-Malo et qu'il les autorisait tous les deux à ouvrir une conférence avec les ennemis, l'ambassadeur qui, ce jour-là, portait une cuirasse et qui sentait dessous battre son cœur de soldat, répondit : « Sire, je le ferai volontiers, mais je ne vis jamais deux si grosses compagnies si près l'une de l'autre, qui se départissent sans combattre. »

Tandis que les divers corps de l'armée prenaient leurs rangs, le cardinal et Comines, se retirant à part, dictèrent à Robertet, secrétaire du roi, une lettre adressée aux provéditeurs vénitiens. On leur mandait que le roi ne voulait que passer son chemin sans causer de dommage à personne et que si l'entrevue sollicitée la veille avait lieu, elle aboutirait sans doute à une convention pacifique. Le porteur de cette lettre était un trompette qui réussit à gagner la tente des provéditeurs. Au moment où ceux-ci venaient de lire cette dépêche, l'artillerie française commença à tirer, ce qui provoqua une riposte, mais plus faible, de l'artillerie italienne. Les provéditeurs et le marquis de Mantoue, général en chef, répondirent aussitôt par un de leurs trompettes, accompagnant le nôtre, qu'ils consentaient à parlementer, à condition que l'artillerie se tairait de part et d'autre. Le roi, aussitôt informé de ce message, renvoya les deux trompettes, chargés de dire aux Vénitiens qu'il acquiesçait à leur demande et qu'il donnait l'ordre de cesser le feu. Le silence se fit pendant quelque temps. Puis l'artillerie italienne ayant tiré de nouveau, la nôtre mit en batterie trois nouvelles pièces et reprit son feu avec plus de vivacité que jamais. Dans ce moment, les trompettes arrivaient à la tente du marquis de Mantoue où se trouvaient les deux provéditeurs, Rodolphe de Mantoue, oncle du marquis et le comte de Cajazzo. La question y fut débattue rapidement. Rodolphe et un des provéditeurs étaient d'avis de parlementer, et le premier surtout, bien disposé pour nous, s'efforçait de faire prévaloir ses opinions conciliantes. Mais le second provéditeur, le général en chef, et surtout le comte de Cajazzo qui connaissait parfaitement l'infériorité numérique de l'armée française dont il avait fait partie, furent d'avis de livrer bataille, et cette opinion prévalut. Il était plus de midi lorsque la négociation fut définitivement rompue.

Au reste le combat était déjà engagé. A peine avions-nous commencé à traverser le Taro, que d'innombrables stradiots, dispersés sur les flancs de l'armée, entraient dans Fornoue, à mesure que nos soldats évacuaient ce village et menaçaient l'arrière-garde, chargée de protéger les bagages.

Voici comment les forces avaient été disposées du côté des Français et de celui des confédérés : l'avant-garde française, composée de troupes choisies, était placée sous le commandement du maréchal de Gié et de Jean-Jacques Trivulce. On y comptait trois cents hommes d'armes et trois mille Suisses. On leur avait adjoint trois cents archers de la garde, auxquels le roi avait ordonné de combattre à pied, quelques arbalétriers à cheval de la garde y avaient été réunis. Leurs chefs particuliers étaient Gilbert de Nevers, de Lornay, grand écuyer de la reine, et Antoine de Bessey, bailli de Dijon et commandant des Suisses. Enfin toute l'artillerie accompagnait l'avant-garde. Le roi suivait avec le reste de l'armée, sous les ordres de M. de la Trimouille et du comte de Foix. Les lances du duc d'Orléans, placées sous le commandement de

Robinet de Framezel, les archers écossais, les gentilshommes des vingt écus et ceux qu'on appelait les pensionnaires, accompagnaient le roi.

Lorsque l'avant-garde française, après avoir passé le Taro, fut arrivée à hauteur du camp des Italiens, le marquis de Mantoue passa la rivière au dos de l'arrière-garde française, avec un corps de six cents hommes d'armes, élite de l'armée, soutenu par cinq mille hommes de pied, un fort escadron de chevau-légers et un corps nombreux de stradiots. Il laissa sur l'autre bord Antoine de Montefeltro, de la maison d'Urbin, avec un corps de troupes considérable destiné à lui servir de réserve, mais qui ne devait passer la rivière que sur l'ordre de son oncle Rodolphe. Une autre partie de sa cavalerie légère, avec le reste des stradiots, devaient passer le Taro à Fornoue, tomber sur le flanc des Français et s'emparer du bagage. Il était près de trois heures, lorsque le marquis franchit le Taro.

Le comte de Cajazzo avait ordre de passer la rivière au-dessous de Fornoue et d'attaquer vivement l'avant-garde française. Le général en chef lui avait confié quatre cents hommes d'armes et deux mille hommes d'infanterie. Il avait pour réserve deux cents hommes d'armes sous les ordres d'Annibal Bentivoglio, qui ne devait franchir le Taro qu'en cas de besoin. Enfin la garde du camp qui, suivant l'usage italien, était d'une grande étendue, avait été laissée à deux compagnies de gens d'armes et à mille hommes d'infanterie. C'étaient les provéditeurs vénitiens restés dans le camp qui avaient exigé cette forte réserve.

On voit que le plan adopté par le marquis de Mantoue consistait à envelopper entièrement l'armée française, qui, attaquée en tête, en queue et par le flanc au fond d'une vallée bordée d'un côté par la rivière grossissante et de l'autre par des coteaux élevés, aurait été, en cas de défaite, complètement anéantie.

Le plus grand embarras de l'armée française consistait dans l'immense quantité de chariots, de bêtes de somme de toute espèce et de conducteurs ou sommiers qui la suivaient. Les historiens évaluent à six mille environ le nombre de ces derniers. Cette masse confuse avait passé de bonne heure le Taro et filait le long de la grève, au pied de la montagne, sous la protection de l'arrière-garde; mais cette protection était insuffisante, surtout contre les attaques des stradiots, disposés à se porter de préférence sur un point où il y avait beaucoup de profits à faire et peu de dangers à courir. On a prétendu que Jean-Jacques Trivulce, qui connaissait l'avidité de ces troupes mercenaires, avait conseillé au roi de sacrifier une partie du bagage, afin d'attirer sur ce point une bonne partie des forces de l'ennemi.

Toujours est-il que ce fut à l'extrême arrière-garde que l'attaque commença ; mais au même moment le marquis de Mantoue, son oncle Rodolphe, le comte Bernardin de Valmontone, accompagnés de la fleur de l'armée italienne, après avoir passé la rivière, remontèrent la grève, afin de prendre en flanc les troupes du corps de bataille où se trouvait le roi. On les voyait s'avancer au petit pas, les cavaliers bardés, empanachés et armés de ces lances élégantes et richement peintes, qu'on appelait bourdonnasses, à cause de leur ressemblance avec les bourdons de pèlerins, flanqués d'arbalétriers à cheval, de stradiots et de gens de pied.

Le roi, voyant ce corps d'armée s'avancer en si bon ordre, prit à l'instant même la résolution de faire volte-face, et, en s'adossant à son avant-garde déjà un peu éloignée, de présenter le visage à l'ennemi. Il se jeta bravement un peu à gauche de son arrière-garde à la tête des lances d'Orléans, des archers écossais et des gentilshommes de sa maison.

Presque aussitôt les Italiens, sous les ordres

du marquis, divisés en deux compagnies, mirent les lances en arrêt et chargèrent au galop. Les Français, partagés en deux forts escadrons, en firent autant avec une extrême vigueur, le roi au premier rang et à la tête de la compagnie de droite. La compagnie française, du côté gauche, débordait un peu l'ennemi, ce qui fut d'un grand avantage, suivant Comines, qui en faisait partie, car voyant l'affaire engagée, le diplomate avait laissé parmi les bagages le cardinal de Saint-Malo et repris son ancien métier. Le résultat de ce premier choc fut décisif. Les gens d'armes du marquis de Mantoue, culbutés, prirent tous la fuite. Les gens de pied qui les accompagnaient en firent autant. Les stradiots, chargés de les soutenir, voyant les chariots, les mulets et les conducteurs de l'arrière-garde française s'enfuir devant leurs compagnons pour gagner l'avant-garde, avaient déjà abandonné, avant la charge, les hommes d'armes du marquis, afin d'aller partager avec les leurs le riche butin qu'on leur avait promis. Cette diversion fut des plus heureuses. On ne sait pas ce qui serait arrivé, si ces quinze cents chevau-légers (tel était leur nombre), eussent attaqué en flanc les compagnies françaises avec leurs terribles épées qu'on appelait cimeterres.

Les deux gros escadrons français, auxquels se

joignit toute la cavalerie disponible, poursuivirent, l'épée dans les reins, les débris des compagnies du marquis, qui reprenaient à toute bride la route de Fornoue ou qui, s'écartant à gauche, essayaient de rejoindre leur camp par le plus court chemin. Mais, dans cette fuite, un grand nombre resta sur la place. Rodolphe de Mantoue, oncle du marquis, celui-là même qui, le matin, dans le conseil, avait opiné pour la paix, fut un des premiers tués. Ce fut la cause, dit-on, pour laquelle Antoine d'Urbin ne passa pas la rivière avec sa réserve, attendu que l'ordre de la franchir devait lui être transmis par ce seigneur. Bon nombre des chevaliers italiens, pesamment armés, jonchaient le sol. Les longues épées des archers français cherchaient le défaut des cuirasses, tandis que les haches à couper le bois, dont étaient munis les valets, brisaient les visières des armets. « Car bien mal aisés étaient à tuer, tant étaient fort armés, » remarque Comines. Quant aux hommes de pied, abandonnés par la cavalerie, fuyant dans toutes les directions, il en fut fait un grand carnage.

A moins de vingt pas de Charles VIII, le bâtard de Bourbon avait été fait prisonnier par les Italiens. Quant au roi, il n'avait reçu aucune blessure. Il était resté sur le lieu du combat, accompagné de quelques gentilshommes, ne pouvant pas, sans perdre de vue l'ensemble de la bataille, se mettre à poursuivre l'ennemi, et ne voulant pas encore se rapprocher de l'avant-garde. C'est là, comme nous allons le voir, qu'il courut le plus grand danger.

Tandis que le marquis de Mantoue attaquait l'armée en queue et en flanc, le comte de Cajazzo, suivant les ordres qu'il avait reçus, dirigeait une attaque simultanée contre l'avant-garde française, mais avec moins de succès encore ; car au moment de coucher les lances, sa cavalerie fut frappée de terreur et se rompit d'elle-même. Les Suisses tuèrent une vingtaine d'hommes et le reste échappa sans être poursuivi. Le maréchal de Gié, apercevant à peu de distance, de l'autre côté de la rivière, des compagnies ennemies qui n'avaient pas donné, fit les plus grands efforts pour maintenir ses troupes en ordre de bataille et les empêcher de se lancer à la poursuite des fuyards.

Or, une petite bande de ces fuyards, parmi lesquels se trouvaient quelques hommes d'armes, ayant suivi la grève, arriva jusqu'au roi. Le prince se trouvait en ce moment à l'écart, accompagné seulement d'un valet de chambre, appelé Antoine des Ambus, petit homme et mal armé. Chargé par cette bande, Charles mania son excellent cheval et fit usage de ses armes avec tant d'adresse, qu'il para tous les coups qui lui furent portés. Un des boutons de la visière de son casque fut coupé par le tranchant d'une épée. Les gentilshommes de sa suite accoururent en toute hâte pour le délivrer et disperser cette bande. C'est alors seulement que le roi se mit en marche pour rejoindre l'avant-garde qui, comme nous l'avons dit, avait fermement conservé sa position, prudence considérée comme excessive par quelques-uns et louée sans réserve par d'autres.

Les deux grandes attaques des Italiens, à l'arrière et à l'avant-garde, avaient donc complètement échoué. Le seul succès dont ils pouvaient se vanter consistait dans l'enlèvement d'une partie des bagages. Les stradiots y firent un butin considérable. Une centaine de sommiers et de valets, une cinquantaine des serviteurs du roi ou de ses chambellans furent emmenés prisonniers, parce qu'on les prit pour des personnages importants. De ce nombre se trouvait Gabriel, valet de chambre de Charles VIII. Ses fonctions consistaient à veiller sur les reliques dont les rois de France se faisaient toujours accompagner en campagne. Au reste, le désordre fut si grand sur ce point, que beaucoup d'objets précieux furent jetés à terre, perdus et même dérobés par les propres sommiers de l'armée, tourbe indisciplinée où l'on comptait beaucoup de vivandières, et dont les rapines avaient trop souvent mécontenté les populations italiennes.

Les compagnies françaises lancées à la poursuite du marquis de Mantoue ne s'arrêtèrent qu'à la hauteur de Fornoue. Aucun retour offensif n'eut lieu de la part de l'ennemi. Un seul chevalier français, encore mal armé, Julien de Bourgneuf, avait été tué durant cette poursuite. Arrivé près de Fornoue, on cria : Allons au roi. A ce signal, tout le monde fit halte. Les chevaux, fatigués d'une si longue carrière, fournie sur un sol semé de pierres et de cailloux, reprirent haleine, et puis l'on se dirigea au grand trot vers le point où l'on croyait rencontrer le roi. On l'aperçut bientôt, et alors les deux escadrons, ralentissant leur marche, ordonnèrent aux valets et suivants de descendre de cheval pour ramasser de ces belles lances qui jonchaient le sol. Bien que creuses et légères comme une javeline, elles servirent à remplacer celles que l'on avait rompues contre les cuirasses italiennes.

Pendant ce retour vers l'avant-garde, on avait rencontré sur la grève divers détachements ennemis débandés, mais on ne s'attacha pas à les poursuivre. Plusieurs fois pendant le combat s'était élevé le cri : Souvenez-vous de Guinegate. C'était un avertissement de ne pas s'arrêter à piller le bagage, comme on l'avait fait autrefois sous le roi Louis XI, dont l'armée perdit une bataille à moitié gagnée pour s'être amusée à recueillir le butin [1].

Le marquis de Mantoue, après avoir repassé la rivière qui grossissait à chaque instant, trouva ses corps de réserve si effrayés qu'ils ne songeaient plus qu'à s'enfuir avec le bagage. Le grand chemin de Plaisance à Parme était même déjà plein d'hommes, de chevaux et de charrettes qui se retiraient vers cette dernière ville. La présence et l'autorité du marquis arrêtèrent en partie ce mouvement. Mais l'arrivée du comte de Petigliano contribua davantage à rassurer les soldats italiens. Ce capitaine, accompagné de Virginio Orsini, son frère, suivait l'armée française depuis Naples, prisonnier sur parole. Telle était la position de ces deux officiers depuis la prise de Nola dont la capitulation, prétendaient-ils, leur avait garanti la liberté. Ils avaient profité tous deux du désordre causé par la bataille pour s'échapper et passer dans le camp italien. Le comte, se lançant à la suite des fuyards, s'efforçait de ranimer le courage de ses compatriotes

[1] L'avertissement n'était pas très-opportun, car le gros du bagage de l'armée italienne était de l'autre côté du Taro.

et de les ramener au combat. Il affirmait que l'armée française comptait à peine neuf mille hommes, qu'il en connaissait tous les corps, et que l'immense supériorité numérique de l'armée italienne était un sûr garant de la victoire, si elle renouvelait vivement son attaque contre des ennemis déjà, disait-il, fortement ébranlés. Ces efforts, de la part d'un capitaine bien connu de l'armée italienne, n'aboutirent qu'à mettre un terme à la fuite et à faire rentrer les troupes dans leur camp retranché.

Ce qui paraîtra moins extraordinaire, c'est que au même moment, dans le camp français, on songeait à reprendre sérieusement l'offensive et à mettre la victoire à profit. La question se débattait entre le roi et les officiers généraux, réunis à cheval autour de lui. On apercevait de ce point les têtes et les lances de divers corps de l'armée ennemie, massés aux environs de leur camp. Mais aussi l'on distinguait sur la route de Parme une longue file de fuyards, et Francisque Secco, ainsi que Camille Vitelli[1], tous deux ita-

---

[1] Le roi, après la bataille, détacha de son col une chaîne d'or qu'il donna à Camille Vitelli, pour le récompenser de la part qu'il avait prise à la victoire. Il y avait dans l'armée française quatre frères de cette famille, originaire de Citta-di-Castello, dont elle portait le titre. Ils commandaient un corps formé d'Italiens, et qu'on appelait les *Vitelliens*.

liens, assuraient que l'armée ennemie était dans une complète déroute. Ils opinaient fortement pour qu'on repassât la rivière et qu'on la poursuivît l'épée dans les reins. Les officiers français ne partagèrent pas cet avis. Ils alléguèrent la fatigue des troupes qui avaient combattu ou étaient restées tout le jour en bataille, d'abord sous un soleil ardent, puis sous un orage qui avait éclaté terrible comme celui de la nuit précédente, et ils déclarèrent qu'à leur avis tout le monde avait besoin de repos.

Le jour baissait, les lances ennemies, scintillant au soleil couchant, disparaissaient à l'horizon dans la direction du camp, près Fornoue. Le Taro, grossi par deux orages et menaçant de franchir ses rives, allait imposer un armistice aux deux nations. Le roi, adoptant l'opinion de la majorité des capitaines, porta son quartier général au petit village de Medesano, situé sur une hauteur, à un mille environ du champ de bataille. L'armée y passa la nuit. Comme la récolte était déjà rentrée, on y trouva beaucoup de blé en gerbes, dont les soldats s'accommodèrent, à défaut des vivres détruits ou perdus en chemin avec le bagage. Quant aux officiers, « qui eut de quoi fit collation, » dit Comines. Pour lui il soupa d'un morceau de pain noir et coucha dans une vigne, étendu à terre, parce qu'il avait prêté, dès le matin, son manteau au roi.

Telle fut la célèbre rencontre entre les Français et les Italiens sur les bords du Taro. Elle a conservé parmi nous le nom de journée de Fornoue. Il n'y avait point eu depuis longtemps de bataille aussi sanglante en Italie, car le nombre des morts n'y était jamais considérable dans les combats. De l'aveu des historiens italiens, de Guichardin lui-même, l'armée confédérée perdit plus de trois mille hommes, parmi lesquels on comptait trois cents hommes d'armes. Cinq capitaines du nom de Gonzague, en y comprenant Rodolphe, oncle du marquis, Rinuccio Farnese, Bernardin del Montone, Jean Piccinino, Galeas de Coreggio et une quinzaine d'autres appartenant aux grandes familles militaires d'Italie restèrent sur la place.

L'armée française n'eut à regretter que deux cents hommes, parmi lesquels on ne comptait, pour ainsi dire, aucun personnage marquant.

Cette perte, si considérable du côté des Italiens, et si disproportionnée quand on la compare à celle des Français, fit d'autant plus d'impression sur les esprits des confédérés que l'action avait été très-courte et que l'artillerie, qu'ils redoutaient par-dessus tout, n'y avait eu presque aucune part, attendu que la mêlée avait été engagée dès le commencement des deux attaques de flanc et d'avant-garde. Les Italiens avaient fait peu de prisonniers et les Français n'en avaient aucun.

On ne s'explique guère comment les confédérés osèrent revendiquer l'honneur de la journée. Ils se fondaient sur ce que leur camp et leur bagage étaient restés en leur possession, tandis que le bagage des Français, y compris celui du roi, avait été pillé. Les Vénitiens ne craignirent même pas d'ordonner d'allumer des feux de joie à Venise et dans leurs possessions de terre ferme, et on lit encore sur le tombeau de Trevisani, l'un des provéditeurs, qu'il avait heureusement combattu contre Charles, roi de France, sur la rivière du Taro. Le public et la postérité plus justes ont attribué la victoire aux Français, soit à cause de la grande inégalité des pertes subies, soit parce qu'ils avaient rejeté les ennemis de l'autre côté de la rivière, soit enfin parce qu'ils avaient réussi à s'ouvrir le passage qui fut la cause du combat. D'ailleurs, s'ils ne couchèrent pas sur le champ de bataille, ce qui est le privilége du vainqueur, ils campèrent tout auprès, et ce n'était pas l'ennemi qui les en avait chassés. Quant à la perte du bagage, quelques historiens, comme nous l'avons déjà remarqué [1], ont été jusqu'à croire que c'était un sacrifice calculé pour amener l'heureuse diversion qui, en effet, eut lieu en faveur de l'armée française.

Il se répandit aussi dans le temps, en Italie, un bruit, que le marquis de Mantoue et quelques-uns de ses lieutenants concoururent à propager. On assurait que Ludovic Sforze, jaloux de voir les Vénitiens à la tête d'une armée si nombreuse dans son duché, craignant aussi bien leur succès que la victoire des Français, avait secrètement donné ordre à ses troupes de ne pas combattre. On ajoutait que cette manœuvre avait eu le résultat que le duc en attendait, et que c'était là la cause pour laquelle les Italiens n'avaient pas remporté une pleine victoire. Ces atténuations d'une véritable défaite n'ont pas trouvé accès près des historiens. Le duc de Milan était alors occupé, comme nous le dirons, au siége de Novare avec sept mille hommes environ. Le comte de Cajazzo, qui commandait les Milanais à Fornoue, non-seulement fut d'avis au conseil de prendre l'offensive, mais il dirigea, comme nous le savons, à la tête des siens, l'attaque de l'avant-garde. Cette attaque fut-elle

[1] Guichardin, liv. II, chap. IV.

mollement conduite? C'est probable. Cajazzo n'a pas laissé la réputation d'un général audacieux et propre aux coups de main. Mais ce qu'il y a de plus certain, c'est que les Suisses et la gendarmerie française accueillirent ses troupes de telle façon qu'elles lâchèrent pied, avant, pour ainsi dire, d'avoir mis la lance en arrêt. D'ailleurs, quel général s'est jamais fait battre pour obéir à un ordre secret de son prince?

Le lendemain, au matin, Comines, qui semblerait, d'après son récit, avoir agi de lui-même, ce qu'il est difficile d'admettre, expédia au camp des confédérés un trompette porteur d'un sauf-conduit du roi, et chargé de leur faire savoir qu'il était disposé à reprendre les conférences interrompues par la bataille. Le messager rapporta la sauvegarde demandée par Comines, avec l'invitation de parlementer à mi-chemin des deux camps. Le roi, informé de cette réponse, désigna, pour assister à cette entrevue, le cardinal de Saint-Malo, le maréchal de Gié, son chambellan de Piennes et Comines. Le marquis de Mantoue, le comte de Cajazzo et les deux provéditeurs vénitiens devaient y représenter les diverses puissances confédérées. On se rendit, de part et d'autre, sur la grève. Mais alors s'éleva la question de savoir qui passerait la rivière, devenue un véritable torrent. Cette dif-

ficulté se trouvait aggravée par une considération d'étiquette : chaque groupe, prétendant être allé assez loin, se refusait à faire un pas de plus. Les représentants du roi prièrent Comines de traverser le Taro, sans toutefois le charger, d'abord, de leurs propres pouvoirs. Il n'y consentit qu'à la condition d'être acccompagné de Florimon Robertet, secrétaire fort accrédité du roi, d'un héraut et d'un de ses serviteurs. Comines aborda les généraux italiens, qui l'engagèrent à faire quelque ouverture. Il aurait pu s'y croire autorisé, car au même moment les trois autres ambassadeurs français, restés de l'autre côté de la rivière, voyant que la conférence devenait presque impossible, expédiaient, en se retirant, un messager chargé de dire à Comines qu'il pouvait faire telle ouverture qu'il croirait convenable. « Ce que je ne voulus point faire,
» dit-il, car ils savaient du vouloir du roi plus
» que moi, tant pour en être plus prochains que
» pour avoir parlé à luy en l'orcille à notre par-
» tement : mais de son affaire presente j'en
» savais autant qu'eux pour lors. » Cette défiance, probablement excessive, mais assez naturelle chez un diplomate qui, connaissant toute la valeur des formes, craignait d'être désavoué, ou tout au moins blâmé par des hommes plus puissants que lui près du roi et parmi lesquels

15*

il comptait peut-être quelque ancien ennemi, ferma la bouche de Comines. Alors le marquis de Mantoue parla de la bataille. Il demanda si le roi l'aurait fait tuer, dans le cas où il serait tombé entre les mains des Français. Comines l'assura qu'au contraire il aurait reçu du roi de France le plus généreux accueil. Le marquis, ignorant la mort de son oncle et le croyant prisonnier, le recommanda aux bons soins des Français. Comines se garda bien de lui apprendre que ni son oncle, ni aucun autre Italien n'était resté prisonnier ; seulement il profita de l'occasion pour prier le marquis de bien traiter le bâtard de Bourbon, prisonnier dans le camp italien.

Comines, accompagné de Robertet, se hâta de revenir près du roi. Le prince réunit à la hâte un conseil dans une misérable chaumière du village de Medesano. Rien n'y fut conclu. Mais Charles, après avoir de nouveau parlé à l'oreille du cardinal de Saint-Malo, préliminaire peu propre, comme nous le savons, à donner confiance à Comines, chargea ce dernier de retourner à la conférence et d'y voir ce que l'on proposerait. L'ambassadeur, averti par le cardinal de ne rien conclure et, à la vue de tant d'incertitude, plus décidé que jamais à ne rien prendre sur lui, crut cependant devoir accepter la mission, sans

pouvoir bien défini, que le roi lui confiait. « Il
» espérait bien ne gâter rien et pour le moins
» voir quelque chose de la contenance de nos
» ennemis qui sans doute étaient plus épouvantés
» que nous et par aventure eussent pu ouvrir
» quelques paroles qui eussent pu porter sûreté
» aux deux partis. » Mais la nuit approchait et
quand Comines arriva sur le bord de la rivière,
il y trouva un trompette vénitien, chargé de lui
dire de ne pas s'aventurer le soir au-delà du
Taro, parce que le guet avait été confié aux stradiots, qui ne connaissaient personne et qui ne
respectaient pas toujours les usages des nations
civilisées en temps de guerre. Comines renvoya
la conférence au lendemain à huit heures et revint près du roi.

Mais cette nuit-là même la résolution de se
mettre de nouveau en marche fut prise et exécutée le lendemain de grand matin.

Une vive inquiétude régnait en France. La
situation difficile du roi et de l'armée y était connue. Privés du secours du duc d'Orléans et de son
corps d'armée bloqués dans Novare, réussiraient-ils à se frayer un passage ? C'est ce que
chacun se demandait avec anxiété. On avait
su par les relations entre la côte de la Provence et Gênes l'insuccès de la tentative sur cette
dernière ville, mais on ne recevait plus aucune

nouvelle précise du roi et de l'armée. Le duc de Milan et ses lieutenants, battant l'estrade, interceptaient tous les courriers.

Le bruit d'une victoire fait toujours son chemin. Il pénétra en France, mais d'abord confus, et accompagné de toutes les rumeurs envieuses et mensongères propagées par l'ennemi. Enfin la facilité des communications devenant plus grande, puisque l'armée confédérée se trouvait derière nous, la vérité se fit jour et le gouvernement s'empressa de publier des renseignements dignes de foi. La relation officielle de la bataille de Fornoue ne nous est pas parvenue. Il est probable que ce bulletin fut complètement anéanti par la curiosité publique. Mais, comme il arrive dans ces circonstances et comme nous le voyons de nos jours, après ce bulletin officiel, on s'empressa de livrer à l'avidité du public ou de faire circuler des lettres particulières contenant des détails pleins d'intérêt, mais qui n'avaient pu trouver place dans la relation officielle. Deux de ces lettres nous sont heureusement parvenues, une manuscrite et l'autre imprimée.

La première est un billet fort court, adressé par M. de Thenray au duc d'Orléans dont il était conseiller et chambellan. Écrit, pour ainsi dire, du champ de bataille même, c'est-à-dire du bourg de Medesano où l'armée coucha le soir du combat, on n'y évalue qu'à treize cents hommes la perte des confédérés. Mais on comprend combien il était difficile, le jour ou le lendemain de la rencontre, d'obtenir une appréciation exacte des suites de la défaite. L'aveu même des Italiens a rectifié ce recensement fait à première vue.

Double des lettres escriptes à Monsr d'Orléans par Monsr de Thenray, conseiller et chambellan dudit seigneur [1].

Monseigneur, hier à trois heures après midy, en nous voullant loger II^m par deçà Fornoue, les Veniciens et les Lombars nous donnèrent la bataille par trois endroits et diverses armées, et ne donna desdictes trois armées que celle où estoit le marquis de Mantoue, accompaigné de cinq ou six cens hommes d'armes et de trois mil hommes de pyé, des meilleurs de leurs dictes trois armées, qui tous donnèrent sur la bataille où le roy estoit assez petitement accompaigné. Et pour si peu de gens que le roy avoit les ennemis furent si bien recueillys qu'ils furent deffaictz et chasséz jusques à leur camp. Il en fut tué de deux à trois cens hommes d'armes et environ de mil hommes de pyé, et la pluspart de touz les gens de bien dudit marquis morts, et de la part du roy en a esté tué de trente à quarante, tant hommes d'armes que archiers de sa garde et d'ordonnance. Et

---

[1] Bibliothèque de Nantes. Copie manuscrite provenant des archives de la maison de Rohan.

a esté prins le bastard Mathieu et bien trente autres et non plus.

Escript à Medezant, près le bourg Saint-Denis, le VIIe jour de juillet.

Et dessoubz :
   Vostre très-humble et très-obéissant serviteur,
     Jacques DE THENRAY.

Depuis ces lectres escriptes j'ay sçeu que ledit marquis de Mantoue et le comte de Galéas doivent ce jourd'hui venir parler au roy pour trouver moyen de faire quelque traictié de paix, et ont envoyé quérir leur sauf conduit pour y venir. Et sont ordonnez, pour les ouyr, Messeigneurs de Saint-Malo, mareschal de Gyé, Pyennes et d'Argenton.

Nous trouvons dans une seconde missive, beaucoup plus développée, un récit assez curieux de la bataille, écrit par un employé civil de l'armée. C'est le combat vu du milieu des bagages, tandis que Comines l'a décrit vu du fort de la mêlée ; combat raconté dans une lettre intime adressée à sa famille par un jeune homme que nous supposons avoir été un commissaire ou trésorier des guerres, placé sous les ordres du cardinal, général des finances. Signée Gilbert Pointet, elle anticipe un peu sur notre récit, puisqu'elle fut rédigée à Asti le 15 de juillet ou la veille par provision, c'est-à-dire huit ou neuf

jours après la bataille. Cette lettre parut si intéressante à M⁰ Jehan Parent, frère ou beau-frère de Pointet, qu'elle obtint, à Paris sans doute, les honneurs de l'impression, honneurs dont nous la croyons digne de nouveau; elle contient, en effet, si l'on excepte le passage des mémoires de Comines où nous avons principalement puisé les éléments de notre narration, le seul récit qui nous ait été transmis par un témoin oculaire d'une des plus glorieuses journées où nos pères aient combattu pour la France. La voici [1] :

Mon très-honoré seign' et frère, si humblement que faire je puis à votre bonne grace je me recommande. Depuis que le seign' Ludovic eust clos et empeschié le passage de la poste, je vous ay escript par deux fois, c'est assavoir de Sienne et de Pize par des courriers qui, par mer, allaient à Marseille et Lyon ; je ne scay si vous avez receu les lettres. Au paravant je vous avais escript de Cypriano (Ceprano), et Aiguependant (Aquapendente). Mais le seign' Ludovic a retenu toutes les postes; et pour ce que maintenant la poste peut aller seurement en France par ceste course de poste je vous ay bien voulu escripre ces presentes pour vous faire savoir de noz nouvelles vous advisant que je désire bien savoir comment vous vous portez.

De noz nouvelles le roy fit la saint Jehan à Lucques,

---

[1] Biblioth. de Nantes, pièce imprimée en caractères gothiques, sans nom, ni lieu, ni date, reliée à la suite des Poésies de Jehan Meschinot.

dillec se partit mgr le mareschal de Gyé pour mener l'avant-garde; pour ce que l'on disoit que les ennemis nous attendoient au bas des Alpes de Pontresme (Pontremoli), l'artillerye et les Suysses allèrent avec lui. Delà ledit seigr vint à Pietresanta et Serezana; et audit lieu furent mandez Mgrs le cardinaul de Gênes, Mr de Bresse et Mr de Beaumont qui estoient à Lespesse (la Spezzia) et en là venuz fut conclud que pour s'en aller à Gênes où ilz s'en alloient, ilz meneroient les compaignies dudit seigr de Beaumont, du grant escuier et du seigr d'Aubijoux et deux mille arbalestriers que nous avons. Et par ainsi ne nous demoura de gens de pié à la solde que les Suysses, dont plusieurs en furent mal contens, et en murmurèrent disans que c'estoit mal fait, et que l'on en pourroit bien avoir affaire, attendu la puissance que l'on disoit estre audevant de nous dont aucuns ne le vouloient croire, et les autres ne les estimoient point. Touteffois il n'y eust personne qui sçeust desmouvoir que lesdits gens d'armes n'y fussent envoyez. Audit lieu de Serzane vinrent nouvelles comme les Suysses pour quelque haine que de l'autre passée en allant ilz avoient conceue contre ceulx dudit Pontresme avoient bruslé ladicte ville dont nous fusmes desplaisans; car on y vouloit faire ung estape de vivres pour fournir l'armée. A ceste cause nous ne logeasmes point audit Pontresme, mais à ung demy-mil par deçà sur une rivière au pié desdites Halpes et en camp où nous fusmes assez mal traictez, et y fusmes pour trois ou quatre jours attendans que l'artillerie passast, ce qu'elle fit et ce qui est chose quasi increable qui auroit veu lesdites Halpes. Je croy que jamais prince, empereur ni roy ne passa par tel lieu artillerie, et chacune charette n'avoit qu'un cheval, et puis des Suysses la tirèrent tellement qu'elle passa. Ce que noz ennemys n'eussent jamais cuidé. Cependant nous eusmes des lettres de Naples, faisant mention que le seig^r d'Aubigny, conestable et le seig^r de Précy grant seneschal avec cinq ou six vingt lances et sept cens Suysses prinrent journée qui fut prinse et acceptée contre domp Ferrand qui avoit quatre mille hommes de pié et de huit cens à mil chevaulx : et gaigna ledit seig^r d'Aubigny la journée. Il y fut tué environ deux mille hommes et le reste s'en fouyt. Ledit domp Ferrand à quatre chevaulx à peine se peut sauver. Domp Frederic, son oncle, y fut tué ainsi que l'on dit. Aussi y fut tué ung bastard d'Aragon et le capitaine général de Espagnolz.[1] Nous eusmes aussi nouvelles que le grant chambellan avoit recouvré la ville de Gayete où l'on avoit mys IIII c. Espagnolz qui furent tous tuéz, ainsi que les hommes d'icelle qui se trouvèrent devant nosditz gens d'armes.

Nous eusmes bientôt nouvelles de Monsr le mareschal qui estoit campé avec son avant garde au lieu qui s'appelle Terrace, que l'ost des Veniciens et du duc de Millan qui estoit en grant nombre s'estoit campée par delà Fourvonne (Fornoue), qui est ung village au pié desdites Halpes, au moins à IIII mil, près d'ung grant ruisseau et s'estoient bien logiez. Il fallait que nous passissions par devant eulx à quelque ung mil et demy. Lesdites nouvelles venues aucuns de nous regrettoient

---

[1] Ces bruits étaient faux.

bien l'armée qui estoit allée à Gennes. Après que le roy eust sçeu que ladite artillerie estoit quasi passée, il partit dudit camp et vint à ....., et le lendemain jour de samedi arriva près de Monsr le mareschal. Le dimanche matin chascun s'arma et au point du jour nous partismes en bataille pour aller audit Fornoue pour y logier. Et aucuns cuidoient que audit logis prendre ainsi que à Saint-Aubin, seroit la bataille [1]. Je vous prometz que chascun se delibcrait bien de combattre et ne les craignait-on point ou guères Audit Fornoue nous ne trouvasmes personne, et le long d'un gravier qui est grant et large marchèrent nosdits gens d'armes jusques à quasi ung mil par delà Fornoue pour veoir si lesdits ennemys ne vouldroient point combattre, car on les vouloit tirer de leur camp. Ledit jour ils ne bougèrent. Ilz firent quelques escarmouches et alarmes. Le roy se logea audit lieu et du costé desdits ennemys. Aucuns disoient que lesdits ennemys ne combattroient point, et qu'ilz tachoyent de nous affamer et de nous rompre par alarmes ou de nous enclore entre deux armées. On les estimoit de xxxvi à xl mille hommes en armes. Le lundi v de ce moys après disner partit ledit seigr roy et disoit-on que nous allions logier à ung mil de là à l'opposite de l'autre logis et ung mil vis à vis de nosditz ennemys. Et se misrent touz noz gens d'armes en ba-

---

[1] C'est-à-dire : « que l'attaque de Fornoue par les Français serait, comme à Saint-Aubin, le commencement du combat. » Nous ignorons de quelle bataille de Saint-Aubin veut parler G. Pointet. La bataille de Saint-Aubin-du-Cormier ne se donna pas à l'occasion de la prise ou de l'attaque du bourg de ce nom.

taille ainsi que s'ilz vouloient combattre marchans le long du gravier. Et présenta la bataille à l'ennemi mondit seigr le mareschal qui menoit l'avant garde avec l'artillerie qui estoit bien forte. Il avoit les trois cens archiers de la garde francoyse à pié, les Suysses, beaucoup des ordonnances et les gens d'armes de monsr le Vidame. Le roy menait la bataille. Je vous asseure et certifie que c'estoit une moult belle chose à veoir. Bientôt lesditz ennemys vont dresser une grosse bataille à ladite avant garde, ce qui ne fut que mines, et vont choisir toute l'eslite de leurs gens de cheval et de pié et de tous leurs capitaines pour venir donner la bataille au roy et ils cuidoient bien nous rompre et prendre ledit seigneur. De plus, ils vont dresser une autre grosse bande d'hommes d'armes qui devoient venir donner de costé et par derrière sur les Suysses cuidans que lesdits Suysses et ladite avant garde quant on donneroit sur le roy iroient le secourir, et par ainsi cuidoient enclore nostre armée. Quant à leurs estradiots, ils les lancèrent entre Fornoue et nosdits gens d'armes pour venir donner sur les coffres et le carriage qui estoit sur ung coteau derrière nosdits gens d'armes chargés de les escorter. Il y avoit parmy ledit carriage ung tas d'aventuriers, vivandiers, sans compter nous autres qui n'estions point armez. Ledit carriage estoit en trop grant nombre ainsi que lesdits aventuriers et suyte, tellement qu'ilz nous cuiderent faire perdre. Je vys l'heure qu'il me sembla que lesdits ennemys donnassent par quatre costez. C'est ascavoir par devant à ladite avant garde, à ladite bataille et par derrière, et aux deux bouts sur le bagage.

Je vys s'enfouyr les gens, les sommaties et les aventuriers qui se montrèrent lasches.

Dans ce moment, je vis ung estradiot de nos ditz ennemys, ayant la croix blanche devant et derrière la croix rouge, traverser le gravier entre les batailles. Il vint choisir M. de Saint-Malo qui estoit entre les coffres et le prit par la robe. Il ne le vouloit pas tuer, car il l'eust bien fait s'il eust voulu. Il le vouloit seulement emmener; mais ledit estradiot fut sur l'heure tué par les laquays dudit Saint-Malo. Lesditz ennemys qui donnèrent sur le roy vindrent en aussi bon ordre qu'il estoit possible; c'estoient de beaux hommes d'armes et bien délibéréz et qui donnèrent bien hardiment. Ilz avoient à leur suite une grande tourbe de gens de pié et d'estradiotz. Je vous prometz, mon frère, que que je me vys bien esbahy et ainsi firent plusieurs autres qui ne scavent ce que c'est que la guerre et je croy que nostre seigneur y estendit sa grâce. Aussi fièrement que vindrent lesdits ennemis, aussi fièrement furent-ils recueilliz, tellement que quasi tous furent tuéz et ne fut pas prins ung seul à rançon. Le roy estoit resté luy quatriesme ce pendant que nos gens donnoient la chasse. Il avoit son espée traicte, combatant contre les ennemys. Ce voyant Mgr le bastard Mathieu se mist devant luy et reçeut le choc qu'on lui donnoit et choqua à merveilles et donna la chasse si avant, lui et deux autres gentilzhommes, l'un nommé d'Arbonnelle et l'autre Panquedenare, qu'ilz sont restés prisonniers, ainsi que le capitaine Julien Bourgneuf[1]. Ilz

---

[1] Bourgneuf fut tué. Pointel, qui appartenait à l'administ-

étoient si fort armez qu'on ne les pouvoit tuer. Pour ce choq qui fut donné sur le roy oncques Monsgr le mareschal ne bransla, mais tint ferme et se monstra sage et en sera perpetuellement loué. Une bande vint jusques au costé des Suysses dont j'estoye bien près. Ceux-ci leur presentèrent la raison et incontinent ladite bande s'enfouyt et retourna à grant haste à leur camp. Ceux que je cuidoye qu'ilz donnassent par derrière sur le bagage à l'androit des coffres du roy, estoient une douzaine d'estradiotz qui emmenèrent les coffres qu'ils peurent destourner. Là fut prins le bailly de Mortaing avec ses coffres et autres et tuèrent plusieurs sommatiers et autres quilz trouvèrent parmy lesditz coffres, et derrière le mien Jacques de Lailly, par fortune, fut par eulx rencontré et si ignominieusement blecé que c'estoit pitié à le veoir et en est trespassé deux jours après dont j'ay esté moult desplaisant et a esté moult plaint. Le senechal de Lyon en s'en allant faire le logis à une petite maison fut par lesditz estradiotz navré. Il guérira. Le page Tallaau eut ung coup au visage. Lesditz ennemis ne donnèrent que du costé du roy et pour savoir où il estoit ilz lui envoièrent ung des trompettes. Quasi tout le jour demourasmes en bataille devant eulx; et quand nous veismes qu'ilz ne donnoient plus, nous nous tirasmes au logis où nous voulions aller. Le lendemain, nous allasmes ung mil plus avant en gaignant pays. Le mardy ils voulurent

tration et qui voyait le combat de loin, confond la grande attaque, où le roi donna avec le corps de bataille, et la rencontre où il courut personnellement le danger d'être pris ou tué.

parlementer, mais il n'en sortist point d'effect, car ilz ne voulurent point passer la rivière pour venir parler à Monsʳ le mareschal, et ils vouloient qu'il allast parler à eulx. Ilz furent moult dolents quant ilz sçeurent que nous n'avions nulz prisonniers. Car ilz demandoient XXVII grans personnages qu'ilz ont perduz, dont il y avoit, ainsi que l'on dit, VII tant marquis que comtes dont l'oncle du marquis de Mantoue st l'un, ainsi que les deux principaulx capitaines des Venissiens. Ils demandent XX chiefs d'estradiotz. J'ay ouy dire à de biens grans personnages qu'ilz perdirent deux cens hommes d'armes de leur eslite et ilz ont deu dire que tant de coupz de mains que d'artillerye ilz ont perdu plus de quatre mille hommes. Le roy n'a point perdu plus de cinquante ou soixante hommes. Je ne compte point les bleciéz. Le capitaine de la Porte y a esté tué, et Marteau de la bande de Mʳ de Myolans, huyt archiers escossais dont la grosse perrucque qui chantoit et portoit l'enseigne furent tués. Hanse le sommellier d'armes y fut tué. Je l'ay failly belle que n'en eusse autant que Lailly. Thierry Adam, commis du controlleur de l'artillerye, fut tué d'un coup de leurs artilleries qui lui couppa la cuisse. De ceste rencontre de Fornoue nous en sommes bien tenuz à nostre seigneur. Je vouldroye bien que le puissions congnoistre et remercier. Il me semble que si nosdits ennemys eussent estradé toute leur armée aussi bien que nous feismes la nostre ilz y fussent tous demouréz moyennant l'ayde de nostre seigneur.

Le mercredy ensuyvant VIII de ce moys partismes

une heure devant jour et vinsmes couchier à Florensolles toujiours chevauchant en bataille, et depuis aux plus longues journées que nous avons peu faire nous avons chevauchié, ce qui nous a esté à tous une grant peine, misère et ennuy, et je plaings fort les povres gens d'armes qui ont très bien servi le roy. Vous auriez pitié à les veoir tant sont leurs harnais roulliez, et leurs chevaux foulléz tellement que nous sommes arrivéz en ceste ville d'Asti, et y avons mis depuis Napples cinquante et six journées.

Une chose nous a fort esbahys : C'est que durant ce temps nous n'avons eu aucunes lettres ou nouvelles de Mʳ d'Orléans et nous n'en avons eu jusqu'à Boyac en la terre de la marquise. On dit que le seigneur Ludovic avoit donné dix mille ducatz à ung cappitaine de Bansenaire des gens de Mʳ d'Orléans qui luy avoit promis de le tuer. Mais il n'a peu exécuter son entreprinse et il est prisonnier. C'est une grande lascheté commise par le sʳ Ludovic. J'ay oublié de vous escripre que ung lièvre saillyt en la prairye ainsi que les batailles marchoyent qu'il fut prins par nos gens. Si vous aviez veu l'armée marcher en belle ordre vous la trouveriez une grant chose : et il faisoit moult beau la veoir.

Mais il y a deux choses par trop. C'est assavoir, il y a par trop de carriage comme de coffres et babuz. Je croy qu'il y avoit de quinze à vingt mille somiers qui cuidèrent tout gaster. Il y a d'avanturiers et vivandiers et de larronniers une autre grande infinité qui ne servent qu'à manger nos vivres, et à embler et robber par les maisons, et ne vallent riens à combatre, car je l'ay veu et aperceu. Ils nous donnent le bruyt et la renommée d'estre pillars et si vous voyiez les maulx qu'ilz ont faits et font vous en auriez horreur. Je croy qu'ilz sont de VIII à X mille. Tous les chemins sont pleins de gens quand nous chevauchons, les ungs disent que ledit seigneur ne partira pas encore d'icy. Autres disent que s'y fera, vous serez toujiours adverty de tout.

Je suis d'advis que s'il veult faire long sejour decà de m'en aller ung tour en ma maison où je n'ai pas été depuis XVII mois. Je vous advertis que les Venissiens se sont monstréz d'une mauvaise nature, car ilz nous ont fait la guerre ainsi que si nous estions Turcqs et come ilz font faire aux Turcqs. Car en leur ost, ils ont fait venir des estradiotz grecz, albanois et esclavons qui sont genz laids, mal barbuz et semblent curéz de village [1]. Ilz n'ont point de chausses et n'ont nulz harnais que une targette et des chevaulx morisques qui vont comme hirondelles. Ilz ont des demies lances et chascun son cimeterre et ung estendart au bout. Ilz en donnent de grans coups et soudains sur gens nudz. Quant ilz ont tué ung homme des nostres ilz lui couppent la teste et la portent aux Venissiens qui leur en donnent ung ducat oultre leur solde. Ainsi le font aux Turcz, et ainsi l'ont fait à aucuns de noz gens et à ceste cause on n'a prins nulz des leurs à

---

[1] Sans doute parce qu'ils portaient des soutanelles noires et boutonnées sur le devant et point d'armures.

rançon, bien qu'il y en eut qui presentoient cent mille, cinquante mille, et vingt mille ducatz de rançon.

C'est assez pour le présent et ne vous ennuyeront point, j'espère, ces presentes fort longues et escriptes de hyer par provision, ou au moins commencées. Je ne scay si vous estes à Moulins ou à Paris. Si vous estes à Moulins envoyez le pacquet à Paris à mon frère maistre Jehan Parent, car il est hatif et en deussiez vous faire courir la poste expressement. Cette poste court pour lettres aux tresoriers des guerres.

Et adieu que je prie qu'il vous doint bonne vie et longue.

Escript en Asti, à la haste, le mardy xve jour de juillet par vostre très humble frère et serviteur,

Gilbert Pointet.

CHAPITRE XIV.

Le roi part de Medesano, le 8 juillet, de grand matin. — Comines refuse de continuer seul les négociations. — Chemins difficiles. — L'armée traverse San-Donnino, Florensoles et Plaisance. — Passage de la Trebia. — État des esprits dans le Milanais. — Le roi refuse d'y proclamer duc le fils de Galeas Sforze. — Souffrances de l'armée durant cette route. — Elle les supporte avec courage. — Elle passe près de Tortone. — Son arrivée à Asti après huit jours de marche. — Injonctions des confédérés et du pape au roi. — Réponse de celui-ci. — Le duc d'Orléans réduit à la dernière extrémité dans Novare. — Essais de négociation. — Comines y intervient. — Conférences pour arriver à un traité de paix. — La garnison française évacue Novare. — Traité de Verceil. — Les Suisses exigent un supplément de solde. — Ludovic refuse une entrevue avec le roi. — Rentrée de Charles VIII en France.

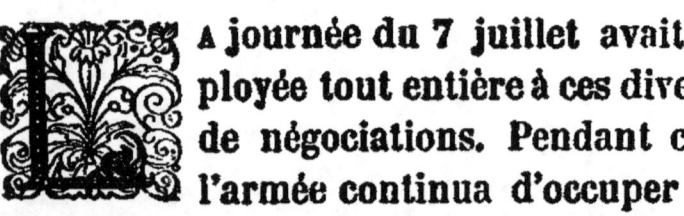A journée du 7 juillet avait été employée tout entière à ces divers essais de négociations. Pendant ce temps l'armée continua d'occuper la position de Medesano, et le quartier général du roi resta établi dans ce petit village.

Le trompette, qui avait averti Comines de ne pas s'aventurer à travers les grands gardes confiés aux stradiots, s'était offert à le conduire sain et sauf au camp des confédérés. Mais l'ambassadeur, toujours préoccupé de la conférence à voix basse entre le roi et le cardinal, et désireux d'ailleurs de laisser l'ennemi dans l'incertitude jusqu'au jour suivant, donna rendez-vous au héraut pour le lendemain matin, à huit heures, au bord du torrent, et revint au camp de Medesano afin de rendre compte au roi de sa mission.

« Chacun soupa comme la veille, de ce qu'il avait et se coucha sur la terre [1]. » Appelé au quartier général, un peu après minuit, Comines trouva le logis du roi entouré de ses chambellans et des officiers de sa maison, prêts à monter à cheval. On lui communiqua l'ordre du jour. Le roi et l'armée devaient se mettre en marche avant le lever du soleil et prendre la route de San-Donnino dans la direction du Montferrat et d'Asti. Quant à lui on le priait, il ne dit pas que ce fût par l'ordre du roi, de rester en arrière et de continuer à parlementer avec les confédérés.

Cette mission, qui n'avait rien d'officiel et qui

---

[1] Comines, livre VIII, chap. VII.

n'aurait pas été conforme aux usages de la guerre, ne pouvait être agréée par un homme aussi versé dans la diplomatie. Il s'en excusa, en disant qu'il n'avait point envie de se faire tuer à son escient et qu'il ne serait pas un des derniers à se mettre en marche.

Le roi s'éveilla, ouït la messe et monta à cheval. Une heure avant le jour on sonna : *Faites bon guet*, afin, sans doute, de donner le change à l'ennemi, et, sans autre signal, l'armée se mit en marche. Le terrain était difficile. Il fallait suivre des chemins encaissés et ombragés par des bois suspendus aux flancs des coteaux.

Le grand écuyer de Lornay, qui avait la charge des guides, quand le roi était à l'armée, n'avait pu s'en procurer. On fit plusieurs fois fausse route, mais les confédérés comptant un peu sur le rendez-vous assigné la veille par Comines, pour huit heures du matin, ne s'aperçurent qu'à midi du départ de l'armée française. Le Taro, toujours débordé, s'opposait, d'ailleurs, à ce qu'ils passassent sur la rive gauche. Ce ne fut que vers quatre heures du soir que le comte de Caiazzo, à la tête de deux cents chevau-légers, réussit à traverser le torrent où se noyèrent plusieurs de ses hommes.

L'armée, après avoir suivi, durant six milles environ, les chemins couverts et tortueux dans lesquels elle s'était engagée et où il fallait marcher sans ordre et à la file, gagna une vaste plaine où se trouvaient déjà l'avant-garde, l'artillerie et les bagages. On ne se reconnut pas au premier abord. La grande bannière blanche et carrée de Jean-Jacques Trivulce, un des commandants de l'avant-garde, ressemblait si bien à celle que le marquis de Mantoue avait fait porter devant lui, le jour de la bataille, qu'on crut avoir affaire à l'ennemi. De son côté, le maréchal de Gié, voyant de loin déboucher des corps de tous côtés et par tous les sentiers, s'imagina qu'il allait être attaqué par les confédérés. Les éclaireurs lancés des deux parts mirent fin à ces craintes et l'armée entière se trouva réunie au Borgo San-Donnino. Après un moment de repos, on se remit en marche, mais il fallut simuler une alarme pour enlever les Suisses qui, déjà, se mettaient en devoir de piller.

L'armée coucha, ce premier jour, à Florensoles. Le second jour de marche, on gagna les environs de Plaisance, et l'armée bivouaqua sur les deux rives de la Trebia. On avait, malheureusement, laissé sur la rive droite deux cents lances, les Suisses et toute l'artillerie, moins six pièces qui accompagnaient le roi. Durant la nuit la rivière crut si fort et d'une manière si inattendue, que le lendemain matin, au point du jour, il fallut se servir des seuls équipages de pont dont les armées usassent alors, c'est-à-dire que l'on tendit des cordes d'une rive à l'autre au moyen desquelles les fantassins, plongés dans l'eau jusqu'aux épaules traversèrent la rivière, non sans perte, suivis par la cavalerie et l'artillerie.

Cette retraite par des chemins difficiles, ce passage malencontreux de la Trebia, enflée durant la nuit par l'orage, auraient pu créer de graves dangers pour l'armée française, si elle avait été suivie de près par les confédérés; mais ceux-ci ne s'étaient mis en mouvement qu'un jour après les Français; leurs chevaux, très-lourdement bardés, suivant l'usage italien, faisaient peu de chemin par jour; ils n'avaient d'ailleurs aucun dessein de recommencer une attaque qui leur avait si mal réussi. Les provéditeurs vénitiens auxquels tout obéissait, s'y opposaient formellement. Les Français n'avaient même pas à redouter, pour le moment, les escarmouches du comte de Caiazzo, car, appréhendant quelques mouvements de la part des habitants de Plaisance en faveur des Français, il s'était jeté dans cette ville avec son corps de cavalerie légère qui plus tard incommoda un peu notre arrière-garde.

Les craintes de Ludovic Sforze, touchant l'esprit public en Lombardie n'étaient pas sans fondement. Plaisance et plusieurs autres villes où Jean-Jacques Trivulce comptait beaucoup d'amis, étaient disposées à ouvrir leurs portes aux Français, si le roi avait consenti à ce qu'on levât la bannière du jeune fils de Jean Galéas, que nous nous souvenons d'avoir vu mourir, l'année précédente, dans la citadelle de Pavie. Trivulce, que ses partisans tenaient au courant de toutes ces pratiques, affirmait au roi qu'en proclamant cet enfant duc de Milan sous le nom de François Sforze, rien ne serait plus facile que de renverser l'usurpateur Ludovic. Le roi eût peut-être écouté ces conseils, s'il n'avait pas craint de déplaire à son beau-frère le duc d'Orléans, qui avait été et continuait d'être assiégé dans Novare, au moment où il se disposait à reconquérir pour lui-même le duché de Milan.

En tout cas, le moment n'était pas opportun pour faire naître de nouvelles complications. Il fallait encore plusieurs journées de marche pour gagner le Montferrat et Asti, seul point où nous devions trouver des vivres frais, ainsi que des objets de rechange dont l'armée, engagée, durant les grandes chaleurs, dans une si longue traite, commençait à éprouver le plus absolu besoin. Après le passage de la Trebia, le comte de Caiazzo, rassuré sur la situation de Plaisance, s'était mis à harceler notre arrière-garde. Trois cents Suisses, accompagnés d'un certain nombre de couleuvrines et de pièces légères, nommées haquebutes, portées sur un cheval, veillaient continuellement à la défense de l'extrême arrière-garde. L'eau manquait sur beaucoup de points. La chaleur avait tari les fontaines. Les soldats, et surtout les sommiers chargés du bagage, cherchaient à se désaltérer dans les bourbiers voisins de la route, et on les voyait entrer jusqu'à la ceinture dans les fossés fangeux qui sillonnent les plaines de la Lombardie. Le roi partait avant le jour et ne s'arrêtait qu'à midi. A cette halte, chacun pourvoyait à son repas et à celui de son cheval comme il le pouvait. Comines, qui n'était pas encore, remarque-t-il, des plus malheureux, allait chercher, et apportait lui-même, dans ses bras, la provende de sa monture ; il ne mangea, pendant deux jours, que du pain, et encore bien méchant. C'était, dit-il, le plus pénible voyage qu'il eût fait de sa vie, et cependant il en avait vu, dans son jeune temps, « de bien aspres avec le duc Charles de Bourgogne [1]. »

L'artillerie retardait la marche ; à chaque instant, il fallait emprunter les chevaux des

---

[1] Comines, liv. VIII, chap. VII.

gendarmes pour tirer canons et affûts des mauvais pas. Grâce au zèle et au concours de chacun, les pièces du plus gros calibre franchirent tous les obstacles avec une rapidité extraordinaire. On ne perdit pas un boulet, pas une seule livre de poudre. Ajoutons qu'on n'entendit pas proférer une seule plainte durant ces longues et pénibles marches, et que l'armée entière montra, pour surmonter ces fatigues, la constance et la fermeté qu'elle avait opposée à l'ennemi dans la vallée de Fornoue [1].

Les principales étapes avaient été Castelsan-Giovanni, Voghera, Ponte-Curone. Tout près de Tortone, l'armée franchit la Scrivia. San-Severino, surnommé Fracazza, occupait cette ville avec une assez forte garnison. Au lieu d'inquiéter l'armée au passage de la rivière, il vint, probablement sur quelque ordre secret de son maître, s'excuser près du roi de ne pouvoir le loger dans la ville même; il était armé, mais accompagné de deux personnes seulement. Il offrit tous les vivres nécessaires et les mit hors des murs à la disposition de l'armée. Il poussa même la courtoisie jusqu'à venir faire sa cour au coucher du roi. Il était frère du comte de Caiazzo, et, comme ce dernier, il avait servi

---

[1] Comines, liv. VIII, chap. VII.

avec nous dans cette armée de la Romagne, qui, sous les ordres de d'Aubigny, avait, l'année précédente, ouvert la campagne.

Enfin, le septième jour après le départ de Fornoue, l'armée réunie partit le matin de Nice de la Paille, logea près d'Alexandrie, et le huitième, elle gagna Asti, où elle trouva des vivres, des vêtements, dont elle avait grand besoin, ainsi que des approvisionnements de toute sorte.

Le duc de Milan et l'armée confédérée avaient concentré leurs forces autour de Novare, où le duc d'Orléans se trouvait serré de fort près. L'armée assiégeante était formidable : on y comptait trois mille hommes d'armes, trois mille chevau-légers, mille chevaux allemands et cinq mille hommes de pied italiens. A ces divers corps, il fallait ajouter dix mille lansquenets que Ludovic avait pris à sa solde, afin de les opposer aux Suisses et à l'infanterie française, devant lesquels l'infanterie italienne, démoralisée, avait perdu, durant toute la campagne, sa vigueur, sa confiance et sa réputation.

Cette infanterie allemande était commandée par des officiers de mérite, parmi lesquels on citait Georges[1] de Pietraplana, celui-là même

---

[1] Il était allemand et s'appelait Ebenstein. Pietraplana n'était qu'une traduction italienne de son nom.

qui, étant au service de Maximilien, avait, en 1489, pris la ville de Saint-Quentin, en Picardie. Le sénat de Venise avait fourni des subsides considérables; il avait augmenté les appointements de tous les officiers qui s'étaient trouvés à Fornoue et maintenu le marquis de Mantoue dans son commandement. Il avait même adopté les enfants de plusieurs capitaines tués sur les bords du Taro.

L'armée confédérée, réunie sous les murs de Novare, ne se proposait qu'un but, réduire par la famine la garnison française, forte de sept mille hommes d'élite. Il avait été décidé qu'on n'accepterait le combat contre l'armée du roi que dans le cas où celui-ci essayerait de forcer les lignes des confédérés. Les troupes milanaises interceptaient le chemin de Verceil. Le marquis de Mantoue, après avoir occupé et fortifié les positions de Brione, Camariano et Bolgare, achevait, avec les troupes vénitiennes, de couper toute espèce de communication entre le dehors et la garnison assiégée. Pour appuyer les forces temporelles par l'autorité des armes spirituelles, les Vénitiens et le duc de Milan avaient engagé Alexandre VI à expédier un prélat à Charles VIII pour lui intimer l'ordre de sortir de l'Italie dans le délai de dix jours francs, de retirer, dans un terme fort court, ses troupes du royaume de Naples, sinon de comparaître en personne, devant le Saint-Siége, le tout sous peine des censures ecclésiastiques. Le roi répondit à l'envoyé ou au message : « Qu'il s'étonnait que le Saint-Père, ayant évité sa rencontre à Rome, où il s'était rendu à son retour de Naples pour lui rendre ses hommages, le pressât si fort actuellement d'y venir; qu'au reste, il travaillait à s'ouvrir le chemin qui y conduisait. »

L'état des assiégés de Novare devenait, de jour en jour, plus critique[1]. Les vivres y étaient

---

[1] Dès le 10 juillet, le duc d'Orléans s'adressait à M. de Bourbon pour obtenir divers secours, comme le prouve la lettre suivante, dont nous trouvons une copie manuscrite dans les archives de Rohan. Biblioth. de Nantes.

« Mons' mon cousin, depuis hier que je vous escripvy sans savoir des nouvelles du roy, il m'en est arrivé toute à cette heure d'autres par ung courrier exprès ainsi que vous pourrez veoir, par le double que, cy dedans, je vous envoye; vous priant, Mons' mon cousin, que vous faciez diligence de faire venir les deux cents hommes d'armes, et aussi que vous donniez ordre au payement des gens qui sont de par deçà pour le mois d'Aoust, et de deux mil Suisses que je faiz venir icy, et pareillement quelque somme d'argent pour l'artillerie, car j'en ay baillé tout ce qui m'a esté possible tellement que j'en suis au bout et sans secours de par delà je n'y pourray plus fournir. Vous savez que le besoing en est plus que jamais. Priant Dieu, Mons' mon cousin, qu'il vous doint ce que je desire.

« Escript à Novare, le x° jour de juillet. »

déjà si rares que l'on commençait à manquer du nécessaire. Le duc d'Orléans avait négligé d'y former des magasins, ce qui eût été facile au moment de l'occupation. Bien qu'il eût renvoyé au commencement du siége un grand nombre de bouches inutiles, on était condamné depuis longtemps à réduire les rations au strict nécessaire. On comptait déjà un grand nombre de malades parmi les soldats de la garnison et surtout parmi les Suisses, peu habitués à l'abstinence. Le duc d'Orléans, tourmenté lui-même par la fièvre quarte, sollicitait vivement le roi, son beau-frère, de venir à son secours. Charles avait envoyé en Suisse le bailli de Dijon, pour enrôler cinq mille soldats; en attendant ces renforts, qui ne pouvaient arriver immédiatement, on avait tenté plusieurs fois de jeter pendant la nuit des vivres dans Novare, avec de nombreuses escortes. Mais ces essais de ravitaillement avaient toujours échoué devant la vigilance et les forces supérieures de l'ennemi. Les progrès des confédérés avaient même fini par rendre impossible toute tentative de ce genre. Le marquis de Mantoue s'étant emparé du couvent de Saint-François, voisin des murs de la ville, l'avait fait occuper par un détachement de près de quatre mille hommes. Le faubourg de San-Nazaro et même plusieurs bastions de l'enceinte étaient tombés en son pouvoir à la suite d'une attaque conduite par le comte de Petigliano, qui y fut dangereusement blessé d'une arquebusade. Le duc d'Orléans, désespérant de sauver les autres faubourgs, y fit mettre le feu et se réduisit à la défense du corps de la place. L'espoir d'être secouru soutenait le prince et la garnison étroitement resserrés. L'armée française s'était avancée jusqu'à un mille de Verceil, au-delà de la Sesia, et avait occupé Bolgari, abandonné par les confédérés. On attendait toujours l'armée des Suisses pour attaquer les confédérés dans leurs camps retranchés. On ne se dissimulait pas cependant combien l'entreprise présentait de difficultés, car la route de Verceil à Novare est coupée de canaux et de fossés profonds derrière lesquels une armée nombreuse telle que celle des confédérés pouvait livrer, à chaque pas, un nouveau combat.

Le prince assiégé dans Novare entretenait une autre espérance, qu'il eût repoussée cependant s'il n'avait pas été réduit à une telle extrémité, car, comme il ne tarda pas à l'éprouver, il espérait beaucoup plus, dans ses intérêts personnels, de la guerre que de la paix. On lui avait fait savoir, et Comines, son ancien ami, n'avait pas manqué de le tenir au courant de ces tentatives que l'on pratiquait secrètement de part et d'autre, tantôt du côté du duc de Milan et des confédérés, tantôt du côté du roi, pour arriver à une solution pacifique. La duchesse douairière de Savoie, qui était de la maison de Montferrat, s'en était mêlée. Les chefs de la ligue, désireux, prétend Comines, de le voir chargé de la négociation, lui avaient même, dans ce but, expédié un sauf-conduit, « mais comme les envies sont entre gens de cour, » le cardinal de Saint-Malo s'était jeté à la traverse et s'était opposé à ce que le roi donnât de nouveaux pouvoirs à notre historien. Le grand obstacle à la conclusion d'un accommodement était la possession de Novare. Le duc d'Orléans agissait près de son beau-frère pour que le traité lui assurât cette place. Il avait expédié au roi l'archevêque de Rouen, qui fut depuis le cardinal Georges d'Amboise et le ministre tout puissant de Louis XII. Ce prélat avait gagné à sa cause le cardinal de Saint-Malo, et tous deux engageaient le roi à ne pas se départir de cette prétention. Le duc de Milan se refusait absolument à cette concession, disant qu'il était prêt à traiter, mais à la condition qu'on lui rendrait Novare sans lui demander Gênes.

Pendant que ces négociations secrètes traînaient ainsi en longueur, la situation de la garnison de Novare empirait chaque jour. On y mourait de faim. Il n'y avait plus de vivres, quelque insuffisantes que fussent les rations, que pour quelques jours, et les lettres qu'on en recevait, en chiffres, peignaient la position comme désespérée.

Sur ces entrefaites, la marquise de Montferrat veuve, et notre fidèle alliée, étant morte, le roi envoya Comines à Casal porter ses doléances aux jeunes princes de Montferrat et à leur oncle, chargé de la tutelle. Il avait aussi mission d'intervenir dans les arrangements que nécessitaient cette mort prématurée. Comines, avant de quitter le roi et de le laisser à la merci du cardinal de Saint-Malo et de l'archevêque de Rouen, tous deux contraires à la paix, le premier, assure-t-il, parce que le duc d'Orléans avait promis dix mille ducats de rente à un fils[1] que Briçonnet avait eu d'un mariage contracté avant son entrée dans les ordres; Comines, disons-nous, avait fait près de Charles VIII, de concert avec le prince d'Orange, nouvellement arrivé de France, et M. de la Trémouille, une dernière tentative pour l'amener à proposer aux confédérés des condi-

---

[1] Il en avait eu deux au moins, Guillaume, évêque de Meaux, et Denis, évêque de Lodève. Ce dernier fut aussi abbé de Saint-Germain-des-Prés, par cession de son père, en 1507.

tions de paix acceptables. Le seul fruit qu'il en eût recueilli était la conviction que le roi, voyant l'approche de la mauvaise saison, sachant ses finances en assez mauvais état, peu certain, d'ailleurs, de recevoir à temps les renforts qu'il attendait, renforts qui ne combleraient guère que les vides opérés dans son armée par suite des congés accordés ou même pris par ses officiers, penchait réellement au fond pour une armistice et un traité de paix. Aussi Comines s'était-il enhardi jusqu'à dire, devant le roi, au cardinal ministre que si Son Eminence ne prenait pas une initiative qui lui allait si bien en qualité d'homme d'église, il n'hésiterait pas à le faire lui-même, si l'occasion s'en présentait. Le roi avait assez bien accueilli cette hardiesse, n'avait rien dit à l'oreille du cardinal, et son entourage, où se trouvait le prince d'Orange, fort bien venu de Charles, s'était empressé d'applaudir à cette déclaration.

A peine arrivé à Casal, Comines y rencontra un officier attaché à la maison du marquis de Mantoue, que son maître, parent de la maison de Montferrat, y envoyait avec une mission tout-à-fait semblable à celle dont il était chargé lui-même. Il saisit l'occasion qui s'offrait si heureusement pour entamer un commencement de négociation. Il représenta à l'envoyé du général en chef des armées vénitiennes combien son propre maître avait intérêt à la conclusion d'une bonne paix. Il ne manqua pas de lui faire remarquer que la maison de Mantoue n'avait guère à se louer de la Seigneurie de Venise et que cette puissance ambitieuse, jalouse de ses voisins de terre ferme, ne consentirait jamais, pas plus dans l'avenir que dans le passé, à l'agrandissement de la maison de Gonzague.

L'envoyé, flatté de l'espérance de jouer un rôle plus important que celui dont il était chargé, accueillit fort bien ces ouvertures. Il répondit qu'il était à peu près certain des bonnes dispositions de son maître, mais que la ligue ayant à sa tête le pape, les rois des Romains et d'Espagne, le duc de Milan et la Seigneurie de Venise, le roi de France devait condescendre à faire les premières ouvertures. Comines répondit que la prééminence appartenait, sans aucun doute, au roi son maître puisqu'il était présent et commandait en personne son armée, tandis que celle des confédérés obéissait à des lieutenants, qu'au reste, ce serait folie de s'attacher à de mesquines considérations d'étiquette, et que s'il le voulait bien, tous deux agiraient de leur propre gré comme médiateurs. Il ajouta qu'il était prêt à envoyer le lendemain au marquis de

Mantoue un trompette porteur d'une lettre, pourvu que l'officier mantouan l'appuyât près de son maître et lui donnât l'espérance d'une favorable réception de ce message. C'est, du reste, ce qui eut lieu. La lettre que Comines avait adressée, en même temps, aux deux provéditeurs Luc Pisani et Melchior Trevisani fut très-favorablement accueillie. Ces derniers s'empressèrent de répondre qu'ils expédiaient un courrier à la Seigneurie afin d'obtenir de nouveaux pouvoirs.

Quelques jours après, un officier du duc de Ferrare vint trouver le roi à Verceil. Il avait pour mission réelle, sous prétexte de venir voir un de ses fils au service des Français et attaché à Jean-Jacques Trivulce, de demander à Charles VIII un sauf-conduit pour les provéditeurs, le marquis de Mantoue et cinquante chevaux. Cette compagnie était prête à se rendre au lieu indiqué par le roi, afin de s'entendre avec tels personnages qu'il lui plairait de désigner. Quelques membres du conseil du roi qui n'étaient pas gens de guerre ou qui désiraient que d'autres combatissent pour leur querelle, s'efforcèrent en vain d'empêcher le roi de donner suite à une ouverture tout-à-fait conforme aux égards que ce prince avait droit d'exiger. Charles VIII désigna pour ses commissaires le prince d'Orange, le maréchal de Gié, M. de Piennes et Comines. L'entrevue devait avoir lieu le lendemain, près d'une tour, entre Bourg et Camerano. On s'y rendit de part et d'autre, et il fut convenu que, pour travailler sérieusement à la paix et en établir les préliminaires, Francesco Visconti et un secrétaire du marquis de Mantoue partiraient le lendemain pour le quartier-général français. Ils y restèrent deux jours. La question roulait toujours sur Novare et Gênes, dont on voulait de chaque côté s'assurer la possession. Le maréchal de Gié, M. de Piennes et Comines se rendirent à leur tour au camp des confédérés. L'évacuation de Novare et sa remise au duc de Milan paraissaient humiliantes. On proposait un biais pour éviter ce dessous. Ce biais aurait consisté à remettre la place entre les mains des officiers allemands qui en auraient pris possession au nom de Maximilien, roi des Romains et seigneur suzerain du duché de Milan. Après plusieurs allées et venues, il fut convenu qu'on débattrait la convention, article par article, dans une grande conférence. Le duc de Milan, accompagné de la duchesse Béatrix, sa femme, de l'envoyé du roi d'Espagne, du marquis de Mantoue, des deux provéditeurs, d'un ambassadeur vénitien et d'un envoyé du duc de Ferrare, figuraient du côté des confédérés. Du côté des Français on avait adjoint aux ambassadeurs déjà nommés le président de Gannay pour porter la parole en latin, et M. de Morvilliers, bailli d'Amiens, pour le suppléer, car jusque-là Comines qui, à son grand regret, ne connaissait pas la langue de Cicéron, n'avait pu, dit-il, discuter qu'en mauvais italien.

Les conférences durèrent quinze jours. On consignait sur un procès-verbal, à la fin de chaque séance, les points adoptés après une discussion où la gravité, avoue Comines, était presque toujours du côté des Italiens.

Dès le premier jour de la conférence, il fut convenu que le maréchal de Gié se rendrait à Novare pour en faire sortir le duc d'Orléans. Quelques jours après, toute la garnison eut la liberté de rejoindre l'armée française, la ville restant, jusqu'à la conclusion de la paix, au pouvoir des habitants qui firent serment de n'y introduire ni Italiens ni Français. Le défilé des cinq mille hommes suisses ou français, qui avaient perdu deux mille des leurs, morts de faim ou de maladie pendant le siége, offrit le plus douloureux spectacle.

On aurait dit des spectres. Beaucoup moururent en chemin sans avoir la force de franchir les dix milles qui séparent Novare de Verceil. Comines en trouva cinquante couchés dans un jardin. Il dépensa un écu pour leur faire donner de la soupe ; aussi n'en mourut-il que cinq en route. Arrivés à Verceil, où suivant l'usage de ces temps, rien n'avait été préparé pour recevoir cette malheureuse garnison, il en mourut encore plus de trois cents, les uns par trop manger, les autres par maladie et « largement sur les fumiers de la ville [1]. » Quant aux chevaux des hommes d'armes, il n'en sortit pas un seul de Novare. Ils y avaient tous été tués et dévorés.

Ce fut sur ces entrefaites que le bailli de Dijon, envoyé, comme nous le savons, dans les cantons suisses pour y enrôler des fantassins, arriva à Verceil avec le reste de ses recrues. Il n'en avait demandé que dix mille, mais, attiré par l'argent du roi, il en arriva, en plusieurs détachements, plus du double : on en fut effrayé. On craignait, et la suite prouva que ce n'était pas sans raison, que cette troupe indisciplinée ne fît la loi au roi et au reste de l'armée. On les divisa en deux camps placés à dix milles l'un de l'autre. S'ils étaient arrivés plus tôt, on aurait sans doute rompu la négociation, car avant ce renfort, l'armée française, réunie à la garnison de Novare, comptait encore environ douze mille hommes. Le duc d'Orléans, appuyé par plusieurs person-

---

[1] Comines, livre VIII, chap. X.

nages, tels que Trivulce, le comte de Ligny et l'archevêque de Rouen, fit un dernier effort dans ce sens. Mais la question la plus délicate, c'est-à-dire celle de Novare étant vidée, on continua les conférences qui étaient déjà fort avancées.

Enfin les commissaires apportèrent au roi les articles suivants, comme le résultat de leur travail. Ces articles portaient qu'il y aurait paix et alliance perpétuelle entre le roi de France et le duc de Milan. Le roi consentait à ce que Novare fût remise à Ludovic par les habitants de cette ville. La Spezzia et toutes les autres places prises de part et d'autre devaient être restituées. Le roi pourrait armer à Gênes, qui se soumettrait à sa suzeraineté, autant de vaisseaux qu'il voudrait, pourvu que ce ne fût pas pour favoriser les ennemis du duc. Ludovic s'engageait à rendre au roi les galères qu'il avait retenues à Gênes, ainsi que celles prises après la dernière affaire de Rapallo. Il s'obligeait même à en armer deux à son compte pour accompagner la flotte du roi. Les troupes que Charles voudrait envoyer à Naples auraient leur libre passage par le duché de Milan, pourvu que la force de chaque détachement fût limitée à deux cents lances ; enfin, dans le cas où le roi se rendrait en personne à Naples, le duc s'obligeait de le suivre avec un corps de troupes. Quant aux Vénitiens, ils jouiraient d'un délai de deux mois pour accepter le traité. En cas d'accession ils retireraient leur armée du royaume de Naples, sans pouvoir porter aucun secours à Ferdinand. Dans le cas contraire (clause secrète sans doute), si le roi déclarait la guerre aux Vénitiens, toutes les conquêtes qu'il ferait sur eux avec l'aide de Sforze appartiendraient à ce dernier. Ludovic donnait au roi quittance de 80,000 ducats sur les 120,000 qu'il lui avait prêtés et accordait un terme pour le reste. Enfin, après un échange de prisonniers, le ban publié à Milan contre Jean-Jacques Trivulce et autres exilés devait être révoqué.

Le traité, après avoir été le sujet d'une discussion orageuse dans le conseil du roi, à propos de laquelle le duc d'Orléans et le prince d'Orange, ce dernier partisan de la paix, faillirent tirer l'épée du foureau, fut signé et juré de part et d'autre. Ces formalités accomplies, le roi résolut de partir de Verceil pour se rendre à Turin et de là rentrer en France avec son armée.

Mais, la nuit qui précéda son départ, les Suisses, après avoir battu leurs tambours, que l'infanterie française n'avait pas encore adoptés, se réunirent par canton et délibérèrent de s'opposer à l'exécution des ordres du roi, si, préalablement, leur solde n'était pas réglée et payée conformément à leurs exigences. Les dix mille hommes récemment amenés par le bailli de Dijon prétendaient que, d'après les traités et capitulations conclus avec leur nation par Louis XI, ils avaient droit à une prime équivalente à trois mois de solde, toutes les fois qu'ils sortaient de leur pays. Les autres, ceux qui avaient fait la campagne, exigeaient quinze jours de solde de plus qu'il ne leur était dû.

Cette délibération fut si tumultueuse que l'on y agita la question de savoir si l'on ne s'emparerait pas de la personne même du roi pour gage de la convention à intervenir. Il fallut en passer par toutes ces exigences. Il en coûta bien cinq cent mille francs pour congédier ces auxiliaires dont le concours nous avait été précieux, sans doute, mais aussi dont l'indiscipline, la cruauté, le goût du pillage et les nombreuses infractions au droit des gens, laissèrent en Italie des ressentiments inséparables du souvenir de l'expédition française.

Arrivé à Trin[1], le roi députa vers le duc de

[1] En se rendant à Trin ou Trino le roi avait passé par Chieri. C'est là qu'il fut complimenté, au nom de la ville, par Anne de Soleri qui débita son discours avec la plus noble assurance, c'est-a-dire « sans fléchir, tousser, cracher ni varier en aucune manière. » *Journal d'André de la Vigne*, p. 171.

Milan le maréchal de Gié, le président de Gannay et Comines pour inviter Ludovic à une entrevue. Il lui offrait, pour lui donner plus de confiance, d'observer cette forme, plusieurs fois adoptée par les princes de ce temps à la suite d'insignes violations du droit des gens, et qui consistait à se rencontrer sur le milieu d'un pont, chacun du côté opposé d'une forte barrière. Ces précautions ne purent rassurer Ludovic Sforze dont, suivant la nature de beaucoup d'hommes de sa trempe, la défiance égalait la mauvaise foi. Il remonta pour motiver son refus jusqu'à sa dernière entrevue avec Charles VIII à Pavie où il avait été question, disait-il, d'attenter à sa sûreté. Il accusait le cardinal de Saint-Malo et surtout le comte de Ligny, dont les propos n'étaient pas toujours très-circonspects, d'entretenir des projets de ce genre et refusa nettement l'entrevue proposée, quelles que fussent les garanties dont on l'entourerait. Charles VIII dont la bonne foi n'était pas douteuse, renonçant à l'espérance de confirmer, par un échange public de bons procédés, une paix destinée à rester chancelante, se rendit à Chieri pour de là gagner Chambéry et repasser les monts. Il prit sa route par Suze, Briançon et Grenoble et arriva à Lyon le 7 novembre 1495.

Avant de se mettre en marche, il avait expédié

Perrone de Baschi à Gênes pour y surveiller l'équipement, tant des navires qui devaient lui être restitués d'après le traité de Verceil, que des galères dont Ludovic lui avait promis le concours. Il les destinait à secourir l'armée d'occupation de Naples. Quant à Comines, on lui avait confié l'importante mission de poursuivre près du gouvernement vénitien, auquel sa personne était toujours agréable, l'accession au traité de Verceil, accession facultative et pour la dénonciation de laquelle les provéditeurs avaient demandé un délai de deux mois. Ces diverses missions ne furent pas couronnées d'un plein succès. Mais, avant d'en rendre compte, il convient d'exposer brièvement quels événements avaient eu lieu dans le royaume de Naples après le départ du roi, et quelle influence ils devaient exercer sur les dispositions des puissances confédérées.

CHAPITRE XV.

Situation difficile de l'armée d'occupation après le départ du roi. — Ferdinand II débarque à Reggio et Grimani à Monopoli. — Bataille de Seminara. — Ferdinand débarque de nouveau près de Naples. — Révolte des Napolitains. Montpensier assiégé dans les châteaux. — Combat d'Éboli. — Convention de Montpensier. — Il évacue furtivement les châteaux de Naples. — Mission de Comines à Venise. — Refus des Vénitiens d'accéder au traité de Verceil. — Le doge propose d'y substituer une autre convention. — Politique égoïste et astucieuse de la Seigneurie. — Comines en revenant en France voit Ludovic à Vigevano. — Mauvaise foi du duc. — Comines rejoint le roi à Lyon. — Triste situation de l'armée d'occupation. — Montpensier et son armée faits prisonniers à Atella. — Mort du vice-roi. — Ferdinand rentre dans la possession entière du royaume. — Sa mort. — Don Ferdinand lui succède. — Conclusion des affaires de Florence. — Projet de Charles VIII de revenir en Italie. — Situation favorable aux desseins du roi. — Sa mort à Amboise. — Louis XII lui succède. — Il s'établit dans le Milanais. — Ludovic meurt prisonnier en France. — Lutte de François Ier et de Charles-Quint. — Ce dernier, devenu maître absolu de l'Italie, y établit les principautés qui durent jusqu'à nos jours.

HARLES VIII, comme nous l'avons dit, avait confié le gouvernement de sa conquête au comte de Montpensier, son cousin, auquel il avait laissé la moitié, environ, de ses forces. Mais il était

bien difficile que cette armée d'occupation pût suffire à la défense d'un royaume qui n'était qu'à moitié conquis. Bientôt, privés de toute communication par terre et par mer avec la France, les chefs de l'armée comprirent combien cet isolement, à une distance aussi considérable de la mère patrie, rendait leur situation dangereuse. La même ligue qui avait combattu Charles VIII à Fornoue leur suscitait de toute part des ennemis dans les provinces dont le roi s'éloignait. Gonzalve de Cordoue, le vainqueur de Grenade, envoyé par les rois d'Espagne en Sicile avec cinq mille fantassins et six cents cavaliers espagnols, s'était abouché à Messine avec Ferdinand II et son père Alphonse pour concerter avec eux les moyens de recouvrer le royaume de Naples. Conformément au plan arrêté entre eux dès la fin de mai 1495 et quelques jours seulement après le départ du roi, Ferdinand débarquait à Reggio et y rassemblait une petite armée de six mille hommes. En même temps, Antoine Grimani, avec une flotte vénitienne de vingt-quatre galères, s'emparait de Monopoli sur la côte de la Pouille et, après l'avoir saccagée, y faisait sa jonction avec don Frédéric, oncle du roi, et don César, frère naturel de Ferdinand II. De toute part le royaume était en fermentation. Les partisans de la maison d'Aragon relevaient la tête et les

Angevins, mécontents, hésitaient à se compromettre pour une cause à laquelle ils avaient fait autrefois tant de sacrifices si mal récompensés.

Ce n'est pas que les troupes napolitaines, quel que fût leur nombre, pussent inspirer la moindre crainte aux Français et aux Suisses. Subordonnées aux soldats romagnols, aux Lombards, auxquels les rois de Naples avaient de tout temps confié leur défense, ces troupes ne possédaient ni la discipline ni la science militaire qui avaient distingué dans le cours du XV° siècle les bandes formées aux écoles guerrières de Braccio et de Sforza. Une insurrection de la ville de Gaëte, occupée par une poignée de soldats français, montra toute la supériorité de ces derniers sur les troupes napolitaines. Attaquée par une masse d'ennemis, la faible garnison française les repoussa de rue en rue, reconquit ses positions et resta maîtresse de cette place importante.

La bataille de Seminara fut plus humiliante encore pour les Napolitains. D'Aubigny, qui commandait en Calabre, inquiet des progrès que Ferdinand, secondé par Gonzalve de Cordoue, faisait dans son gouvernement, résolut de livrer bataille à l'ennemi. Il rassembla quatre cents hommes d'armes, moins d'un millier de chevau-légers, auxquels il adjoignit un petit détachement d'infanterie suisse, franchit la rivière qui coule entre Terra-Nova et Seminara et vint attaquer ses adversaires dans une assez forte position, bien que leur armée fût en nombre trois fois supérieure à la sienne. Les Calabrais qui formaient le gros de l'armée napolitaine s'enfuirent au premier choc et Ferdinand ne dut la vie qu'au dévouement d'un de ses officiers. Gonzalve et les autres capitaines espagnols auraient été pris eux-mêmes dans Seminara, si d'Aubigny, affaibli par les fièvres de Calabre, avait pu en faire immédiatement le siége.

Voici dans quels termes d'Aubigny rendit compte à M. de Montpensier de la bataille de Seminara, dont la nouvelle était parvenue au roi, l'avant-veille du combat de Fornoue :

Double des lectres escriptes par Monsr. d'Aubigny à Monsr. de Montpensier estant au royaume de Napples.

Monseigneur, aujourd'huy XXIe jour de ce mois à esté rompu et deffaict le roy Ferrand en bataille rangée et assignée, lequel avoit trois à quatre mille hommes de pyé et huit cens ou mil chevaulx. Il en est mort sur le champ de XV^c à deux mille hommes, et n'eust esté le fort païs qu'ilz gaignèrent, ilz y eussent touz demourez. Le roy Ferrand s'en fouyt avec quatre chevaulx à travers les montaignes, et s'alla jetter dedans Reggio et dit on qu' don Frederich et le baron de L'Escallatte de Cecille et le cappitaine general du roy d'Espaigne, et plusieurs autres gens de bien sont morts [1]. Vous devez savoir, Monseigneur, que je n'avoye avecques moy que la compaignie de Messrs de Percy, le bailly de Dijon et la mienne qui montoient en tout à cent hommes d'armes et mil ou XII^c Suisses. Ledit sieur de Percy s'est montré hardy et vaillant gentilhomme et a aussi bien fait de sa personne qu'il est possible, pareillement Menou [2] et mon lieutenant qui menoit les archiers, se sont tres honnestement portéz. Monseigneur, je prie le benoist filz de Dieu que vous doint bonne et longue vie [3].

Escript à Saint Celerin le XXIe jour de juing.

Ferdinand et Gonzalve repassèrent en Sicile, mais, dès les premiers jours de juillet, Ferdinand débarqua de nouveau près de Naples. Gilbert de Montpensier sortit aussitôt de la ville pour

---

[1] Cette nouvelle était fausse.

[2] Philippe de Menou, Sr de Milly et de Charnizay. Il fut conseiller et chambellan de Charles VIII et créé maître-d'hôtel de la reine Anne en 1501. Devenu maître-d'hôtel de la reine Claude, sa fille, femme de François I, et gouverneur du dauphin, il mourut à la fin de l'année 1520.

[3] Bibliothèque de Nantes. Copie manuscrite tirée des archives de la maison de Rohan. Cette pièce se trouve aussi imprimée à la suite des Poésies de Jehan Meschinot, mais avec quelques variantes.

le combattre. Inquiet de la fermentation qui y régnait et sachant que cet état des esprits était le résultat des manœuvres du parti aragonais, il donna l'ordre d'en arrêter les principaux habitants. Cette mesure rencontra une vive résistance. Les Napolitains soulevés fermèrent leurs portes et reçurent dans leurs murs Ferdinand lui-même qui, à l'approche de Montpensier, avait repris la mer pour se jeter dans Naples. Les Français n'étaient plus maîtres que des trois châteaux. Montpensier et Yves d'Alègre, rentrés dans les trois forts et réunis à la garnison qu'ils y avaient laissée, commandaient encore à six mille hommes. Ils essayèrent vainement de reconquérir le reste de cette vaste cité. Les rues furent barricadées; une grêle de pierres et de projectiles de toute sorte, lancés par les fenêtres, accablaient la cavalerie; il ne restait aucun espace libre où les Français pussent déployer leurs forces. Contraints de rentrer dans les trois châteaux, ils ne tardèrent pas à y être assiégés.

Les Colonna, blessés des faveurs que les Orsini, leurs rivaux, avaient reçues des Français, avaient, aussitôt après l'évacuation des États romains et la restitution des places momentanément occupées par Charles VIII, conformément au traité de Rome, levé l'étendard de la maison d'Aragon. De la campagne romaine où ils tenaient presque tous les châteaux, ils étendaient leur influence sur la terre de Labour qu'ils entraînèrent facilement dans la révolte.

La garnison de Naples, resserrée dans les trois châteaux, le château Neuf, celui de l'Œuf et la tour Saint-Vincent, depuis trois mois commençait à manquer de vivres. Combien était à regretter la dilapidation des immenses approvisionnements de toute sorte que l'armée française y avait trouvés à son arrivée, et qui, donnés par le roi à ses principaux officiers, avaient été vendus par eux à leur profit! Montpensier sollicita des secours de d'Aubigny, gouverneur des Calabres et, de Percy, qui commandait dans la Basilicate. Gonzalve, débarqué de nouveau dans les Calabres, tenait d'Aubigny en échec. Percy réussit avec peine à réunir trois mille hommes environ, parmi lesquels se trouvaient un millier d'Italiens. Il osa, avec ce faible détachement, attaquer, à Eboli, à dix-huit milles de Salerne, Thomas Caraffa, lieutenant de Ferdinand. L'armée commandée par cet officier napolitain comptait près de douze mille hommes. Quand les Italiens virent Percy traverser le Sèle et s'avancer bravement contre eux, ils essayèrent de l'envelopper, afin de détruire ou de faire prisonnier son corps d'armée tout entier; mais, repoussés par la cavalerie française et ne pouvant entamer les bataillons carrés des Suisses, hérissés de longues hallebardes, ils s'enfuirent honteusement et perdirent dans la déroute beaucoup d'hommes atteints par la cavalerie légère. Sans la présomption avec laquelle ils avaient demandé à Caraffa d'adopter des manœuvres de flanc, afin d'envelopper l'armée française, leurs pertes auraient été beaucoup moins fortes.

Percy, vainqueur, s'avançait vers Salerne et s'approchait de Naples. Prosper Colonna se jeta au-devant de lui et l'arrêta à Sarno. Ferdinand profita de ce retard. Montpensier ignorait la défaite de Caraffa à Eboli et le mouvement du corps de Percy. Manquant de vivres et de fourrages, il s'engagea à remettre dans trente jours les châteaux de Naples, si, dans ce délai, une armée française ne venait pas livrer bataille et faire lever le siége. Durant ce délai, les hostilités devaient être suspendues de part et d'autre. Yves d'Alégre, Guillaume de la Marck, La Chapelle d'Anjou et Genlis furent remis à Ferdinand comme ôtages. La capitulation signée, Percy arriva, mais, trop faible pour livrer bataille et rompre de vive force les lignes de l'ennemi, il se vit forcé de reculer et de mettre ses troupes en quartier d'hiver dans la Basilicate. Montpensier, toutefois, exécuta peu scrupuleusement la capitulation, dont les termes, à la vérité, manquaient de précision. Avant l'expiration du délai, il s'échappa, la nuit, avec deux mille cinq cents hommes, des châteaux qu'il devait rendre. Le château Neuf et celui de l'Œuf ne furent consignés à Ferdinand que longtemps après le terme convenu, et Montpensier, au lieu de repasser en France, comme il s'y était engagé, se préparait à entreprendre une autre campagne.

La capitulation du comte de Montpensier, à la date des premiers jours d'octobre 1495, la retraite de Percy, l'impossibilité dans laquelle d'Aubigny s'était trouvé de se rapprocher du vice-roi, la présence, à Naples, de Ferdinand qui y était débarqué le 7 juillet, l'enthousiasme qu'il y avait excité, la défection d'un grand nombre de villes qui, telles que Trani, tenaient leurs garnisons assiégées dans la citadelle, les succès de la flotte vénitienne, dont la présence provoquait à la révolte les populations maritimes, ou qui, dans le cas où ces populations se montraient fidèles aux Français, se livrait contre elles à de cruels sévices, n'étaient pas des symptômes propres à assurer le succès de la mission de Comines à Venise ou de celle de Perrone de Baschi à Gênes.

Les instructions données à Comines consistaient en trois points principaux. Outre la déclaration d'accession au traité de Verceil, l'ambassadeur devait solliciter de la Seigneurie l'abandon des places maritimes dont sa flotte s'était emparée sur les côtes du royaume de Naples, et entre autres de Monopoli, le rappel du marquis de Mantoue, qu'elle venait d'envoyer pour commander ses troupes et celles de Ferdinand, et, de plus, la déclaration que le roi Ferdinand ne faisait pas partie de la ligue, où figuraient seulement, en nom, Venise, le Pape, le roi des Romains, ceux d'Espagne et le duc de Milan. Comines, à son arrivée à Venise, fut reçu avec les honneurs dus à son rang et à sa personne, mais avec moins de solennité qu'à sa première ambassade. Il fit part de sa mission au doge Barbarigo, qui s'engagea à soumettre ses demandes au grand conseil et à lui communiquer, dans un bref délai, la réponse qu'il serait chargé de lui transmettre. La Seigneurie ordonna des prières publiques et des aumônes pendant trois jours, durant lesquels il y eut des processions générales et des sermons publics, dans le but d'obtenir que Dieu fît au sénat la grâce de lui inspirer la meilleure résolution à prendre. Comines en fut édifié, et, après avoir remarqué combien le respect des choses saintes est grand à Venise, combien le nombre des églises y est considérable et de quelles richesses elles sont remplies, il y voit la source de la puissance de la Seigneurie et le présage de sa grandeur future.

Au bout de quinze jours, il reçut pour réponse un refus absolu à toutes ses demandes. En ce qui concernait le traité de Verceil, le doge déclara que les Vénitiens n'étaient point en état de guerre avec la France, et que ce qu'ils avaient fait était uniquement pour aider le duc de Milan, leur allié, que le roi voulait détruire. Après cette réponse publique, Barbarigo prit Comines à part et lui fit des ouvertures secrètes concernant un appointement nouveau.

Les bases proposées, très-différentes de celles du traité de Verceil, auraient été les suivantes : le roi Ferdinand reconnaîtrait la suzeraineté de Charles VIII, auquel il ferait hommage, du consentement du pape. Il paierait au roi de France une redevance annuelle de cinquante mille ducats et une somme d'argent comptant dont les Vénitiens feraient l'avance. Mais, pour sûreté de ce prêt, ils entendaient conserver les places de la Pouille, telles que Brindisi, Otrante et Trani, qu'ils occupaient déjà. On laisserait pour tout bien au roi de France Tarente et une ou deux autres petites places. Ils avaient évidemment choisi Tarente, parce que ce port de mer était le plus éloigné des côtes de France et le plus difficile à secourir. Mais le doge déguisait sa pensée en disant que ce port était le plus avantageux pour Charles VIII lorsqu'il mettrait à exécution son projet d'attaquer la Turquie, projet dont il avait été tant question à son entrée en Italie. Ce détour déplut à notre ambassadeur, qui le taxe de « très-méchante invention » et l'appelle « un mensonge devant Dieu, auquel l'on ne saurait céler ses pensées [1]. » Au reste, le doge ajoutait que si le roi tournait ses armes contre le Grand-Turc, Venise le seconderait avec cent galères et cinq mille cavaliers, le tout armé à ses frais.

On voit que la longue et patiente politique de la république de Venise, dont Comines n'avait jamais été dupe, se dégageait des voiles dont la Seigneurie l'avait jusque-là soigneusement enveloppée. Puissante sur mer, où elle n'avait plus de rivale, riche par son commerce, alors le plus prospère du monde, cette aristocratie marchande avait pour système de ne s'allier intimement avec aucun État italien, de ne rompre cependant brutalement avec personne, afin de vendre à tout le monde son

---

[1] Comines, liv. VIII, chap. XII.

intervention, surtout au prix de ports, de places fortes et d'augmentation de ses possessions en terre ferme.

La Seigneurie n'avait jamais nié les droits de Charles VIII sur le royaume de Naples; elle avait jugé plus utile, en les admettant, dans une certaine mesure, de se porter médiatrice entre le roi de France et la maison d'Aragon, mais toujours en faisant payer à cette dernière les frais de la négociation. Elle avait soulevé presque toute l'Europe politique d'alors contre Charles dont elle s'était toujours proclamée l'alliée et dont elle respectait tellement la prudence qu'elle n'aurait jamais osé, disait-elle d'abord, lui donner un conseil. Cependant, quand elle avait vu le jeune prince diviser son armée, entreprendre un retour hasardeux à travers les Apennins, avec des forces quatre fois inférieures à celles qu'elle avait réunies pour l'écraser, la Seigneurie avait prétexté de son dévouement à Sforze, qu'elle détestait et dont elle savait être détestée, pour essayer d'anéantir, avec ses troupes mercenaires et à peine civilisées, le roi et son armée dans la vallée du Taro. Mais les provéditeurs qui, au conseil, s'étaient montrés si belliqueux et qui, durant la bataille, restaient dans le camp entourés d'une garde si nombreuse que les forces militantes en étaient affaiblies, avaient compté sans l'intrépidité de la gendarmerie française. Aussi, dès le lendemain de la bataille où ils avaient sacrifié, sans beaucoup de regret, la fleur de la chevalerie italienne, ces mêmes provéditeurs qui, la veille, avaient si fortement opiné pour qu'on livrât bataille, ouvraient, sur les bords du Taro débordé, des conférences pacifiques. C'est qu'ils savaient déjà que si l'honneur du roi était sauf, le voyage d'Italie ne serait jamais qu'une page brillante et un peu romanesque dans notre histoire. Leur amiral Grimani, leurs envoyés, leurs courriers, les tenaient au courant de l'esprit public dans le royaume de Naples, et quand les négociations s'ouvrirent à Verceil, ils savaient les affaires du roi de France désespérées dans la capitale de sa conquête. Par un excès de prudence, ils demandèrent cependant un délai de deux mois pour accéder à un traité dont ils savaient bien que Sforze n'exécuterait que ce qui lui conviendrait. Quant à eux, attentifs à ne jamais décréditer leur politique transcendante par des moyens empruntés à l'insigne mauvaise foi des petites cours d'Italie, ils déclaraient à notre ambassadeur, après trois jours de prières, d'aumônes et de processions, qu'ils n'avaient jamais été les ennemis du roi et que, bien qu'ils combatissent, emprisonnassent et poursuivissent, chaque jour, avec la plus grande cruauté, ses gendarmes et ses alliés dans le royaume de Naples, ils n'éprouvaient aucun besoin de se réconcilier avec lui par un traité de paix; et comme preuve de leur amitié, ils lui offraient d'amener le roi Ferdinand à reconnaître, de concert avec le pape, une suzeraineté qu'Alexandre VI, juge et partie dans la question, car, selon lui, c'était au Saint-Siége que cette suzeraineté appartenait, n'était probablement plus d'avis de déléguer au roi de France. En attendant que ces conditions fussent acceptées de toutes les parties, résultat déjà impossible, Charles aurait remis aux Vénitiens les places fortes de la Pouille, en se contentant du port de Tarente, excellent à leur avis pour servir de point d'appui à une expédition contre le Grand-Turc, avec lequel, il ne faut pas l'oublier, la Seigneurie s'était secrètement alliée lorsqu'il avait été question de ce projet à l'entrée des Français en Italie, et notamment lorsque Charles s'était abouché avec les populations chrétiennes de l'Albanie.

Comines, qui comprenait et admirait les ressorts du gouvernement vénitien, n'épouva aucun étonnement devant ce refus, qu'il prévoyait sans doute. Il prit congé du doge et de la Seigneurie en disant qu'il ferait son rapport au roi.

Notre ambassadeur passa par Milan et vit le duc à Vigevano. Ludovic, sous prétexte d'une partie de chasse, alla au-devant de Comines auquel il fit, selon son habitude avec les ambassadeurs étrangers, le plus honorable accueil. Le nôtre fut logé au château et servi avec une distinction toute spéciale. Toutefois, malgré cette réception, si cordiale en apparence, et les instances de notre envoyé, plusieurs jours s'écoulèrent avant que ce dernier pût obtenir une audience particulière. Quelque prétexte en faisait toujours fort à propos manquer l'occasion. Comines, et Ludovic le savait aussi bien que lui, voulait presser le duc d'expédier, comme il s'y était engagé, par le traité de Verceil, les navires qu'il avait mis à la disposition du roi et qu'on savait complètement équipés dans le port de Gênes. Ce secours était d'autant plus urgent, et Sforze ne l'ignorait pas, que les châteaux de Naples tenaient encore et que son arrivée à point aurait pu les sauver. Perrone de Baschi, envoyé à Gênes, mandait à Comines qu'au lieu d'expédier les navires qui nous avaient été promis, le duc de Milan en avait secrètement envoyé deux au secours de Ferdinand; c'était d'ailleurs par son ordre que le gouverneur de Gênes prétendait que ces navires ne devaient point recevoir de Français à bord et qu'en tout cas on ne pourrait en admettre que vingt-cinq sur chaque vaisseau. Comines trouva enfin l'occasion de traiter avec le duc cette question délicate.

Ludovic, qui avait la conscience de sa mauvaise foi, s'emporta lorsque Comines lui parla des commentaires du gouverneur de Gênes touchant le traité de Verceil. Il soutint qu'ils étaient parfaitement conformes à l'esprit de ce traité et qu'en promettant des navires il ne s'était point engagé à y embarquer des Français. Notre ambassadeur lui répondit qu'il trouvait cette excuse « bien maigre » et que si d'aventure le duc lui avait promis de lui prêter une mule pour passer les monts, ce ne serait pas d'un grand secours pour lui, de la voir cheminer à ses côtés de façon qu'il n'en aurait que la vue, sans pouvoir monter dessus.

Après un débat prolongé, Ludovic, ayant tiré à part, au bout d'une longue galerie, l'ambassadeur français, celui-ci, qui connaissait à fond son adversaire, lui représenta la peine qu'ils avaient tous prise pour arriver à la conclusion du traité de Verceil, et lui remontra dans quel péril le duc de Milan se jetterait en faisant perdre au roi de France les châteaux de Naples et avec eux les derniers fruits de sa conquête. La responsabilité n'en retomberait-elle pas sur lui tout entière et Charles VIII le lui pardonnerait-il jamais? Comines, ouvrant alors de nouvelles perspectives devant les yeux de l'ambitieux Sforze lui offrit la principauté de Tarente et le duché de Bari qu'il possédait déjà. Il lui représenta combien il était dangereux pour lui et pour toute l'Italie de mettre les places de la Pouille entre les mains des Vénitiens, qui ne les rendraient jamais de bonne grâce. Ludovic confessa que l'ambassadeur disait vrai, surtout en ce qui concernait les Vénitiens, mais il ajouta, en faisant sans doute allusion aux vues ambitieuses du duc d'Orléans sur le Milanais, vues qu'il croyait plus agréées par Charles VIII qu'elles ne l'étaient réellement au fond, qu'il ne pouvait trouver aucune sûreté avec le roi de France.

Au bout de trois jours, Comines prit congé du duc de Milan qui, l'ayant conduit à une lieue de sa belle résidence de Vigevano et le voyant partir fort mélancolique, essaya de le consoler par une promesse tout à fait inattendue. Il lui dit soudainement, au moment de le quitter, comme un homme qui change tout à coup d'avis, qu'il voulait lui faire un tour d'ami, afin que le roi eût occasion de le bien accueillir à son arrivée à Lyon. Il l'assura donc que dès le lendemain il expédierait à Gênes Galéas San Severino, (et c'était tout dire quand il nommait celui-là), avec ordre de faire partir immédiatement les navires promis au roi. Il voulait, ajoutait-il, rendre ce signalé service à Charles VIII, sauver ses châteaux de Naples et avec eux sa conquête.

Au reste, il écrirait de sa main à Comines et par courrier exprès chargé de le rejoindre en chemin, pour lui mander le départ des galères, afin qu'il pût apprendre cette bonne nouvelle au roi, à son arrivée à Lyon. Comines se mit en route pour passer les monts, sans trop compter sur cette promesse; cependant « il n'ouït poste venir derrière lui, » sans songer au courrier qui devait lui apporter le précieux autographe de Ludovic. Mais il franchit la double chaîne des Alpes, traversa la Savoie et se rendit à Lyon sans avoir rien reçu.

Arrivé à Lyon, Comines rendit compte au roi, qui y avait repris l'habitude des joutes et des plaisirs, des diverses missions dont il avait été chargé. Les adversaires de la paix de Verceil, c'est-à-dire le parti du duc d'Orléans, s'amusèrent beaucoup du mensonge de Ludovic, leur autorité près du roi s'en accrut et ils ne manquèrent pas, dit notre chroniqueur, « de lui bien laver la tête, comme on est accoutumé de faire aux cours des princes en semblable cas. »

Comines conta au roi et lui montra par écrit, car il avait eu soin de se munir à ce sujet d'une pièce authentique, les offres que lui faisaient les Vénitiens. Persuadé qu'il valait mieux les accepter que de perdre le tout, il lui conseillait d'en faire le point de départ d'un nouveau traité. Il assure que Charles aurait partagé cet avis, ce qui est douteux, s'il n'avait pas craint de blesser le cardinal, le duc d'Orléans et ses proches. Ce qui est certain, c'est qu'il ne fut donné aucune suite à cette ouverture.

La perte de notre conquête n'était plus douteuse pour personne. L'abandon dans lequel Charles VIII laissa ses compagnons d'armes est une faute qu'on lui a justement reprochée. A peine leur fit-on passer quelques lansquenets, qui ne tardèrent pas à tourner casaque. Quant à la solde, elle était arriérée de plus d'un an. On leur fit, à la vérité, parvenir quarante mille ducats, mais trop tard, c'est-à-dire après la reddition des châteaux de Naples.

Cependant la lutte entre les Français et Ferdinand II se prolongea durant une partie de l'année 1496. Mais les Vénitiens, maîtres des ports de l'Adriatique, ce qui était le principal objet de leur ambition, et ne redoutant plus les Français, abandonnèrent Ferdinand à ses propres ressources. Aussi aucun événement décisif n'eut-il lieu dans les premiers mois de cette année. Le royaume était dévasté, chaque parti prélevait les impôts sur les points qu'il occupait. Aucune direction, aucune unité n'existait plus nulle part. Si une poignée de Français et de Suisses ne pouvait maintenir son autorité sur une aussi vaste contrée qui se montrait presque partout ennemie, cette armée si faible en nombre inspirait encore, de l'aveu des historiens italiens, le même effroi à des adversaires qu'elle avait si souvent battus et qui avaient fini par perdre toute confiance en eux-mêmes. Cette supériorité morale faisait toute la force des Français.

Dans l'état de pénurie où se trouvaient Ferdinand et Montpensier, chacun d'eux voulut s'assurer, en occupant le mont Gargano et la Capitanate, la perception du péage s'élevant annuellement à 80,000 écus, imposé aux propriétaires de troupeaux voyageurs qui traversent la Capitanate pour se rendre des pâturages de la Pouille où ils passent l'hiver dans les montagnes de l'Abruzze où ils trouvent un abri contre les chaleurs de l'été. Pour rester maître de cette perception, chacun d'eux accumula dans la Capitanate les gens de guerre qu'il put rassembler. Montpensier réunit autour de Troïa onze cents hommes d'armes, quatorze cents chevau-légers, les Suisses, les lansquenets et plusieurs milliers de fantassins français et italiens. De son côté, Ferdinand avait concentré à Foggia, outre ses troupes napolitaines, les contingents de plusieurs condottieri, ceux de Fabrice et Prosper Colonna entre autres, ainsi que les stradiots des Vénitiens commandés par le marquis de Mantoue. Montpensier à la tête de toutes ses forces vint assiéger Circello, à dix milles de Bénévent. Ferdinand, pour faire diversion, mit le siége devant le château de Monte-Forte, à quatre milles de Circello. Montpensier accourut pour défendre cette forteresse, située sur une colline élevée, mais il arriva trop tard. Voyant cette place livrée aux flammes, il proposa à ses compagnons d'attaquer l'armée napolitaine, malgré le danger qu'offrait le passage d'un vallon qui séparait les Français de la forte position des Napolitains. Mais, dans ce moment, les Suisses mercenaires refusèrent de combattre avant d'avoir reçu l'arriéré de leur solde. Plusieurs barons napolitains profitèrent de l'occasion pour faire défection. Enfin, de graves dissentiments s'élevèrent entre Montpensier et de Percy. Forcé par ces circonstances de repasser dans la Pouille, il fut arrêté dans sa marche rétrograde par la bourgade d'Atella où il rencontra une telle résistance qu'il se vit obligé d'en faire le siége. Il la prit et la pilla. Mais le retard apporté à sa marche permit à Ferdinand de l'y rejoindre et de l'y enfermer.

Ferdinand n'eut garde d'offrir la bataille aux Français ni même de les assiéger étroitement dans Atella qui était une ville presque ouverte. Il se contenta d'occuper fortement tous les passages, intercepta les convois, détruisit les moulins et réussit même à priver d'eau l'armée du vice-roi. Les stradiots, battant la campagne, mirent en déroute un corps de cavalerie chargé d'amener des vivres de Venosa. Un retranchement défendu par trois cents Suisses fut enlevé et tous les Suisses massacrés. Montpensier, enfermé de toutes parts, sans vivres, sans eau, sans espérance de secours, fut réduit à capituler le 20 juillet 1496. Il s'engagea à rendre non-seulement Atella, mais encore toutes les places occupées par les Français, sauf Venosa, Gaëte et Tarente, dont les gouverneurs ne dépendaient pas de lui. Il déposa les armes avec les cinq mille hommes qu'il avait encore. Ferdinand s'engageait à les renvoyer en France, à permettre aux condottieri italiens de sortir du royaume et à proclamer une amnistie en faveur des Napolitains restés dans les rangs français. Mais quelques-uns des lieutenants de Montpensier ayant refusé de se soumettre à cette capitulation, l'armée fut retenue prisonnière entre Baïa et Pouzzoles. Des fièvres pestilentielles s'y déclarèrent pendant la canicule. Le vice-roi succomba un des premiers, et avant la fin d'automne les neuf dixièmes de ses compagnons d'armes avaient misérablement péri.

Ferdinand ne jouit pas longtemps de son triomphe. Dès le 7 septembre suivant, atteint d'une maladie violente, il expira dans sa maison de plaisance de la Somma. Comme il n'avait point d'enfant, son oncle don Frédéric fut appelé au trône. Ce fut lui qui renvoya en France les débris du corps d'armée échappés au blocus d'Atella et aux fièvres contagieuses du cantonnement de Baïa. Il ne tarda pas à recevoir la capitulation de d'Aubigny, qui commandait en Calabre, ainsi que celles des garnisons de Gaëte, de Venosa et de Tarente. Graziano Guerra (Gratien des Guerres), condottiere italien, abandonna les Abruzzes. Les barons angevins firent leur soumission à Frédéric, qui les traita avec générosité, et à la fin de l'année 1496, la maison d'Aragon était rentrée dans la possession du royaume de Naples.

La république de Florence n'avait pas été comprise dans le traité de Verceil, parce qu'elle n'avait pas fait partie de la confédération. Disons en peu de mots comment se terminèrent nos différends avec elle. Ils furent réglés par une convention arrêtée à Trin dans le courant d'octobre 1495. D'après cet arrangement, les villes et les citadelles des Florentins qui étaient entre les mains du roi devaient leur être rendues sans délai, sauf Piétra-Santa et Serezana, que le roi se réservait de céder aux Génois, si ces derniers se soumettaient à la France. Quant à Pise, on stipula en faveur de ses malheureux habitants l'oubli du passé, la faculté d'exercer le commerce et d'entrer dans les emplois, franchises que son impitoyable rivale lui avait durement refusées pendant presque un siècle de servitude. Le traité conclu, les Florentins prêtèrent au roi trente mille ducats, qui servirent à payer la solde et la prime d'engagement exigées par les Suisses.

Ce traité fut très-mal exécuté de la part de la France. D'Entraigues, qui commandait à Pise et en occupait la citadelle, la livra aux Pisans. Ceux-ci, par haine des Florentins, y introduisirent le capitaine Fracazza et une garnison génoise, puis, toujours par crainte de leurs anciens maîtres, ils se donnèrent aux Vénitiens et même au roi des Romains, qui y fut reçu avec le même enthousiasme que Charles VIII l'avait été lui-même. Le bâtard de Saint-Paul vendit à beaux deniers aux Génois Serzana et Serzanella. Les Lucquois achetèrent à d'Entraigues Piétra-Santa, et les Vénitiens Librafatta. Ces honteuses concussions, qui engagèrent la parole du roi et qui lui coûtèrent trente mille ducats dont les Florentins lui auraient fait remise s'ils avaient récupéré leurs places fortes, ne furent pas punies comme elles méritaient de l'être. Ces actes, accomplis par des agents du comte de Ligny et surtout par d'Entraigues, valurent à ce dernier une condamnation au bannissement. Mais de Ligny lui-même, cousin du roi, et qui était le véritable coupable, ne tarda pas à recouvrer les bonnes grâces de Charles VIII et à reprendre près de lui les fonctions intimes de grand chambellan.

Durant les deux années que le roi vécut depuis son retour d'Italie, le projet d'y faire une nouvelle expédition fut souvent agité et constamment entretenu par ce prince. Il y eut des négociations secrètes, surtout avec les petits États et les petites familles souveraines ou à demi-souveraines de la péninsule. L'initiative venait souvent de ces comtes ou marquis menacés par des voisins plus puissants, ou séduits, tant par l'espoir de puiser dans la bourse du roi, que par celui d'obtenir pour récompense des agrandissements de territoire. Mais, au dire de Comines, « pour un prince moins riche que le roi de France, qui commande à un pays si plein de ressources, ce serait se mettre à l'hôpital que d'écouter les propositions des seigneurs et capitaines d'Italie. » Leurs demandes de secours sont perpétuelles; ce sont des dépenses sans fin; il n'en saurait être autrement, car la plupart n'ont rien que le crédit que leur donnent leurs gens d'armes, et, avec la plus grande loyauté du monde, ils ne sauraient servir quand le paiement vient à faillir.

Le duc de Ferrare, qui nous avait donné de bons avis, même pendant qu'il servait dans l'armée des confédérés, assurait le roi de son entier concours et lui offrait cinq cents hommes d'armes et deux mille fantassins. Bien qu'il fût beau-père de Ludovic, il craignait le double voisinage des Vénitiens et de son gendre. Les premiers lui avaient enlevé le Polesan et il n'était pas très-rassuré sur les dispositions du second. Le marquis de Mantoue lui-même, le général en chef des confédérés à Fornoue, devenu suspect aux Vénitiens, desquels il était de son côté fort mécontent, offrait de servir la France avec son beau-père le duc de Ferrare, à la tête de trois cents hommes d'armes. Jean Bentivoglio, presque souverain de Bologne, offrait cent cinquante lances et ses deux fils, qui avaient levé leur bannière comme condottieri. Les Florentins, restés bien disposés pour la France, malgré la désobéissance des lieutenants du roi, proposaient un corps de six mille hommes entretenus à leurs frais. Les Orsini, promettant de se montrer plus constants que ne l'avaient été les Colonna et La Rovère, préfet de Rome, frère du cardinal de Saint-Pierre-ès-Liens, s'engageaient à recruter des gens d'armes à raison de cent ducats l'an, par homme d'armes et sa suite. Cette solde était équivalente à celle des gens d'armes français, car si ceux-ci coûtaient le double, c'était en y comprenant le paiement des archers qui ne faisaient pas partie de la suite des hommes d'armes d'Italie. L'effectif, comparé à la dépense, se trouvait donc dans les deux cas égal en réalité.

Ce projet de retour en Italie fut si près d'être mis à exécution qu'il ne tint qu'à un changement assez subit et difficilement explicable dans les dispositions du duc d'Orléans. Six mille hommes de pied et huit cents hommes d'armes étaient concentrés à Asti; tous les bagages du duc y étaient rendus et son départ semblait décidé, lorsqu'il demanda au roi de soumettre la question au conseil. Elle y fut débattue deux fois en présence de Comines qui s'y trouvait, et chaque fois l'on décida à l'unanimité que le duc d'Orléans devait se rendre en Italie pour y prendre le commandement de l'expédition. Mais ce prince, héritier de la couronne depuis la mort du jeune dauphin, voyant la santé du roi déjà fort altérée, hésitait à s'éloigner de la France; il craignait, disait-il, et cela semblait être un prétexte, qu'on l'accusât de combattre pour sa propre querelle et pour l'agrandissement de ses possessions au-delà des monts. Néanmoins, il s'empressait d'ajouter qu'il était prêt à se rendre au poste que Charles VIII lui assignerait, à condition qu'il serait connu de tout le monde qu'il partait par ordre du roi et en qualité de son lieutenant. Ces hésitations firent renoncer, pour le moment, à une entreprise qui, de l'aveu des politiques du temps, avait de grandes chances de succès, et qui, tout au moins, aurait fort embarrassé le duc de Milan et entraîné les Vénitiens, s'ils avaient voulu le secourir, dans d'énormes dépenses.

L'année suivante, de nouvelles dissensions, des rivalités nées de la veille avaient modifié en partie la disposition de ce mobile échiquier des intérêts et des passions italiennes. Les combinaisons qu'il offrait, en ce moment, étaient on ne peut plus séduisantes pour Charles VIII. Alexandre VI, mécontent des Vénitiens, ne demandait pas mieux que de s'allier, contre eux, au roi de France. Comines avait accompagné, dans le cabinet de Charles, un envoyé secret du pape, chargé, pour contracter cette alliance, des pleins pouvoirs du Saint-Siége. Les Vénitiens, de leur côté, brouillés avec Ludovic Sforze, étaient prêts à entrer dans une ligue contre leur perfide voisin. Les rois d'Espagne, inconsolables de la mort de l'héritier mâle de leurs couronnes, et de la dévolution probable de leur succession à un prince de la maison de Portugal, avaient conclu la paix avec la France. Quant à Maximilien, roi des Romains, brouillé avec les Vénitiens, qui s'opposaient à ses projets ambitieux en Italie, et qui ne payaient plus ses lansquenets avec la même générosité, il ne demandait pas mieux que de s'entendre avec le roi de France, « et qu'eux deux fissent leur besogne ensemble en Italie. »

Mais le jeune roi ne devait plus paraître sur aucun champ de bataille. Sa bonté, qualité naturelle chez lui, disent tous ses historiens, et qui touchait même à la faiblesse, commençait, jointe à l'expérience, à transformer heureusement ses idées de gouvernement. Son imagination était de vouloir vivre selon les commandements de Dieu, de mettre la justice en honneur et de ranger ses finances de sorte qu'il ne levât plus sur son peuple que douze cents mille francs par an, somme que les trois États, réunis à Tours, lui avaient accordée au commencement de son règne. Il entendait que ce subside, octroyé [1] par les repré-

---

[1] Comines, en se servant du terme octroyer, se souvenait sans doute du procès-verbal des États de 1484, où il est dit : « Pour subvenir aux grandes affaires dudit seigneur, tenir son royaume en sûreté, payer et soudoyer ses gens d'armes et subvenir à ses autres affaires, les trois États lui octroient, par manière de don et octroy et non autrement, etc. »
Journal des États généraux tenus à Tours. Pages 449-451 et 712.

sentants de la France d'alors, fût entièrement consacré à la défense du royaume, ne réservant, pour ses dépenses personnelles, comme faisaient anciennement les rois de France, que les revenus du domaine royal y compris les gabelles et certaines aides. Il s'occupait aussi de ranger les gens d'Église. Il désirait que les abbés résidassent sur leurs bénéfices, que chaque évêque n'occupât qu'un évêché, et que chaque cardinal se contentât de deux. Il avait établi une audience publique, où il admettait et écoutait tout le monde et spécialement les pauvres. Huit jours avant sa mort, Comines, à qui nous empruntons ces faits et ces remarques, le vit pendant deux bonnes heures assis sur ce siège de justicier, qui faisait souvenir du chêne de Vincennes. Il n'expédiait pas beaucoup d'affaires dans ses audiences, mais, du moins, remarque judicieusement notre historien, il tenait par là les gens en crainte et spécialement ses officiers dont il avait suspendu aucuns pour pillerie.

Le 7 avril 1498, veille de Pâques fleuries, il se trouvait au château d'Amboise, qu'il s'occupait de restaurer magnifiquement avec des ouvriers d'Italie, et d'après les souvenirs qu'il en avait rapportés. Il prit la reine Anne de Bretagne pour la conduire dans une galerie d'où l'on apercevait les joueurs de paume, s'ébattants dans les fossés du château. Quoiqu'il fût petit de taille, il se heurta dans le trajet la tête contre le linteau d'une poterne. Peu de temps après, il tomba sans connaissance, et mourut, au bout de quelques heures, couché sur une paillasse dans la galerie Haquelebac, où l'accident était arrivé.

Charles VIII avait perdu, en bas âge, tous les enfants qu'il avait eus d'Anne de Bretagne. Son légitime héritier était le duc d'Orléans, son cousin et son beau-frère. Couronné sous le nom de Louis XII, ce prince épousa, quelque mois après, la reine dont le veuvage avait brisé les liens qui venaient de rattacher la Bretagne à la France. Aux droits sur le trône de Naples, transmis par la maison d'Anjou aux rois de France, Louis XII joignait ceux qu'il tenait de son aïeul Visconti sur le duché de Milan; aussi se fit-il couronner roi de France, des Deux-Siciles et de Jérusalem et duc de Milan. Dès la seconde année de son règne, il joignit à ce dernier titre, après une heureuse campagne, la possession du duché même. Ludovic Sforze, auquel le roi de France ne pardonna ni les injures adressées, à Asti, au duc d'Orléans, ni les souffrances endurées pendant le siége de Novare, mourut en France dans la tour de Loches où il languit dix ans prisonnier[1].

---

[1] Voir, aux *Pièces justificatives*, la prise de Ludovic racontée par Louis de la Trémouille.

Quant à la couronne de Naples, sur laquelle les puissances du temps, sauf la papauté, ne niaient pas absolument les droits de la maison royale de France, elle ne devait jamais reposer sur la tête des successeurs de Charles VIII. Ce n'était pas la maison d'Aragon qui était appelée à en consommer l'usurpation, car Frédéric II, que nous avons vu succéder à son neveu Ferdinand, ne tarda pas à abdiquer pour venir mourir en France, avec le titre viager de duc d'Anjou et trente mille francs de rente. Mais la puissante monarchie espagnole ayant fait de Naples une vice-royauté, ni les tentatives chevaleresques de quelques princes français, ni les soulèvements des Napolitains ne purent, dans la suite, réussir à secouer le joug d'une domination aussi solidement établie.

La France, sous Charles VIII et Louis XII, avait eu de grandes apirations, bien qu'elle se fût trompée en s'attachant à reculer ses frontières, justement du côté où elles avaient à peu près atteint leurs limites naturelles. La supériorité de ses forces, comme puissance continentale, car la prééminence sur les mers appartenait encore aux Espagnols, aux Vénitiens et aux Génois, lui permettait ces entreprises ambitieuses. Mais la réunion, dans les mains de Charles-Quint, de l'Espagne agrandie du Nouveau-Monde, de l'empire d'Allemagne et des Pays-Bas, changea pour François Iᵉʳ toutes les combinaisons politiques des deux rois, ses prédécesseurs. Accepter un rôle secondaire, abdiquer tout droit et toute prétention sur le royaume d'Italie ou entreprendre une lutte d'autant plus dangereuse pour François Iᵉʳ, prince plus magnifique que prudent, plus porté à agir qu'à négocier, peu retenu et enclin aux entraînements subits, contre Charles-Quint, qui joignait la modération à la puissance, la tenacité au don de prévoir juste, le bon sens au génie, la finesse du diplomate au coup d'œil et au sang-froid du capitaine, telle était l'alternative dans laquelle se trouvait placé le chevaleresque roi de France. La lutte, lutte inévitable, s'engagea entre les deux princes pour la possession de l'Italie. Tout le monde sait qu'elle se termina à l'avantage de l'Espagne. Charles-Quint, vainqueur de François Iᵉʳ dans trois guerres sucsives, du Souverain-Pontife Clément VIII et de tous les États italiens indépendants, après avoir retenu comme captifs un roi et un pape, soumit à ses arrangements la péninsule si longtemps disputée. Fortement établi dans le royaume de Naples et dans le duché de Milan, il nous enleva l'alliance des Médicis en les investissant de la souveraineté de Florence. Les ducs de Ferrare gagnés par la restitution, aux dépens du Saint-

Siége, de Modène et de Reggio, les marquis de Mantoue agrandis du Mont-Ferrat, dépouille d'une famille amie de la France, devinrent ses alliés inébranlables. André Doria, intrépide libérateur et sage instituteur de Gênes, placé par le monarque espagnol à la tête de ses flottes, l'avait rendu suzerain, tout à la fois de sa patrie et de la Méditerranée. Incapable de soutenir une lutte aussi inégale, Venise, toujours bien avisée, avait accepté une neutralité forcément sincère. Octave Farnèse, petit-fils du pape Paul III, créé duc de Parme et de Plaisance, à l'occasion de son mariage avec Marguerite d'Autriche, fille naturelle de Charles-Quint, acheva d'assurer sur le Saint-Siége l'ascendant du monarque son beau-père. C'est ainsi que la péninsule, dominée et pacifiée tout à la fois, reçut une si forte empreinte des volontés de Charles-Quint, que les combinaisons d'États, les délimitations, les échanges et les attributions de territoire qu'il y avait arrêtés et dessinés de sa main puissante, se sont maintenus, sauf quelques accidents passagers, jusqu'à la veille du jour où nous écrivons ces remarques.

PIÈCES JUSTIFICATIVES.

No 1.

Voici deux pièces curieuses, dont la seconde est, je crois, tout à fait inédite. Elles furent publiées et répandues en France pendant la guerre de l'annexion de la Bretagne, après la prise de Fougères et la bataille de Saint-Aubin-du-Cormier. On y voit que les poètes français ne ménageaient pas les Bretons. Ces chants grossiers ne portent-ils pas la trace d'une haine de race ? Ces deux pièces, imprimées sans nom, ni date, se trouvent reliées à la suite des Poésies de Jehan Meschinot. Bibliothèque de Nantes :

La prinse de Fougières.

Depuis le temps de Remus, Romulus
De Hannibal et aussi de Pompée
Du roy Priant, de Hector Troïlus,
Ni eust si preux, fust de lance ou espée,
Que sont Françoys qui ont teste coupée
A maint Breton qui tenoient les frontières
Et oultre plus ont toute decopée
La muraille et, de fait, prins Fougières.

Tous les Bretons qui estoient en la place
Si ne craingnoient le roy ne son effort.
On a parlé a eulx près face à face
Et a l'on veu qui estoit le plus fort.
Maint en y a qui ont esté à mort
Livrés et prins et, par oatrecuidance,
Bretons ont eu bien petit reconfort
Du duc François ne son alleiance.

Desobeissance et leurs pensées fieres
Ont fait destruire et tout mettre à néant
Prendre de fait et abatre Fougières
Des gens du roy sur tous autres puissant.
Dedans avoit maint vaillant combattant
Qui ont esté trestous prins et confus
On aura bref trestout le demeurant,
De vostre fait certes il nest riens plus.

Les canonniers vous ont bien réveillés
En vous donnant aubades jour et nuyt,
Tres bien vous ont gardés de sommilier
Après diner X heures ou minuyt.
De fait et force aves eu tel deduyt
Que maugré vous il vous a falu rendre
Du roy vous fault impétrer ung respit
Ou ses vassaulx vous ferons trestous pendre.

Montfort, Dinan, et aussi Saint-Malo
Nantes, Vannes et la cité de Raines,
Pendès vous tôst ou le mal Saint-Lo
Pour toutes choses vous détermine, et lo
Aurès de bref et les fièvres cartaines.

La prophécie de Breteigne.

J'ay tant crié avecques Syméon
Et lamenté avecques Jheremie
En espérant que l'exaltacion
De Gaule en Grèce sur la terre d'Albie
Voy aprocher, et que la prophecie
Bede, Merlin et Sibille ensuivant,
Et de l'abbé Jouachim proprement,
Aient effect que l'asne au pié pourry
Destruiz sera et tout son tenement,
Tant qu'on dira Bretaigne si fut cy.

L'aigle viendra des marches d'Aquillon
Et ses poussins seoir en Octobrie.
Puis tost après y viendra le lion
Avec ses gens plains de forcenerie.
Mes deux patrons de grande seigneurie
Si destruiront le nort cruellement
Aussi le pays qui anciennement
Fut renummé d'aventures aussi
Se tournera à leur destrusement
Tant qu'on dira Bretaigne si fut cy.

Francs y seront et anciens Bretons;
Les filz de Brut et toute leur lignie
En ung conflit feront crier leurs noms,
Et la sera grant bataille establie.
Du sang des mors de checune partie
Fleuves courront et veritablement
Les filz de Bruth la morront à torment

Car de ce jour n'ont espoir de mercy.
Destruiz seront et tout leur tenement
Tant qu'on dira Bretaigne si fut cy.

Prince, jugez si c'est droit et raison
Qu'ainsi adviengne toute leur destinée.
Car rapineux, convoiteux à foison,
Tirans mauvaiz, deloyaux, plains d'envie
Tous les devroit destruire sans mercy
Tant qu'on dira Bretaigne si fut cy.

Explicit.

N° II.

Le traité d'Étaples, si vivement critiqué par les historiens, est le seul, avons-nous dit, qui ait été ratifié par les trois États de l'ancienne France.

Les procès-verbaux de ratification avaient été envoyés en Angleterre, et c'est sans doute sur les originaux que Rymer a pris les copies insérées dans son grand ouvrage des traités et conventions de l'Angleterre.

Nous y remarquons d'abord la forme suivant laquelle les trois États avaient été convoqués. La voici :

« De par le Roy,
» Pour ce que par le traicté de paix dernièrement faict près Boulongne sur la mer, entre nous et nostre

très cher et très amé frère et cousin le roy d'Angleterre, nous nous sommes soubmis et obligez de vous faire consentir le dit traicté..... Nous vous prions bien acertes que vueillez consentir et avoir pour agréable icelui traicté en tous ses points et nous envoyer votre dict consentement en la meilleure forme et le plus toust que vous pourrez, pour le faire tenir à nostre dict frère affin que luy et ses subjets cognoissent que Nous et les nostres avons vouloir d'avoir amour avecques eulx; mais ne veuillez en ce faillir.

» Donné à Lyon le 3me jour de febvrier.

» Signé : DUBOIS. »

Les procès-verbaux de ratification, signés des représentants des trois ordres et rédigés en latin, viennent ensuite, dans l'ordre suivant :

Languedoc (*Lingua occitana*).....	5 mars	1495.
Normandie..................	5 mars	—
Rouergue...................	6 mars	—
Cahours (*Carturcen*)...........	10 mars	—
Agenois....................	16 mars	—
Poictou....................	28 mars	—

La ratification des gens de Montereau (*per gentes de Montereau*), a une forme particulière. Le clergé et la bourgeoisie paraissent seuls, nomment leurs députés et leur donnent pouvoir pour se rendre à Meaux et y ratifier le traité de paix. La noblesse ratifie à part.

L'Artois ratifie le 15 avril.

La Touraine et l'Anjou, le 15 avril.

L'Orléanais, comprenant Montargis, Châtillon-sur-Loing, Charny, Château-le-Guard, Bouvey, Beaulne en Gastinois, Saint-Morice, Châtillon-sur-Loire, ratifie le 15 avril.

Les nobles de Provins donnent leur ratification à part. La communauté de Provins et les hameaux voisins ratifient dans un acte séparé où figurent nominalement un grand nombre de laboureurs et de marguilliers, avec indication de leurs domiciles.

On remarque parfois des ratifications sous la forme suivante : Les représentants des seigneuries de Resbes et de Faremoustier « disent que ès dites seigneuries il n'y a nuls nobles, » et en conséquence le clergé et le tiers ratifient seuls. Voir aux trois États de Meaulx.

Les trois États de Berry, du baillage d'Amiens, de Saintonge, du Boulonnais et de Paris ratifient dans les mois d'avril et de mai 1495.

On voit que toutes ces ratifications eurent lieu dans l'année qui suivit le traité et durant la campagne d'Italie. Il est probable que Charles VIII, effrayé de l'attitude que le roi des Romains et ceux d'Espagne prenaient vis-à-vis de la France, transmit d'Italie l'ordre de faire accomplir toutes les conditions sans lesquelles le traité d'Étaples n'aurait pas été complètement valable. Est-ce pour cela que le mandement signé Dubois et daté de février ne porte pas de millésime?

Vid. fœdera, conventiones, etc., in lucem missa accurante Thomâ Rymer, Pars I et II tomi quinti. Hagæ Comitis, 1741.

Je ne connais pas d'historien qui ait mentionné, avec l'attention qu'elle mérite, cette convocation des États, à domicile, à la vérité, mais très-réelle. La Bretagne ne fut pas convoquée.

PIÈCES JUSTIFICATIVES. 431

Nº III.

Pièce imprimée en caractères gothiques, sans lieu, ni nom, ni date. Reliée à la suite des Poésies de Jehan Meschinot. Bibliothèque de Nantes.

La Vision de Jehan Michel.

La vision divine révélée à Jehan Michiel très-humble prophète, de la prospérité du très crestien roy de France, Charles VIII, de la nouvelle réformation du siècle, et la recuperation de Hierusalem à lui destinée, et quil sera de tous les roys de terre le souverain et dominateur sur tous les dominans et unique monarchie du monde.

La vision de la divine faulx, horrible et doubteux bras de Dieu : don de salut et de victoire du puissant Dieu et de toute la saincte Trinité à la destruction et extirpation de tous infidèles tyrans et gens mauvais. A la gloire de cellui Dieu triple et unique et à l'exaltation du très crestien et puissant roy de France : et à l'emplification de toute la chose publique catholique revelée par très poure humble et mendiant Jehan Michiel ainsi que l'humanité la peut et que la divinité la voulu et discerné : destinée au tres souverain serviteur de Dieu invincible et très loyal reformateur de tout le siècle Charles très crestien roy de France.

Regarde et regarde ce. Le dieu d'Abraham, Ysaac et Jacob et des crestiens, triple et unique éternel et tout puissant créateur de toutes choses, souverain juge et dominateur Moy Dieu le père, Dieu le filz et Dieu le saint Esprit, Dieu émulateur, seigneur ayant fureur et vainquant mes ennemis; et qui me marris contre tous mes ennemis; habitant au siècle éternel : mon nom demourant en perpetuité : et avec le poure fidèle et humble d'esprit, affin que disperde et degecte à néant tous infideles, les tyrannies du peuple, la puissance Behemot soit ostée et soit tué le dragon qui est en mer et soit du tout anichilée et perdue en perpetuité la couronne d'orgueil de Leviathan. Le royaume, la puissance et la magnitude du regne qui est soubz le ciel soit donnée au très crestien roy de France et à son exercice.

....
....

Et tu seras très plein de felicité, roy des roys et seigneur des seigneurs, et prince des princes de la terre, et non pas tant seulement seras nommé Charles roy de France; mais le fervent et integerrime reformateur, invincible roy des exercitez : juste et misericors du monde, seigneur loyal, l'expectation des gens, le desir de tous, très véritable et très souverain, et benoist de choses spirituelles et temporelles : le port de tous hommes : le refuge des petis orphelins et des prophétes seras le père. Et sera ton nom susciteur des poures de terre, et tu seras reservé et destiné de Dieu. Et quant tu seras en une grande et dangereuse bataille comme du precieux don de Dieu, de ceste faulx, fais bouclier en la portant féablement avec toy comme estandart de fortitude et tremeur contre toutes nations, et contre la puissance des ennemis en la levant en vertu de Jesus Crist.

car ainsy seras instruit en la charité de Dieu qui est Alpha et Omega, commencement et fin ; et duquel le nom est sus tout autre nom : et duquel l'ymage est toute nature, et duquel la parolle est œuvre parfaicte : en toute gloire et bonté à perpetuité triumphant. Et ainsi ceste faulx de la Saincte Trinité, Père et Filz et Saint Esprit, estant en ta main, tous exercites tant celestes que terriens qui sont en Jesus Crist, en multitude comme locustes te suyvront : tous ensemble criant à la loënge de Dieu et sanctifians ton passage par double et triple voix : diront : faulx, faulx, faulx de Nostre Seigneur Dieu avec nous l'enseigne du dieu des crestiens rendant retribution à ses ennemys : et donnant à nostre voix : voix de vertus. Salut à Charles son roy et à luy de tout reformateur victoire : en faisant vengence et grant persecution des infideles : et incrépation aux Juifz. En subjugant les tyrans, et ostant toute abhomination du lieu saint : et en destruisant tous ceulx qui frauduleusement servent à Dieu le créateur.

Explicit.

N° IV.

Nous avons donné dans le texte quelques fragments de la seconde de ces pièces et le rondeau qui la suit tout entier.

Ces deux pièces, composées probablement en France, sont imprimées sans lieu ni date ni nom et se trouvent reliées à la suite des Poésies de Jehan Meschinot, Bibliothèque de Nantes. Elles sont de celles dont nous ne connaissons point de double. Elles comporteraient sans doute beaucoup de corrections et auraient besoin de notes nombreuses pour être facilement comprises. Nous les donnons conformes aux imprimés.

Les regretz et complaintes du roy Alphonce d'Arragon à son partement de Napples.

    Je moy, grant roy de Napples obey
    Depuis long temps par amys et par force,
    Qui a present n'ay secours de nully
    Oncq ne soustins en nulle jour telle estorce
    Car je voy France qui hardiment s'efforce
    M'en debouter par armes et puissance
    Et a desjà fait sur moy si grant moree
    Qu'elle a vaincu toute mon alliance.

    Pour me cuyder de sa venue garder
    J'envoiay gens au port de Rappello
    En grant nombre pour aller estrader
    De mes gens d'armes dont point je me lo
    Car je fais veu à Monseigneur Saint Malo
    Si font mes gens chascun d'une accordance
    Que n'eussions creu je mentays et puis ho
    Qu'en France eust eu si terrible puissance.

    J'avoye fiance du tout aux Fleurentins,
    Qui luy gardassent fermement le passaige
    Mais fait leur a de si tres grans butins,
    Que de ce faire n'ont eu cueur ne couraige :

Mais est passée qui est mon grant dommaige
Ce nonobstant qu'eusses en eulx fiance :
Pour moy oster hors de mon grant bernage
Dont j'ay au cuer moult grande desplaisance.

Venisiens m'ont failly au besoing
Si ont Rommains quant ont veu sa puissance
Je voy France venir l'espée au poing
Hélas! hélas! quel dure desplaisance
On ne sauroit mettre résistance
Je n'ay faveur amys force ne armes
Qui eussent creu qu'elle eust eu la puissance
De soustenir tel nombre de gens d'armes.

Adieu, adieu, de Napples la cité
Partir me fault plustost huy que demain
Dont pers ma joie et ma félicité
Car je voy j'à la prinse Saint Germain,
Et se Francoys mettoient sur moy la main
Je ne scay pas quel composicion
Ilz me feroient : mais pour le plus certain
Je m'en yray en aultre nassion.

Le mont Saint Jehan bonne place de guerre
Rocque Secque aussi rocque Guillerme
N'ont encontre eulx par force tenu serre :
Ne soustenir leurs assaulx ne vacarmes
Trouvez les ont au combatre si fermes,
Qu'ils sont entrez dedans par leur puissance
Et ont fait rendre à grant nombre les armes
Et du tout mis en leur obeissance.

Je vous lairray ici mon lieutenant :
Bon roy Ferrant jeune puissant et fort
Avecques ce pour vous trouver garant,
Les troys chasteaulx pour faire vostre acord
Devers Francoys, mais vous tiendrez au port
Auprès de vous tousjours une gallée
Pour vous sauver du peril de la mort
Sans attendre la force de l'armée.

Se j'eusse esté saige et bien conseillé
J'eusse au roy transmis une ambassade,
Dont ne se fust contre moy resveillé,
Ne prins harnoys ne lance ne sallade
Mais ung chescun disoit que n'avoye garde
Et que de ce ne prendroit pas le soing
Et le conseil que tenoye avant garde
En tous endroictz m'a failly au besoing.

Et je m'en vays là ou le vent me maine
Et si ne scay là ou je descendray.
Adieu Napples de France le demaine :
Car je me doubte que plus ne vous verray
Et se au royaulme teys oncques desaroy
Soit au commun à prince ne à conte
Je leur prometz que plus ne le feray,
Car je m'en vays pourement à grant honte.

Je me complains de Mars dieu de bataille :
Et de Mercure faire le dois vrayment
Car ilz sont causes de la perte et dommage
Que m'a fait France par son hardiement :

Jamais je n'eusse si grant empeschement
Pour riens quelzconques qui m'avint de mon aage
Dont je souspire à mon deppartement
De perdre ainsi de Napples l'éritaige ;

Venez tous mes bons serviteurs
Ouyr mes grans regretz piteux
Et vous Dieu des pasteurs Pama
Qui jadis en grant joye forma
Mon cueur en ceste nassion,
Et pas n'avoye intencion
Que l'en m'en deboutast par armes
Dont de dueil me tombent les larmes.

Laisser nous fault la challemye
D'Amphion ne la sonnez mye
Qui Argus feistes sommeiller,
Ne la vueillez point resveiller
Mais faisons chière piteable
Es climas de terre habitable
Je vous prie que plus ne chanton
Car je me voy second Phéton,

Que Uleanus abatit par rigueur
Pour ses affaires qu'ilz n'estoyent de vailleur,
Aller me fault quelque part pourchasser
Comme Signis lequel alla cercher
Phéton sur les parties marines
Qui sont pour moy bien piteux signes.
Je pers joye et esbatemens
Adieu tous joyeux instrumens.

Encores diray je bien plus
Pour ce que Phéton faisoit plus
Qu'à luy faire n'appartenoit
Dont Athenas se complaignoit,
Qui estoit ung moult grant géant
A qui Phéton fut destruysant
Du conteil toutes les espaulles
Aussi ont fait à moy les Gaulles

Si j'eusse eu bon conseil
Pas ne m'eussent fait tel resveil,
Mais velà comment qu'il en soit
Fol ne croyt pas tant qu'il reçoyt.
Si j'eusse bien leus les cronicques
Des Troyens grandes et petites
Et mesmement celles de France
Pas ne feusses en tel balance.

Mais à telz dangiers ne pensoye
Veoyr ne ouyr ne les vouloye
Et si avoye bien congnoissance
Que César fut destruyt par France
De a celle accorder fut fetard
Je m'en repens, mais c'est bien tart
Et congnoys qu'il luy fait dommaige
Qu'enfin n'y a nulle adventaige.

Quelque grant faveur qui y soit,
Qu'en la fin maistresse ne soit,
Nul luy ne si joue de legier
S'attendre ne veult son dangier.

Elle a grant force de gens d'armes
Hardys accoustumez aux armes,
Remplys de force et de couraige,
Qu'on ne leur peut faire dommaige.

Tant qu'il n'est nulz leurs malvueillans
Qui contre eulx se ose mettre aux champs,
Car ilz sont trop accoustumez,
De coucher jour et nuyt armez
Tost montez, et tost descenduz,
Je point ne les ay attendus,
Je croy que ce a esté grant sens
Car pour eulx pas tort ne me sens,
Et sus ces termes adieu dis
A tous mes anciens amys
Qui estes dela demourez.
Je croy que plus ne me verrez
Et priez sans vous depporter
Que Dieu me vueille conforter.

Et pourtant roys et princes d'autres terres
Quelque conseil qu'ayez ne grant puissance :
Ne prenez point contre Françoys de guerre :
J'en suis deçeu par mon oultrecuydance,
Ilz ont argent gens d'armes à oultrance
Chevalereux, prompts, hardis et legiers,
Qui mal leur fait se met en grant balence
En redoubtant en la fin leurs dangiers.

Cy finissent les regreetz et complaintes du roy Alphonce d'Arragon à son deppartement de Napples.

Louenge de la victoire du très crestien roy de France obtenue en la conqueste de sa ville et cyté de Napples, avecques les regretz et lamentacions du roy Alphonce.

    Tremblez, tremblez, Memmelus, Sarrazins,
Juifs mescréans, marrains, payans, Turquins
Et redoubtez le très crestien roy,
Ne prenez point exemplaire aux mutins
Larrons rebelles, despiteux Bustarins,
Car ledit prince s'est boute en arroy
En soustenant de Jesucrist la loy
Ses estandars a voulu desployer
Faisant forgier armes de bon alloy
Sur mescréans il se veult employer.

    Plusieurs songnars ont voulu contredire
Son entreprise par despit et par ire
En empeschant aucuns petis passages
Mais en la fin se sont voulus desdire
Crians mercy, et leurs villes reduire,
Car ilz congneurent que lors n'estoient pas sages.
Les Florentins misrent gens en hostages,
A Rapello, le prince de Tarente
S'en fuyt de heure et laissa ses bagaiges
Et là perdit grant partie de sa rente

    Considerez que le roy est puissant
D'Ytaliens de Ron mains jouyssant
Est sa sacrée et digne Majesté,
En oultre plus ung fleuron est yssant

De son sexe qui le rent reluysant
En bruit, en los et en felicité,
C'est le Daulphin que Dieu tienne en santé
Et le face vivre si longuement
Que le Turcq soit en son temps supplanté
Et paradis à son deffinement.

Le gouverneur de la papalité
Qui a sur tous humains auctorité
L'a appellé noble filz de l'Eglise
Considerant son amour, sa bonté
Il a congneu que d'ancienneté
Les roys françois ont l'Eglise en paix mise
Foy, loyaulté entre eulx deux fut promise
Messe chantée en grant sollempnité,
Tel dignité à telz gens est requise
Estre joyeux devons de ce traicté.

Où trouvez vous que en si petit de temps
On ait conquis ung royaulme : J'entens
Qu'il y a eu permission divine;
Nappolitains en furent maucontens,
Mais maintenant je croy qu'ilz sont contens
Car on leur monstre amoureux et doulx signe.
Le roy Alphonce craignant estre en ruyne
Son filz Ferrand pour maintenir la guerre
Fist couronner, mais comme je ymagine
Il fallut bien qu'il s'en fouyst belle erre.

En couronnant son filz il se demist
De son royaulme, aussi il se submist

De le regir le mieulx qu'il pourroit faire.
Après le roy Alphonce se transmist
En ung bateau, et en la mer se mist,
Car de partir luy estoit necessaire,
Larmes des yeulx vous lui eussiez veu traire
En regretant son royaulme fertille ;
Ainsi qu'on dit il s'est voulu retraire
Dedens la mer je ne scay en quel ysle.

Las, disoit il, j'ay regné longuement
Duc de Calabre; puis par exalcement
J'ay esté roy de Napples couronné,
Fault il que voye devant mon finement
Me degetter je ne scay pas comment.
Puisse maudire le jour que je fus né !
Noble royaulme tu es habandonné,
Le poure Alphonce ne te sera garant,
Très nobles princes que tout soit gouverné
Par le moyen de mon chier filz Ferrant.

Hellas Napples cité très renommée
En delices et en plaisirs famée,
Il est force que à ceste heure te lesse,
Le cueur me fend, car je t'ay tant aymée,
Adieu, adieu, cité fort reclamée
Le réconfort de toute ma vieillesse
Je congnois bien que par grande rudesse
Mon père et moy fismes grand mesprison
Faisans mourir princes plains de proesse
Et les autres enfermer en prison.

Je prends congié de prelatz, de docteurs
Prestres et clercs, moynes, frères mineurs,
Priez pour moy car j'en ay bon besoing,
Ne me mettez au renc des malfaicteurs,
De mon ame je vous fais curateurs
Vous suppliant que de moy prenez soing,
En peu d'espace seray de vous bien loing.
Se j'ay mal fait qu'il me soit pardonné
Car j'ay tenu l'espée nue à mon poing,
Oultre raison j'en suis mal guerdonné.

Adieu, princes, barons plains de noblesse,
Le temps passé j'ay vescu en liesse
Et ay hanté grande chevallerie.
Quant aux seigneurs je faussay ma promesse
Ce fut pour moy une trop grant simplesse
J'en ay la chiere couroussée et marrie.
Adieu de Napples toute la seigneurie
J'ay mal chassé quant j'ay perdu ma proye
Et congnois bien que quant aucun varie
Tousjours enfin vient ung cop qui tout paye.

Nobles bourgeois, saiges cytoyens,
Se j'ay tollu à d'aucuns de leurs biens
Je m'en repens mais certes c'est trop tart,
Se j'envoyai des vivres aux payens,
J'en crie mercy à tous bons crestiens,
Car avarice gens mondains brusle et art.
A ce qu'on fait on doit avoir regard
Raison pourquoy quant mes meffaitz assemble

Fier desespoir me perce de son dart,
Car Dieu punyst pécheurs quant bon luy semble.

Adieu, adieu, poures gens de labour
Car je ne puis plus faire de sejour.
Jamais n'auray de voz terres hommage.
Bref il n'y a ville, cyté, ne tour
Où les Francois ne facent leur atour;
Aussi de droit c'est leur propre heritaige,
Je voy venir ma perte et mon dommaige
Hors ceste terre me voys mettre à l'essor.
Mais toutesfois pour mon pain et potaige
J'emporteray partie de mon tresor.

Se j'eusse sçeu la force et la puissance
L'honneur, le los qui est au roy de France,
Bouté me fusse en sa subjection.
Car il a gens pour jouxter à oultrance,
Bons capitaines marchans par attemprance,
Saiges lettrés plains de discretion.
Je congnois bien pour resolution
Que devers moi la perte tournera
Chose conquise par faulse ambicion.
Le troisièsme hoir jamais n'en jouyra.

Veoir devant soy cent mille combatans
Preux et hardis leur bon droit debatans
Cela me fait le poure cueur trembler.
Nous ne sommes couraigeux, ne puissans
De couardise mes gens sont jouyssans
Qui est la cause qui me fait fort troubler.

Le roy françois pourrait bien assembler
Cent fois autant de gens qu'il a icy.
Qu'en dictes vous? que vous en peut sembler?
Ay je donc tort se j'en suis en soussy?

Dedens la mer je me mectz pour reffuge
Et si n'y a prévost baillif, ne juge
Qui m'y condampne; mais il fault endurer,
Las, c'est pour moy ung perilleux deluge.
Vray dieu du ciel en quelle heure ne fus-je?
Me doit ce temps bien longuement durer
Je crois que ouy : car j'ay beau murmurer
Soubz ung tillac seray en lieu d'auvent
Puis çà, puis là il me fauldra virer
A l'appetit et voulenté du vent.

Je me suis veu principal gouverneur
De ce royaume; et me faisoient honneur
Tous les plus grans : or en suis je estrange,
Quant je y pense je pers sens et vigueur,
Dedens mon corps s'engendre une tremeur,
Car Dieu n'est pas encore de moy vengé.
Làs je ne scay où seray hebergé
Pour mon comfort je ne scay qui requerre
Nommer me puis, en procès abregié,
Le poure Alphonce appellé roy sans terre.

Faulse fortune merveilleuse et perverse,
Fiere, rebelle, dangereuse et diverse,
Tu m'as monstré ta face rigoreuse.
Courroux et dueil j'ay en lieu de lyesse,

Dangier et crainte m'ont lié de leur lesse
Et m'ont osté vertu chevallereuse,
Hardiesse m'est maintenant hayneuse,
Victoire et paix sont de moy ennemys,
Cette cyté de tous biens fructueuse
Je te delaysse et tous mes bons amys.

Ne dois je pas pleurer et lamenter
Piteusement, et mon corps tourmenter,
Qui ay regné en grant prosperité,
Quant je me voy hors mon pays getter
Et aux undes de la mer presenter
Mon poure corps remply de villité,
Quel poureté, làs quel mendicité,
De s'estre veu honnorer haultement,
Puis tout soudain estre desappoincté
Par deffaulce de faire appoinctement.

Se j'eusse fait paix au noble roy de France
J'eusse vescu par luy en grant souffrance,
Mais j'ay esté despit et desdaigneux
Car je cuidoie avoir bonne alliance
De Florentins de Romains en substance.
On m'a laissié chietif et malheureux,
Tirer m'en puis la barbe et les cheveulx,
Car je congnois que ma partie adverse
A avec luy des gens aventureux
Par quoy il fault que mon honneur reverse.

Selon justice, droit, équité, raison
Se on m'a desmis c'est pour ma mesprison.

Làs j'ay pitié de me veoir debouté,
Et pour savoir ma generation
Mon père estoit pour resolution
Bastart qui fut de son père adopté,
Se on m'a osté de si grant dignité
Veu que je suis extrait de filz bastard
Je prens en gré, car à la verité
Croyez que Dieu a sur pecheurs regard.

Je faisoie guerre par armes et par pique
Contre le Pape et siége apostolique
Qui est mon chief et patron de l'église,
Par mon regart felon et basilique
Bruslay les portes de Romme par traffique.
Ce fut pour moy une folle entreprise
Entre le pape et moy la paix fut mise
Quant j'aperceuz venir le roy de France,
Mais tout soudain Romme à luy fut submise
Par quoy perdis confort et espérance.

Hà! noble roy, begnin, doulx et courtois,
Le reconfort et support des Francois,
De tes haulx faictz maintenant me recorde
Je voy, j'entens, considère et congnois
Que en champs, en villes, en chasteaulx et en boys
Ta majesté en tout honneur s'accorde.
Se demandé j'eusse miséricorde
J'eusse fait paix avec ta seigneurie.
Mais en ma vie je n'ay may que discorde
Discencions et toute brouillerie.

C'est à la suite de cette pièce que se trouvait le rondeau que nous avons inséré dans le texte.

N° V.

Copie d'une lettre de Charles VIII, extraite des archives de la maison de Rohan, Bibliothèque de Nantes. Nous en avons donné seulement le premier paragraphe dans le courant de l'ouvrage. Nous l'insérons ici tout entière. Elle était adressée à l'amiral de Graville.

« Monsr. l'amiral, j'ay receu voz lectres du xxviiie jour de janvier, escriptes à Amyens, touchant l'assemblée des gens de guerre que fait le roy des Romains ou quartier là où il est; vous dictes que l'on ne sçait encores au vray de son entencion. Je me donne merveilles de ce qu'il fait ladicte assemblée, veu les bonnes parolles qu'il ma fait porter par ses ambassadeurs qui sont icy avecques moy, toutesfoiz je vous mercie de ce que m'en avez adverty. J'ay bien fiance que vous donnerez si bon ordre à tout au quartier là où vous estes, que avec l'aide de mes bons serviteurs et nobles hommes du pays, estans par de là, qu'il ne se fera riens à mon desavantage; vous pouez vous adresser pour les choses qui vous seront necessaires au general Gaillart, auquel j'ay escript qu'il face ce que vous lui ordonnerez, et sçay bien qu'il ne vous laissera avoir faulte de rien. De ce qu'il vous surviendra, faictes moy savoir des nouvelles à toute diligence, vous m'avez escript d'autres lectres de ladicte assemblée lesquelles je n'ay point eues, il fault dire que les postes ont esté destroussés en chemyn, et pour ce faictes vous en enquerir et le faictes savoir à mon frère de Bourbon.

» Au surplus, tirant mon chemyn pour venir à Saint Germain lequel le duc de Calabre tenoit avecques ung nombre de gens d'armes. Il y avait une place nommée le Mont Saint Jehan la plus renommée de force de ce pays, et laquelle estoit au marquis de Pescaire qui est avecques le roy Alfonce. Et pour ce quelle tenoit contre moy et me pouait faire quelque dommage en la laissant derrière, je l'envoyai assieger par mon cousin de Montpencier et sa bande, et le lendemain aprez disner, je feuz devant ledit Mont Saint Jehan, et à mon arrivée feiz tirer mon artillerie, et une heure aprez donner l'assault en telle forme que de la première pointe mes gendarmes entrèrent dedans, et en ma presence la preindrent à moins de demye heure. Il y avoit dedens ladicte place de vii à viii c. hommes de guerre qui tous furent tuéz, reservé quelques prisonniers qui se saulvèrent dedans une tour, ou depuis furent prins. Je vous asseure, Monsr. l'Amiral, que je ne veiz jamais ung si bel esbat ni si hardiement assaillir et defendre que je veiz là.

» Ceste nuyt passée j'ay sceu par lectres que mon cousin le mareschal de Rieux m'a escriptes, que le duc de Calabre a habandonné ledit Saint Germain et s'en est retiré à Capoue, et que en s'en retirant il fut suivy par cinquante ou soixante hommes d'armes des myens, lesquelz estoient là envoyez pour savoir de ses nouvelles et feirent quelque destrousse sur leur bagaige à la queue.

» Je m'en pars demain au matin pour aller audit Saint Germain pour tirer audit Capoue, et j'espoire, à l'aide de Dieu, poursuyvre le surplus de ma conqueste et emprise dont je vous ay bien voullu advertir, et vous prie que le faictes savoir aux gens de bien delà, afin qu'ils entendent de mes nouvelles et de mes affaires de ce pays. Je vous ay escript comment depuis mon partement de Romme, j'ay mis en mon obéissance la place de *Montfronce*, Cyvete de Salo, cité d'Aquier, la Lyonnoise (Leonessa) l'Aquille (Aquila), et la plus part de la Poille (Pouille) et de Prusse (Abruzzes).

» Et au demourant escripvez moy souvent ce quil sourviendra par delà, et adieu Monsr. l'Amiral.

» Escript en ma ville de Saint Germain première ville de mon royaume de Napples, le XIIIe jour de Février.

» Ainsi signé : CHARLES. ROBERTET.

» Et dessus lesdictes lectres est escript à Monsr l'Amiral. »

N° VI.

Nous insérons ici la lettre suivante, imprimée sans lieu ni date parmi les pièces reliées à la suite des Poésies de Jehan Meschinot. Bibliothèque de Nantes. Nous l'avons reléguée aux Pièces justificatives, parce qu'elle aurait fait double emploi avec les lettres du même genre et de la même date, écrites de Naples et insérées dans le texte.

Lettres nouvellement envoyées de Napples faisant mencion en general des villes, chasteaulx et places obeissantes à nostre sire le Roy, datées du vingtième jour de mars, et avec ce comment le roy Alphonse et le duc de Calabre s'en sont fouys en une ysle, cuidans avoir secours du Turcq.

« Le Roy nostre sire a eu auctorité et victoire de par deçà contre plusieurs citez, villes, chasteaulx et places, comme au mont Fortin qui est par delà Romme, à deux journées de Napples ou environ, qui est un fort chastel et forte place; lequel les Souysses prindrent d'assault ung peu après la Chandeleur.

» En après au mont Saint-Jehan qui est terriblement forte ville et place, laquelle a este prinse à grant vigueur et hardiesse par les gens du Roy, et y fut tué de nos adversaires environ sept cens puissans hommes. Laquelle ville et place ainsi prinse, esbahist toutes les Italies, et par especial la ville et cyté de Naples, en laquelle le Roy, toute son armée, et tout son train est passé à trois sepmaines, combien qu'il a fallu mettre le siége devant le chasteau neuf qui est une des plus fortes et fieres places qu'il en est point. Laquelle place et chasteau estoit toute l'espérance de nos ennemis et adversaires. Et est assis le dit chasteau dedens la ville de Napples, et vient la mer jusques au pié. Mais nonobstant la puissance de noz ditz adversaires et garnisons estans dedens, et d'abondant ung autre chasteau dedens la mer assis et situé sus un roch ou il n'y a que une bien estroitte et difficile allée, en moins de huyt jours ont esté vaincus et conquis par nos gens et prins, partie par composition et partie par force.

» Avec ce tout le pays de Calabre, le pays de Pouille et le pays des Abruzzes qui est un pays malaysié a aller et cheminer, avant que y aller ne envoyer gens d'armes, se sont renduz, venuz et envoyez de toutes parts à obéissance requerir le Roy de les prendre et retenir à humbles subgetz et obeissans.

» Et parmy ce je vous asseure qu'il y a mille ans que

guerre ne fut si vivement, si diligemment, ne en si grande hardiesse menée, ne exercée sans rebellion, resistance, ne empeschement au moins bien peu, dont de ma part je benys Dieu et donne merveilles veu que j'ay veu et treuvé par les hystoires que toutes les Ytalies par cy devant ont esté fort à craindre et qu'ilz ont par cy devant gouverné toute la monarchie du monde, et tenu tout en leur obeissance. Mais, ce qui est bien à notter, le bon droit que le roy avoit et a eudit royaulme de Napples a bien aydé a le conquerir. Touteffois ce estoit grande chose que partie adverse estoit jouissante. Et s'en est fouye sans oser attendre. C'est assavoir Alphonce et son filz qu'on disoit duc de Calabre. Lequel peu devant avoit fait couronner en roy ledit Alphonce et s'en estoit du tout desmis à luy.

» Peu sen fault que n'ayons tout et esperons de bref avoir le demourant qui n'est pas peu de chose, et vauldra au roy tous les ans de sept à huyt cens mille ducatz, voire places gardées, gens darmes souldoyez, officiers payez, et tous autres frais faitz.

» Au regart du pays, il n'est riens en ce monde plus plaisant ne meilleur; beaulx lieux de plaisance, jardins, fontaines, où il y a citrons, oranges et toutes autres choses qui sont par de là, et qu'il est possible de veoir et desirer, roses et autres fleurs de toutes sortes; oyseaux chantans plus plaisamment que rossignolz.

» Nous avons vivres à bon marche et habondamment, comme de saumons frais, grosses anguilles et autres bons poissons d'estrange sorte, vinz grecz forts et puissants, vivres de chevaulx sont un peu chiers. Le peuple assez bon et nous ayment, au moins, nous montrent signe d'amour. Mais se fault garder de faire la cour à leurs femmes, car aucuns en sont fort jaloux; touteffois on leur apprendra le train de France, qu'ilz commencent jà à congnoistre.

» Item le roy Alphonse et son filz, le duc de Calabre, qui depuis naguaires a esté couronné roy du consentement dudit Alphonce, s'en sont fouyz en une ysle et attendent avoir secours des Turcqs.

» Il demourra comme il est bruyt pour la garde de par deçà plusieurs gens de bien, Et entre autres monseigneur de Montpensier, monseigneur le seneschal de Beaucaire, monseigneur de Clerieux, le seigneur d'Aubigny, Claude de Rabodanges, et plusieurs autres gens de bien avec grant partie des gens de guerre.

» Escript à Napples le xxe jour de mars. »

N° VII.

Je dois à Mme V^e Le Grand, archiviste-adjoint à la préfecture de la Loire-Inférieure, la lettre suivante où le duc de la Trémoille rend compte à Louis XII de la prise de Ludovic Sforze. C'est une copie manuscrite d'une pièce importante et que je crois inédite. Je profite avec empressement de l'autorisation de la publier que m'a donnée Mme V^e Le Grand :

« Sire, plaise vous savoir que puis quatre jours ença, je ne vous ay pas gueres escript de voz affaires, car je voulloye savoir comme il en iroit, aussi que je soye empesche a regarder comme ilz se conduisoient et ont este menez de telle sorte comme je vous escripray.

» Sire, nous partismes dimenche de Mortara et venismes coucher à Vespollate, et le lundi au matin avecques trois cens hommes j'allay veoir quelque logeys où se pourroit loger vostre armée, et le logeys revisé je m'en allay devant Novarre pour savoir quelle contenance ilz tenoient et envoyai Messieurs de Beaumont et de Sandricourt courre devant la ville avecques cinquante hommes d'armes, et moy apres pour les soustenir; ilz n'eurent guères esté loing que ung myen homme d'armes que j'avois envoyé à Trecas, la nuyt, me manda par ung archier que sans point de faulte le More estoit hors avecques son armée et artillerie, et qu'il s'en alloit à Trecas et qu'il nous venoit combatre. Incontinant le manday à Messieurs de Ligny et mareschal de Trivulce, qu'ilz venissent et que les nouvelles estoient vrayes qu'ilz venoient vers nous, et que je regarderoye, ce temps pendant, le camp où nous le pourions combatre s'il venoit, et que s'il alloit à Trecas que je le harderoye tant que je le garderoye de passer le Tessin.

» Sire, ilz se mirent tous deux aux champs et tirasmes le chemin d'entre Novarre et Trecas. Nous n'eusmes jamais chevauché deux milles, que Messieurs de Beaumont et de Sandricourt me mandèrent qu'il s'en estoit retourné en la ville pour ce qu'il pensoit que toute vostre armée fust sur les champs; incontinant j'actendiz Messrs. qui venoient après et regardasmes ce que nous avions affaire, et fut dit qu'il valloit mieulx venir à Novarre que ailleurs, et que s'il nous voulloit combatre, que le pays y estoit plus plain et plus avantaigeux pour nous que ailleurs et que nous aurions mieulx noz vivres de Verceil, et nous en veinsmes à belles enseignes desployées, à ung mille et demy de ceste ville de Novarre, sans ce que jamais homme vint au devant de nous, et y demourasmes le lendemain pour actendre noz vivres et aussi pour avoir des pionniers plus largement, et ce jour là fut advisé que nous yrions prendre une abbaye qu'ilz tenoient, et est du costé des faulxbourgs de Millan, et que nous la prendrions ou quilz nous combatroient, et ce jour y eust de grosses escarmouches tant d'ung cousté que d'autre.

» Sire, le lendemain au matin, nous montasmes à cheval en deliberacion de prendre l'abaye et le combatre s'il vouloit venir deffendre, et n'eusmes jamais chevauché deux gectz d'arc que toute sa puissance sortit à pié et à cheval avecques toute son artillerie, et se vindrent mectre en belle et grosse bataille devant nous, et nous devant eulx, et marchasmes les ungs contre les autres en aussi belle ordre et en aussi bonne volenté de combatre que je veiz jamais gens marcher, de telle sorte que les paillars se trouvèrent si gens de bien qu'ilz ne voulurent oncques actendre la compaignie, et s'y estoient que tant lansquenetz que Suysses, de XIII a XIIII^m, et de Lombars de III a V^m, et d'hommes d'armes, de Bourguignons et Lombars, environ III^m chevaulx; et furent remis si lourdement en la ville qu'ilz se affoloient l'un l'autre en y entrant, et s'ilz eussent eu aussi bonne volenté ce jour là comme je croy que avoient les vostres, je vous asseure que se eust esté la plus cruelle bataille qui fut cent ans à, et vous asseure Sire, que vous estes tenu aux cappitaines gens de bien et gens d'armes qui sont icy, car ilz avoient bonne volenté ce jour là vous faire service.

» Sire, nous tombasmes en une composicion, et pour ce qu'ilz estoie.t grans gens dedans, nous les laissions aller leurs bagues saulves, par tel moyen que si nous trouvions le More avecques eulx que nous le prendrions, ce qui fut accordé; et feusmes advertiz à ceste heure comme ils ne voulloient point tenir la composicion, mais qu'ilz voulloient emmener ledit More avecques eulx. Sur quoy, Sire, il n'y avoit nully qui ne feist le meilleur guect qu'il peust pour l'en garder, et envoyai le bastard de Clerette qui est de la compeignie du bastard de Bourbon, et celluy qui porte mon enseigne et le petit.... qui est de la compagaignie de Aubert de Roussec pour battre l'estrade tout au long de la nuyt, pour veoir s'il yroit en habit dissimullé, et tout vostre ost en armes tout au long de la nuyt, et montasmes à cheval une heure devant jour et nous meismes en belle bataille en nostre camp, delibérez que s'ilz le voulloient enmener par force de les en garder, et envoyasmes pour renforcer ceulx qui estoient allez dehors, que je vous ay nommez cy dessus, Monsieur d'Alègre qui ne fut jamais aux champs qu'il n'oüyst demurer (démolir) la porte par où ilz s'en voulloient aller en belle et grant ordre, et commencèrent à marcher droit à Millan. Monsieur d'Alègre et ceulx que j'y avoys envoyé la nuyt les commencèrent à hardoyer, l'un d'un cousté et l'autre de l'autre; et à ceste heure là feusmes advertiz comme ilz s'en alloient et commencasmes à marcher contre eulx, de telle sorte que s'ilz n'eussent esté voz suysses qu'ilz nous mandèrent qu'ilz ne voulloient point que l'on leur tuast leurs gens[1] et qu'ilz leur feroient bailler le More, s'ilz l'avoient, qu'il me semble que nous les eussions deffaictz. De gens de cheval ilz estoient xi ou xii^m hommes, mais il nous souffisoit de trouver le More si nous pouvyons, et feusmes près de trois heures à le chercher, et furent tous contrains et leur fist l'on si belle paour que tous s'accorderent de passer ung à ung soubz une picque, et c'est là qu'il fut trouvé, et est la plus belle prise que vous sauriez avoir.

» Il se remeict à Monsieur de Ligny soubz quelque traicté qu'il luy avoit fait le soir de quoy il me parla quelque chose au matin, toutesfois il avait rompu son sauf conduit car il s'enfouyait.

....

» Sire, vous avez tout ce que demandez, et en estes bien tenu à Dieu, car il y a cent ans que ne fut fait une plus verte chose et plus honorable pour vous.

» Sire, j'ay escript à Monsieur le Cardinal qu'il s'en viengne pour donner ordre à vostre affaire, qui n'est que bon s'il est bien mené, comme je suis asseuré que

---

[1] La Diète avait mandé aux Suisses de ne pas combattre les uns contre les autres. Ceux du parti de Sforze furent accusés de l'avoir vendu.

saura bien faire Monsieur le Cardinal, et mais qu'il soit venu il vous escripra comme tout se portera. Toutesfois je suis certain que nous partirons demain, tandiz que tout est en trouble afin de vous garder de longue guerre.

» Sire, il n'est point encores conclud ou l'on yra, mais à ce soir nous nous trouverons avecques Monseigneur le Cardinal, et pouez estre seur que l'on vous servira le plus dilligemment et loyaument que l'on pourra.

» Sire, je ne vous sauroye escripre comme Messieurs de Beaumont et de Sandricourt vous ont servy icy, et il en eust hier ung qui vous feist ung grant service comme je vous le diray. Et sur ce point, Sire, prie Dieu, etc., etc.

» Escript à Novarre le ixe jour d'Avril.

» Sire, il me semble que devez prendre le More entre voz mains plus tost que plus tard, et le mectre en une bonne grosse place afin qu'il ne vous échappe point.

» Sire, il me souvient bien de la promesse que me feiste quant je partiz, ce fut que quand vostre affaire seroit vidée que incontinant me envoyriez querir, je vous supplye ne me oubliez pas.

» Votre tres humble et très obeissant subgect et serviteur,

» DE LA TRIMOILLE. »

Archives de la Préfecture, Trésor des Chartes. Armoire S. Cassette A. N° 27.

N° VIII.

Les deux lettres suivantes sont, je crois, inédites. Je les dois à M. P. Lacroix, bibliothécaire en chef à l'Arsenal. Elles proviennent du *British museum*.

Le saint Louis dont il est question dans la première de ces lettres était petit-neveu de saint Louis, roi de France, et neveu, par sa mère, de sainte Elisabeth de Hongrie. Il naquit en 1274 à Brignoles, en Provence. Il avait eu pour père Charles II, surnommé le Boiteux, roi de Naples et de Sicile, et pour mère, Marie, fille d'Etienne V, roi de Hongrie. En 1284, Charles le Boiteux, alors prince de Salerne, fut fait prisonnier dans un combat naval par le roi d'Aragon. Sa captivité dura quatre ans et celle de son fils sept, à Barcelone. Louis ne recouvra la liberté qu'en 1294. Son père lui promettait la couronne de Naples, s'il voulait épouser la princesse de Majorque, sœur du roi d'Aragon, attendu que son frère aîné, devenu roi de Hongrie du chef de sa mère Marie, ne pouvait plus prétendre au trône de Naples. Il préféra entrer dans les ordres, et, par dispense d'âge accordée par Boniface VIII, il reçut la prêtrise à 22 ans, et fut nommé évêque de Toulouse. Il mourut peu de temps après à Brignoles, en Provence, le 19 août 1297. Alphonse d'Aragon, roi de Naples, ayant pris et pillé Marseille en 1423, on transporta le corps du saint, canonisé par bulles régulières, et déposé aux Franciscains de Marseille, à Valence, en Espagne, où il se trouve encore.

(*Acta sanctorum*, t. 3, p. 775. *Godescard*, t. VII, p. 394.)

I.

Tres hault tres puissant et tres excellant prince nostre tres cher et tres amé frère cousin et allyé Ferrand par la grace de Dieu roy de Castille, de Léon, d'Arragon, et Charles par icelle mesme grâce roy de France, amour et bienveillance. Tres hault tres puissant et tres excellant prince, Nous avons entendu que feu nostre tres cher s^r. et père que Dieu absoille pour la devocion qu'il avoit au glorieux corps saint de mons^r. sainct Loys et à son couvent de nostre cité de Marseille, en traictant des affaires de Roussillon vous requist et pria que vous fissiez rendre audit couvent le dit corps saint mons^r sainct Loys lequel avec le chef et chasse dicelluy en fut despiecà enlevé par les gens du roy Alfonce vostre predecesseur qui le transporterent en vostre cité de Valance où il est encore à present. Et pour ce que eut nostre dit feu s^r. et père nous avons semblablement grande devocion audit corps saint qui estoit de la maison et f^{re}. germain d'un des roiz nos progéniteurs et dont sommes descenduz, et fonda ledit couvent où il esleut sa sépulture. Parquoy desirons singulièrement comme raison le requiert qu'il puisse estre remis audit couvent ouquel en son vivant il ordonna perpetuellement reposer, nous vous avons voulu escripre et prier très affectueusement que en continuant les promesses qui sur ce furent par vous faictes à nostre dit feu s^r. et pere et aussi en faveur de l'amytié et bienvueillance d'entre nous, vous vueillez faire rendre et restituer ledit corps saint chef et chasse monsr sainct Loys en sondit couvent et église de Marseille et y faire pour nous ainsi que vouldriez que feissions pour vous en pareil cas. Et vous nous ferez ung moult agreable plaisir car nous avons une singuliere affection de recouvrer ledit corps saint en noz païs mesmement en sadite église pour y estre prié plus fervement. Et nous semble que nous n'aquiterions pas deuemement de la charité et Reverence qu'avons à luy et notre sang si n'en faisions ceste poursuite ainsi que le tout vous pourra declerer notre amé et féal orateur et ambassadeur par devers vous Charles de Ancezune à qui nous en escripvons. Tres hault tres puissant et excellent prince notre sr. vous ait en sa garde.

Escript à Senlys le XXIXe jour de may.

CHARLES.   NOBLET.

A tres hault tres puissant et tres excellent prince notre très cher et tres amé frère et cousin et alyé le roy de Castille, de Léon, d'Arragon, etc., etc. »

Cette requête n'eut aucun résultat et les reliques de ce second saint Louis, de la maison royale de France, reposent encore à Valence.

La seconde de ces lettres est adressée aux rois d'Espagne Ferdinand et Isabelle. Si, comme nous le croyons, elle est postérieure à l'expédition d'Italie, elle montre que la bonne intelligence entre Alexandre VI et les rois d'Espagne ne dura pas longtemps.

II.

Très haulx, tres puissans et tres excellens prince et princesse, noz tres chers et tres amez frère et seur confedéréz et aliez, don Ferrand et Elisabeth par la grâce de Dieu roy et royne de Castille, de Leon, d'Arragon, de Grenade. Charles par icelle mesme grâce roy de France salut et entiere amour et dilection. Nous avons receu voz lettres par Jehan d'Albion votre ambassadeur et oye (ouï) la créance qu'il nous a dicte bien au long de votre part. Sur les plaintes, remonstrances et advertissements qui faiz vous ont esté de plusieurs lieux, touchant le faict de nostre sainct père le pape, et du sainct siége apostolique dont vous savons tres bon gré, cognoissons que lesdites remonstrances sont nécessaires estre faictes pour le service de Dieu nostre créateur et pour le bien de toute la foy chrétienne. Il nous desplaist grandement de ce que les choses soient si publiquement conduictes en cest estat. Car nous avons aussi eu les plaintes et remonstrances pareilles à celles dont nous avez fait advertir. Et à ceste cause, en ensuyvant vostre bon advis, lequel de par vous ledit d'Albion nous a declairé, Nous avons delibéré envoyer ung ambassadeur de par nous, que despescheront, aidant nostre s^r, en brief, quand serons arrivez en nostre ville de Lyon. Lequel partira de ladite ville de Lyon avecques vostre ambassadeur que y envoyerez, et si tous deux, vous et nous, donnerons chacun de nous entière creance, pour parler et dire eulx deux ensemble leur charge, et pour faire sans scandale les admonestemens et remonstrances fraternelles secretement à nostre sainct père. Sur lesquelles nous croyons fermement qu'il aura regard en prenant pour le temps avenir autre forme de faire. Et quand il n'en seroit délibéré de changer et muer son premier propos on y pourroit bien pourveoir plus amplement. Ainsi q'avons declairé audit d'Albion lequel vueillez croire de ce qu'il vous en dira de par nous comme nous mesmes. Vous priant ausurplus que des choses que verrez et cognoistrez estre bonnes et utiles en ceste matière que nous en vueillez advertir. Car de nostre part nous tendrons tousjours la main a ce que Dieu et l'Eglise soient honnorez et serviz comme il appartient. Tres haults tres puissans et tres excellens prince et princesse, noz tres chers et tres amez frère et seur confedéréz et allyez Nostre Seigneur vous ait en sa saincte garde.

Donné à Amboise le XIIIme jour de fevrier.

Votre tres bon frere,

CHARLES.

A tres haults tres puissans et tres excellens prince et princesse noz tres chers et tres amez frere et seur confederez et allyez, don Ferrand et Elizabeth par la grace de Dieu, roy et royne de Castille, de Leon, d'Arragon, de Grenade, etc.

DUBOIS.

N° IX.

Voici deux lettres ou plutôt deux fragments de lettres de Philippe de Comines, à la date du 17 et du 23 juillet 1505. Elles sont adressées de Tours, où le roi se trouvait à cette époque, à la reine Anne, alors en Bretagne.

Le roi était tombé gravement malade au mois d'avril 1505. La reine avait fait vœu de visiter Notre-Dame-du-Foll-Coat, en Bretagne, dans le courant de l'année, si Louis XII recouvrait la santé. C'est pour accomplir le vœu qu'elle avait formé, qu'elle se rendit en Bretagne où elle resta cinq mois.

On sait combien les lettres de Comines sont rares. Celles-ci faisaient partie des archives du château de Blain. Mais la copie seule est restée dans les portefeuilles remis à la Bibliothèque de Nantes par les héritiers de M. Bizeul. Les originaux avaient été vendus par ce dernier. Je crois qu'elles ont été publiées par Mlle Dupont, dans l'édition de Comines, éditée par elle pour la Société de l'Histoire de France.

Ces deux pièces sont curieuses. Elles montrent que si le conseiller de Louis XI ne reconquit jamais une faveur entière près de Charles VIII, il ne fut guère plus heureux près de Louis XII, bien qu'il ne négligeât rien pour y parvenir. Ces lettres prouvent aussi que la reine Anne lui voulait du bien et qu'elle avait intéressé le légat à travailler en faveur de Comines près du roi. Il est probable que la charge sollicitée par notre historien était quelque ambassade en Italie, probablement près du Saint-Siège.

Comines, malgré ses démarches, ses sollicitations et les efforts de la reine, ne réussit point à reconquérir la confiance du roi dont il avait été autrefois le complice lorsqu'il n'était que prince. Il est probable qu'en négligeant les offres de service de Comines, Louis XII a perdu un historien, car cet homme d'état n'aurait point été chargé de quelque mission importante sans en laisser le récit à la postérité. La mémoire de ce roi n'y a pas perdu grand'chose, car Comines, placé à un rang inférieur dans la confiance du prince, aurait laissé percer dans ses écrits l'envie et l'orgueil blessé qu'on remarque trop souvent dans les deux livres qu'il a consacrés au règne de Charles VIII.

Autant vaut-il pour Louis XII, qui n'a pas manqué d'historiens, que le vieux Flamand se soit borné à cette remarque. « Quand j'eus couché à Amboise, dit-il, après avoir raconté les funérailles de Charles VIII, j'allay devers ce roy nouveau, de qui j'avois été aussi privé que nul autre personne, et pour luy avois esté en tous mes troubles et pertes; toutefois pour l'heure ne luy en souvint point fort. » (Livre VIII.)

C'était comme prince et sans aucun espoir d'arriver un jour au trône que le duc d'Orléans avait autrefois conspiré avec Comines contre le pouvoir de la régente, Anne de Beaujeu. Une fois roi, Louis XII comprit la solidarité qui le liait à ses prédécesseurs et le séparait de ceux de ses amis qui, par intérêt sans doute, avaient servi les virées de sa jeunesse ambitieuse. Louis XII oublia les injures faites au duc d'Orléans, mais il ne pouvait récompenser les services rendus au même prince, lorsque ces services impliquaient une offense à la couronne posée plus tard sur son front.

« 17 juillet 1505.

» A la royne ma souveraine dame,

» Madame, tant et s'y très humblement comme je puis me recommande à vostre bonne grace.

» Madame, tost après vostre partement de Bloys fuz parler à Monsr le leguat à Beauregard et ne vous ose nommer celluy qui en a esté moyen pour ce que je le doubte à vostre mallegrace, et plusieurs fois en a envoyé devers moy et dès le premier coup le vous eusse fait savoir, mais je ne cuydois point que la chose advint pour ce que je désirois savoir s'il me feroit bonne chère ou mauvesse avant aller. Toutefois, madame, il me tint les millieurs termes du monde et la milleure parole et bien longue. »

« A la royne ma souveraine dame,

» Madame tant et sy très-humblement comme je puis me recommande à votre bonne grâce.

» Madame (de)puis poy de jours vous ay escript mon arrivée et comme le roy m'avoit fait bonne chère et fort parlé à moy et a fait (ainsi) chacun jour depuis mes lectres escriptes (en) parolles generales et à chacune foys me parle de vous et longuement. Mais je n'y suis allé que une foys le jour et en la compagnie de Monsr le leguat.

» Il y a environ quatre jours, Madame, que je demandé à mondt sr le leguat s'il ne valloit point myeulx que je m'en allasse en attendant vostre venue puisque mon fait était remis (jusque) là et se qu'il lui sembloit que je devois dire au roy à mon partement. Il me dist que je atendisse jusques sur le partement du roy et que je ne dist (disse) sinon que je le merciois de ce qu'il luy avoit pleu que (je) vinse ycy et que pour ceste heure ne luy voulois faire requeste de autre chose, et que s'il luy plaisoit m'employer en aucune chose en son service, que de millieur ceur que jamais je m'y emploïrais, et puis que à vostre venue, il (le légat) vous en parlera, et s'y emploira de toute sa puissance et en cy (en ceci) je suivrai son conseil, car quant je vouldroye faire autrement je perderoys toute son amitié.

. . . .

» Je ne sé s'il (le légat) voudrait quelque serment ou promesse de moy car en quelque suspection l'avoit on mis au commencement disant que s'il s'y fiait que mademoiselle de Beaumont [1] et moy à la fin lui nuirions envers vous et le tromperions.

» Madame d'Angoulesme [2], Madame, a porté fort bonnes paroles disant qu'elle me vouldroit céans avec un gros et bon appointement et qu'il est grand faute de gens, je entends bien à son parler qu'il faut bien qu'il s'ayde de quelqun et croy qu'il seroit plus content de moy que d'autre sy defiance ne l'en garde, mais qu'il vous pleust yder (aider). Je vous supplie, Madame, qu'il vous plaise m'escripre une bonne lectre que je lui puisse monstrer ou faire monstrer, s'y j'estois party d'ycy.

» Le roy envoye Monsr de Nevers et l'evêque de Paris vers le roy de Castille.... Monsr l'amiral [3] tient le roy de près et fit un tel visaige quant il me vit contre vostre chambre à Paris quant il m'y trouva.

[1] Mademoiselle de Beaumont était nièce de Comines et fille de Jeanne de Jambes, sa belle-sœur.

[2] Mére de François I.

[3] L'amiral Mallet de Graville.

» Le roy, Madame, fut un poy (peu) mal disposé (de) puis poy de jours et vis Monsr le leguat en peur. Mez (mais) (le) lendemain il n'y parut. Il me semble, Madame, que (vous) ferez bien d'abréger voste véage... (Lacune)...

» Je loue Dieu, Madame, de coy l'afère du maréchal [1] prent train à vostre honneur et plesir. Il a icy ung homme, mez nul ne parle à ly que j'ai veu. Le roy loue vos mariages [2], se m'a ton dit. Priant à nostre Seigneur, Madame, qu'il vous doinst bonne vie et longue et acomplir tous vos desirs. A Tours ce XXIIIme juillet 1505, de la main de vostre très-humble et très-obéissant suget et serviteur, COMINES.

» Je vous supplie, Madame, rompre sez lectres. »

No X.

A la page 133, nous avons dit en note que Mme de Laval, dont parle Bernard de Percy, devait être Françoise de Dinan, épouse de Guy de Laval.

[1] Le procès que la reine faisait au maréchal de Gié. La reine y portait un vif intérêt.

[2] Était-il déjà question du mariage de Germaine de Foix avec le roi veuf d'Espagne ? C'est probable. Germaine partit de France le 29 décembre 1505 pour rejoindre Ferdinand. Du reste, la reine Anne était une grande marieuse et se chargeait volontiers de négociations de ce genre, surtout lorsqu'il s'agissait de ses nombreuses filles d'honneur.

Nous devons rectifier ici cette erreur. Voici quels étaient les personnages dont parle Bernard de Percy dans sa lettre datée de Rome :

Le maréchal de Rieux, qui commandait un corps d'armée en Italie, était Jean, sire de Rieux et de Rochefort, comte de Harcourt. Né le 27 juin 1447, il avait suivi François II, duc de Bretagne, dans la guerre dite du bien public. Créé maréchal de Bretagne en 1470, il commanda l'avant-garde de l'armée bretonne à la bataille de Saint-Aubin-du-Cormier, le 28 juillet 1488. François II, par son testament, l'institua tuteur et gardien de ses filles. De Rieux ne mourut qu'en 1518, âgé de 71 ans.

Il avait épousé, en 1461, Françoise Raguenel, dame de Malestroit, de Châteaugiron, de Derval et de Rougé, morte en 1481. Leur fille Françoise épousa, le 11 juin 1488, François de Laval, seigneur de Châteaubriant, de Candé, etc., fils de Guy de Laval et de Françoise de Dinan. Elle mourut, le 30 octobre 1532, à Châteaubriant, et fut enterrée dans l'église de la Trinité auprès de son mari. C'est d'elle que Bernard de Percy veut parler sous le nom de Mme de Laval. Son mari, Guy, avait suivi son beau-père le maréchal dans l'expédition d'Italie.

Quant au maréchal de Rieux, il avait épousé en secondes noces Claude de Maillé, brûlée par accident dans le château d'Elven, et en troisièmes Isabeau de Brosse, fille de Jean de Brosse III, comte de Penthièvre, et de Louise de Laval. Cette dernière mourut le 21 mars 1517 et fut enterrée dans l'église de Notre-Dame de Rochefort.

C'est Isabeau de Brosse qu'entend rassurer Bernard de Percy, quand il fait allusion aux inquiétudes de Mme la maréchale de Rieux. Le maréchal avait alors 47 ans.

N° XI.

Les nouvelles du roy depuis son partement de son royaume de Naples, envoyées à Monsieur l'abbé de Saint-Ouen de Rouen, aujourd'hui XXVI de juillet.

Le correspondant donne d'abord un itinéraire fort abrégé de la marche du roy à partir de Naples :

« Le roy avec son armée et artillerie en bataille et bon ordre vint descendre à Fournoue, qui est un villaige pour entrer en la plaine de Lombardie ou le camp des ennemis était logié à IIII milles près qui est une lieue et demie françoyse, qui fut jour de dymanche V de juillet. Et furent attendus les ennemis plus de cinq ou six heures. Lesquels ne parurent obstant l'artillerie qui estoit au devant et les gens d'armes en bon ordre de bataille. Le dit jour ne se présentèrent fors seulement aucuns estradiots albannois avec chevau-legiers et bien courants vestus de grands jupes et de grands cymeterres à leur costé à la mode de Turquie, lesquels vinrent faire les escarmouches sur aucuns de nos gens. Et quant ils pouvaient prendre des nostres leur couppoient les testes et les mettaient en leur bissac, laissoient les corps et alloient faire ostension des dites testes aux provediteurs

de Venise et pour chacune teste devaient avoir III ou
IIII ducats, ainsi qu'il est accoutumé quand ils bataillent
contre les turcs. Et ce dit jour y demeura deux hommes
d'armes et deux ou trois archiers, et pour ce que les
ennemis ne venoient point le roy fut conseillé se loger
en camp près les ennemys une petite lieue.

Le lendemain qui fut lundi VI jour du dict moys après
disner, le roy se mit sur les champs et en bataille pour
passer son chemin et s'en revenir en France et estait
contraint de passer devant le camp des dits ennemis à
deux jets d'arbaleste au quel camp s'étaient fortifiés
longtemps avant espiant la venue du roy et de sa compagnie, au quel camp estait toute la puissance d'Italie et
les plus gens de bien et délibéres et estoient bien deux
mille cinq cents hommes d'armes à la mode d'Italie,
deux mille stradiots albanoys et autant d'autres avec
chevau-legiers et le demourant en gens de pié jusques
au nombre de XXX mille combattants, leur camp garni
d'artillerie et les advenues de grant quantité de pavoys.

Le roy se mettant dans son devoir et ayant Dieu devant les yeux et pour eviter effusion de sang fist escripre
par le cardinal de Saint-Malo et le seigneur d'Argenton
aux provedicteurs de Venise en *continuant* les paroles
qu'ils avaient eues audict seigneur d'Argenton estant
ambassadeur pour le roy à Venise, qu'on ne demanderait rien au roy et qu'ils ne vouldroient point rompre
leur alliance ancienne pourveu qu'il voulsist passer par
Lombardie et Italie sans rien innover *(sic)* ce que le roy
était délibéré de faire, et de ce fut envoyé sauf conduit
à ce qu'ils eussent quatre personnages d'entr'eulx et le

roy en estirait quatre aultres qui estaient ledit cardinal, le mareschal de Gyé, le seigneur de Pyennes et d'Argenton. A quoi pour le jour ne firent aucune reponse, ains se mirent en armes, tirèrent artillerie et eslevèrent quelques escarmouches.

» En l'avant-garde du roy estaient les Suysses et l'artillerie, monsieur le mareschal de Gyé avec cinq cents hommes d'armes et sire Jehan Jacques de Trivulce. En la bataille estoit le roy, monsieur de Foix qui en avaient la charge, le bastard Mathieu et autres capitaines jusqu'au nombre de six cents hommes d'armes. Par derrière vinrent les ennemis tous eleus, bien armés et montés et frais en grant fureur charger sur la dite bataille. Et avaient envoyé devant une trompette pour savoir ou estait le roy, parler à lui sous couleur de quelque trève pour le congnoistre, et un de ses arbalestriers piedmontais s'en alla rendre au party contraire qui revela aux ennemys ce qu'il savait et ou estait le roy et comment il estait habillé et monté et sa devise.

» Et vinrent les dits ennemis descharger furieusement sur ladicte bataille et arrière garde du roy. Mais ils furent si bien reçus, que ung temps fust qu'on ne savait qui avait du meilleur tant furent meslés. »

Nous omettons de reproduire ici la fin de cette lettre, qui, écrite probablement par un employé civil de l'armée, ne nous apprend rien que Gilbert Pointet ne nous ait raconté. Néanmoins c'est d'après ce correspondant que nous avons relaté que le bouton de la visière du roi avait été tranché d'un coup d'épée.

Cette lettre, imprimée en caractères gothiques, ne se trouve que dans le recueil Heber, Bibliothèque impériale, N° 34,540 du catalogue.

N° XII.

Ordre donné en Bretagne pour équipper une flotte destinée au voyage de Naples.

Charles, par la grâce de Dieu, roy de France, à noz amez et feaulx conseillers les sires de Porçon et de Maupertuys, salut et dilection.

Comme il soit ainsi que presentement ayons fait armer et équipper certains navires estans en noz costes de Normandie, Bretaigne et Poitou pour nous servir en l'armée par nous ordonnée estre dressée pour le fait de nostre royaulté de Naples, lesquels navires nous soit besoing garnir de bons et suffisans mariniers et les faire lever esdictes coustes. Pour ce est il que nous, confians à plain de vos bons sens, loyauté et bonne diligence, vous mandons et commettons par ces présentes, que incontinent vous transportez sur la coste de nostredit pays de Bretaigne ou diocèse de Saint Malo et ès fiefs enclavez, et illecques assemblez le nombre de trois cens mariniers des plus experimentez et habiles compagnons ou fait de mer que pourrez trouver, en les faisant mettre en poinct et habillements de guerre souffisans pour combattre, en la plus grant diligence que faire se pourra, et diceulx en faictes la monstre, pour après icelle monstre faicte, estre payez de leur soulde et entretenement par les mains des sieurs de Porçon et de Chillou, l'un d'eulx ou leurs commis et deputez, et les faictes aller et rendre au port et havre de Brest, où ils trouveront les navires esquels ils doivent entrer et monter, ainsi que l'avons ordonné.

Donné aux Montils-les-Tours, le 22e jour de juillet l'an de grâce 1496, et de nostre règne le 13e.

   Par le roy,

      Signé : ROBERTET.

Entre parenthèses : « Pris sur une copie originale du » temps et de la date. »

Archives de Bretagne. — Préfecture de Nantes.

Dom Morice a publié cette lettre, t. III, p. 784 *Preuves de l'Histoire de Bretagne.*

J'avais eu le dessein d'insérer dans cet appendice la description de Rome que j'ai signalée en passant, intitulée *Merveilles de Rome*, imprimée en caractères gothiques et reliée à la suite des Poésies de Jehan Meschinot.

Mais, outre qu'elle est fort longue, il aurait fallu accompagner cette pièce d'un commentaire et de notes nombreuses, afin de relever les erreurs dont elle est remplie et d'expliquer des passages qui se rattachent à la topographie de Rome, à une époque plus reculée encore que le xv⁰ siècle, car ce manuel du voyageur, écrit primitivement en latin, remonte sans doute à une date très-éloignée.

Je laisse ce soin à quelque personne plus familiarisée que moi avec la topographie de Rome au moyen âge. Dans la solitude où j'écris, les documents nécessaires pour cette étude me manquent d'ailleurs complètement.

Personne ne saurait le faire avec plus d'autorité, à mon avis, que M. Eugène de la Gournerie, de Nantes, auquel nous devons un excellent ouvrage sur Rome chrétienne.

TABLE.

	PAGES.
INTRODUCTION	v
Chapitre Ier	1
Chapitre II	29
Chapitre III	53
Chapitre IV	81
Chapitre V	109
Chapitre VI	125
Chapitre VII	151
Chapitre VIII	167
Chapitre IX	191
Chapitre X	233
Chapitre XI	259
Chapitre XII	287
Chapitre XIII	315
Chapitre XIV	363
Chapitre XV	389
PIÈCES JUSTIFICATIVES	425

Nantes, imp. Vincent Forest et Émile Grimaud, pl. du Commerce, 4.

www.ingramcontent.com/pod-product-compliance
Lightning Source LLC
Chambersburg PA
CBHW051139230426
43670CB00007B/865